質的社会研究シリーズ 8

■シリーズ編集
江原 由美子
木下 康仁
山崎 敬一

子どもの ジェンダー構築

藤田由美子=著

幼稚園・保育園のエスノグラフィ

ハーベスト社

質的社会研究シリーズの刊行に寄せて

　現在、質的研究は、社会学、心理学、教育学、人類学といった社会科学の領域だけでなく、認知科学や情報工学やロボティックスといった自然科学や工学の領域にも広がっている。また特に、福祉、看護、医療といった実践的な領域では、質的研究のブームともいえるような現象が生まれている。

　このような、「質的研究の新時代」といわれる、質的研究の様々な領域における同時発生的な興隆は、いったいどうして生じたのであろうか。その一つの理由は、質的な研究に関して、様々な領域において共通する新たな固有の研究課題や方法的な課題が生じたからである。従来、質的な研究は、量的な研究との対比において、その意味を保ってきた。例えば、従来の社会学的調査法においては、質的研究は、データを多く集め統計的な手法で分析する「量的研究」に対する「個別事例的な研究」として位置づけられた。そして、それによって、質的研究は、「量的研究」や「統計的研究」に対する残余的カテゴリーにおかれた。そこでは、様々な異質な研究が、「量的でないもの」「統計的ではないもの」として集められ、質的という共通のレッテルを貼られることになった。そのような状況では、質的研究に共通する研究課題や方法論的課題を見つけ出す試みには、大きな力が注がれなかった。なぜならそれはすでに、「量的でない」ということでの共通性をもってしまっていたからである。

　しかし、現在の「質的研究」は、大きく変わってきている。それは、「質的研究」に様々な領域で様々な方法でアプローチする研究者たちに、共通した研究の課題や方法論的課題が生まれたからである。様々な分野の研究者たちが、単に個々の現象を見ただけではわからない、定型性や定常性が、現象を集め、それを詳細にみることで発見できることに気づいていった。だが、同時に、様々な分野の研究者たちが、集められた個々の現象が、それぞれのおかれた状況と深く結びついており、それを単に数値的に処理するだけ

ではその現象の性格自体を見失ってしまうということにも気づいていった。研究者たちは、集められた現象のなかに定型性や定常性を発見するという研究課題と、それをどう発見し状況依存性の問題についてどう考えるかという方法論的な課題をもつことになった。これによって、質的研究は、固有の研究課題と方法論的な課題をもつことになったのである。

エスノメソドロジー、会話分析、相互行為分析、言説分析、グラウンデッド・セオリー、構築主義、質的心理学、ナラティヴ・アプローチという、現代の質的研究の方法は、みな質的研究に固有の研究課題と方法論的な課題を共有している。

こうした現在の質的研究は、次の3つの特徴を持っている。第1の特徴は、人々が生きて生活している現場の文脈や状況の重視である。第2の特徴は、ことばと結びついた相互行為の仕組み自体を明らかにしようとする点である。第3の特徴は、それによって、従来の質的研究を担っていた社会科学者と、現代社会におけるコミュニケーションや相互行為の質の問題に関心をもつ医療・ケア・教育の現場の実践的専門家や、インタラクション支援システムを設計する情報工学者との新たな連携が生まれた点である。

このシリーズは、2000年代になってから学問横断的に勃興してきた「質的研究の新時代」に呼応したものである。しかし同時に、この質的社会研究シリーズでは、様々な現場の状況に深く切り込む、モノグラフ的研究も取り上げてゆきたいと思う。そうした個別状況に切り込む研究がなければ、それぞれの現実や状況がどのように互いに対応しているかを見るすべがないからである。それぞれの状況を詳細にかつ深く知ることによってはじめて、それぞれの状況の固有性と、それぞれの状況を越えた定型性を発見することができるのである。

このシリーズでは、具体的な状況に深く切り込みながらも、現代の質的研究の方法論的課題に取り組んだ研究を、特に取り上げてゆきたい。

シリーズ編者を代表して　山崎敬一

質的社会研究シリーズ8　子どものジェンダー構築：目次

序章　問題設定·· 1
　第1節　研究の目的 ··· 1
　第2節　「幼児期におけるジェンダー形成」への注目 ··· 3
　　　1．教育社会学における「ジェンダーと教育」研究の課題 ···································· 3
　　　2．幼児期へのまなざし　—発達・社会化から社会的構築へ— ······························ 7
　　　3．幼稚園・保育園における質的調査研究の動向および課題 ································· 9
　第3節　研究の視点および本書の構成 ·· 12

第Ⅰ部　理論および研究方法論

第1章　「ジェンダー」をめぐる概念状況と構築主義的アプローチ ···· 16
　第1節　「ジェンダー」概念の転換 ·· 16
　　　1．「性」変数から「ジェンダー」概念へ ··· 16
　　　2．「セックス」と「ジェンダー」概念の転換 ··· 17
　第2節　「社会化」から「ジェンダー構築」への転換 ··· 18
　　　1．ジェンダーの発達・社会化 ·· 18
　　　2．「ジェンダー構築」への注目 ··· 20
　　　3．構築主義的アプローチが問い直すもの ··· 25
　第3節　フェミニストポスト構造主義とクィア理論の貢献 ······································· 28
　　　1．フェミニストポスト構造主義 ·· 28
　　　2．クィア理論 ·· 31
　　　3．子どものジェンダー構築に関する欧米の先行研究 ······································· 33

v

第4節　日本における「幼児期のジェンダー構築」の探究可能性 …………36
　　1．ジェンダーの「内面化」から「構築」へ ……………………………36
　　2．フェミニストポスト構造主義とクィア理論の応用可能性 …………37
　　3．分析概念の使用 …………………………………………………………38

第2章　幼児期を対象にしたジェンダー構築の研究方法論 ………………41
　第1節　構築主義的アプローチにもとづく研究方法 ……………………41
　　1．幼児の生活世界へのエスノグラフィ …………………………………41
　　2．エスノグラフィの視点 …………………………………………………42
　第2節　幼稚園・保育園における子どもの生活世界へのアクティヴなアプローチ ……44
　　1．「アクティヴ・インタビュー」概念の応用 …………………………45
　　2．アクティヴな観察調査 …………………………………………………46
　　3．本研究の独自性 …………………………………………………………47
　第3節　幼稚園・保育園調査の概要 ………………………………………47
　　1．各園の特徴 ………………………………………………………………47
　　2．調査研究の経緯および経過 ……………………………………………49
　第4節　子どもの生活世界の記述および解釈 ……………………………56
　　1．観察調査における記述方法 ……………………………………………56
　　2．アクティヴな解釈の試み ………………………………………………57

第Ⅱ部　ジェンダー構築のエスノグラフィ

第3章　幼稚園・保育園におけるジェンダー秩序 …………………………62
　第1節　幼稚園・保育園の一日 ……………………………………………62
　　1．A園 ………………………………………………………………………62
　　2．B園 ………………………………………………………………………67
　　3．C園 ………………………………………………………………………69
　第2節　持ち物にみるジェンダー …………………………………………70

1．服装・教材などの園指定 ………………………………… 70
　　　2．持ち物の自由選択 ………………………………………… 72
　　第3節　保育者の働きかけにみるジェンダー ………………… 73
　　　1．出席確認 …………………………………………………… 74
　　　2．集団呼称の使用 …………………………………………… 75
　　　3．身体動作の指示 …………………………………………… 77
　　　4．子どもによる役割分担 …………………………………… 78
　　　5．表現活動 …………………………………………………… 79
　　第4節　ジェンダー・フリーとジェンダー化の錯綜 ………… 80

第4章　「二分法的なジェンダー」をめぐる子どもの交渉 ………… **83**
　　第1節　異なる存在としての「女」と「男」…………………… 83
　　　1．「女」／「男」の定義 ……………………………………… 83
　　　2．「異性愛」的な対としての「女」と「男」……………… 88
　　第2節　「女」／「男」の定義づけをめぐる交渉 ……………… 91
　　　1．「女」／「男」イメージをめぐる争い …………………… 91
　　　2．他者の外見をめぐる交渉 ………………………………… 95
　　第3節　「逸脱した」事実の解釈・操作 ………………………… 99
　　　1．性別集団での行動からの逸脱 …………………………… 99
　　　2．「泣く男の子」への対応 ………………………………… 100
　　　3．異なるジェンダー・モデルへの反応 ………………… 102
　　第4節　ジェンダーの越境 ……………………………………… 104
　　　1．「異なる」ジェンダーを演じること ………………… 104
　　　2．異性愛の維持とジェンダーの越境 …………………… 105
　　　3．越境が困難な男の子 …………………………………… 107
　　第5節　「対」としてのジェンダーをめぐる葛藤 …………… 108

第5章　子どもの遊びにおけるジェンダー実践 …………………… **111**
　　第1節　遊びの集団構造 ………………………………………… 111
　　　1．各園における遊びの特徴 ……………………………… 111

    2．遊び集団の性別構成の量的分析 ……………………… 113
  第2節　空間の使用と玩具の占拠 ………………………… 115
    1．各園における遊びの選択 ……………………………… 115
    2．室内遊びの分析 ………………………………………… 115
  第3節　「ヘゲモニックな男性性」の行使 ………………… 122
    1．「海賊ごっこ」の事例 …………………………………… 122
    2．権力と「ヘゲモニックな男性性」 …………………… 126
  第4節　遊びの主導権をめぐるジェンダー・ポリティクス ………… 127
    1．「鬼ごっこ」の事例 ……………………………………… 127
    2．権力行使と抵抗 ………………………………………… 131
  第5節　子どもの遊びにおける相互作用とジェンダー ………… 133

第6章　子ども自身によるジェンダー・ディスコースの戦略的利用 …… **135**
　　　　―A園における「家族ごっこ」の分析より―
  第1節　幼児期の遊びにおける「家族ごっこ」の意味 ……… 136
    1．「ごっこ遊び」とは …………………………………… 136
    2．「家族ごっこ」のジェンダー分析の意義 ……………… 136
    3．観察および記述の方法 ………………………………… 137
  第2節　「家族ごっこ」遊びの特質 ………………………… 138
    1．家族構成 ………………………………………………… 138
    2．家族内での役割構造 …………………………………… 140
    3．ほかの「ごっこ遊び」との比較 ……………………… 140
    4．役割の流動性 …………………………………………… 141
  第3節　「家族ごっこ」におけるジェンダー・ディスコース …… 141
    1．複合的な筋書き ………………………………………… 141
    2．「家族」に関するジェンダー・ディスコース ………… 148
    3．「弱い赤ちゃん」と「たたかうヒーロー」 …………… 149
    4．遊びの主導権と内容の変化 …………………………… 149
  第4節　ジェンダー構築の「主体」としての子ども ……… 150

索　引

第7章　子ども自身によるジェンダーの解釈 154
　　　　　―インタビューを手がかりに―

第1節　子どもの語りを分析することの意義 155
第2節　ジェンダー化された好み―服装・玩具・色彩・メディアキャラクター― 156
　1．服装と「二分法的なジェンダー」 156
　2．二分法的な玩具・色彩・キャラクター選好 163
第3節　ジェンダー化された活動―活動性と家庭性― 171
　1．「ボール蹴り」にみる活動性 171
　2．「ままごと」にみる家庭性 176
　3．「うんてい」遊びのジェンダー化された解釈 180
第4節　子どもの語りにみるジェンダーの越境 183
　1．「二分法」にとらわれない語り 184
　2．「二分法」への「修正」 187
第5節　子どもによって語られたジェンダー構築 190
　1．「二分法的なジェンダー」と子ども 190
　2．共同解釈者としての子どもへのアプローチ 192

第8章　子どものジェンダー構築に対する保育者の解釈 194

第1節　保育者の解釈を検討することの意義 194
第2節　子どもの「ジェンダー化」「ジェンダー構築」に対する解釈 196
　1．子どもの「ジェンダー化」 196
　2．選好とジェンダー 198
　3．背景としてのメディア情報 202
第3節　保育実践におけるジェンダーの解釈 204
　1．「二分法的なジェンダー」の不可視性　―「男の子女の子関係なく」― 204
　2．「二分法的なジェンダー」にもとづく統制 206
第4節　保育実践の再定義 212
　1．学校教育での経験との関連 212
　2．保育実践のなかでの気づき 217
　3．生活経験のなかでの気づき 219

第5節　媒介者／共同解釈者としての保育者 221

終章　結論および考察 **225**
　第1節　要約 225
　第2節　考察 228
　　1．子どもたちによる「主体的」なジェンダー構築 229
　　2．ジェンダー構築の社会的文脈 230
　　3．社会におけるジェンダー秩序の維持および再生産 231
　　4．ジェンダーの「ゆらぎ」の意味 231
　第3節　意義および課題 232
　　1．本研究の意義 232
　　2．残された課題 233

　　引用・参考文献一覧 236

　　あとがき 245

　　索引 249

序章
問題設定

―――――――――――――――――――――――― 第 1 節　研究の目的

　本書の目的は，幼児期におけるジェンダー構築のありようを，子どもたちの幼稚園・保育園生活への構築主義的アプローチにより，教育社会学的に明らかにすることである。

　教育社会学の分野において，「ジェンダーと教育」研究は，1960年代における「教育における性差」の発見を淵源とし，「女性と教育」研究として展開された。1980年代後半以降に用いられた「ジェンダー (gender)」概念は，性によって割り当てられた役割など，社会的・文化的につくられた女性および男性のあり方および経験への注目を可能にした。

　しかし，「ジェンダーと教育」研究については，いくつかの課題が指摘されている (中西・堀 1997, 西躰 1998, 多賀ほか 2000)。第1の課題は，先行研究の多くが「女子・女性」を対象にした研究に偏ってきたことである。それらは，従来顧みられなかった「女性の経験」の可視化に貢献した点で意義を有する一方で，ジェンダー秩序におけるもう一方の担い手である男性への視点は欠落したままという課題を残した。

　第2の課題は，先行研究の多くが，「二分法的なジェンダー (gender dichotomy)」の「内面化」を自明視してきたことである。これまでに行われてきた「ジェンダーと教育」研究は，「二分法的なジェンダー」を自明とみなし，それにもとづく内面化の結果および過程を問題にしてきた。そこからの解放をめざす議論も，それらを保持しようとする議論も，いずれも「生物学的本質」を基盤にする「二分法的なジェンダー」を自明のものとみなし，批判不可能なものとした。そのため，「ジェンダー」の視点にもとづく研究は，

「本質」としての「生物学的性」への還元に陥る傾向にあった。

　第3の課題は、「ジェンダーと教育」研究において、幼児期を対象とした研究は必ずしも十分に行われているとはいえない、ということである。教育社会学における「ジェンダーと教育」研究の多くは、中等教育段階以降の青少年および成人が対象であり、幼児期の子どもはほとんど注目されていない。

　幼児期を対象としたジェンダー研究の多くは、心理学を基礎とし、「発達」あるいは「内面化」を明らかにしたものである。それらは、非対称な「大人－子ども」関係において権威を有する大人からさまざまなことを教え込まれ、「受動的」に「学習」し、自我を「発達」させる子ども像を前提にしている(Slaby and Frey 1975, Carr et al. 1988など)。

　近年、伝統的な「発達」観の批判的検討において、「構築主義」が注目されている (Corsaro 1997など)。構築主義的アプローチは、伝統的な「発達」観とは異なり、子ども自身による生活世界の構築に注目する。つまり、子どもたちは、単に外界から「二分法的なジェンダー」のメッセージを受動的に受け取るにとどまらず、外界との相互作用を通して自ら「ジェンダー化された世界」の構築に加担しうる存在として理解される。このアプローチにもとづくジェンダー研究において、とりわけ「フェミニストポスト構造主義 (feminist poststructuralism)」は、「二分法的なジェンダー」の自明性を批判的に検討することに寄与した。それにより、「ジェンダーは、生物学的な性(セックス sex)を基盤として、私たち自身に『内面化』される文化的・社会的特性である」という仮定そのものを問題視することが可能となった。

　子どもたちの、とくに幼児期の子どもたちによるジェンダー構築を明らかにする試みは、欧米においては1980年代後半以降、何人かの研究者たちによって行われてきた (Davies 2003, Blaise 2005など)。日本においても、主として中等教育段階の子どもを対象にした「二分法的ジェンダー」の「内面化」を自明視しない研究は、西躰容子や羽田野慶子などによって行われた(西躰 1998, 羽田野 2004など)。

　一方、幼児期のジェンダー構築に注目したジェンダー形成研究は、日本では、ごく一部の論稿を除き(河出 1992, 1993)、必ずしも十分に行われてきたとはいえない。調査方法においても、調査者が「客観的」に対象者の社会

的現実を抽出することに力点を置いたものが多く，たとえば近年社会学の分野で研究蓄積が進みつつある「アクティヴ・インタビュー」のような，調査における「調査者」と「対象者」の「相互行為」に自覚的な研究はほとんど行われていない。

　本書では，上記の諸課題を踏まえ，幼児期の子どもたちはいかにジェンダーを解釈し形成していくか，「構築主義」の立場より明らかにすることをめざす。本研究においては，子どもたちは単なる「受動的」な「社会化の客体(socializee)」ではなく，調査者をも含む大人との相互交渉を主体的に行うことができる「エイジェンシー(agency: 行為体)」としてとらえられる。したがって，ジェンダーは生物学的本質ではなく，子どもたちのディスコース実践を通して「二分法的」カテゴリーとして「つくられる」ものである。

　子どもたちは，幼稚園あるいは保育園といった就学前の集団生活において，いかに社会のジェンダー価値やジェンダー規範を参照するのか。かれらは，自らあるいは仲間・大人によるあらゆる行為や，周囲の環境に存在するあらゆる事物を，いかにして解釈し，ジェンダーに帰属されるものとみなすのか。かれらは，いかにして，自らを「ジェンダー化された主体」として呈示するのか。本書では，これらの諸問題について明らかにすることを試みる。

　本研究では，幼児期の子どもたち自身によるジェンダー実践を明らかにするために，主として，幼稚園および保育園での観察調査結果の分析を行う。それを補完するため，子どもたちを対象にしたインタビューで得られたかれらのジェンダーをめぐる解釈，そして保育者を対象にしたインタビューで得られたかれら自身の保育実践や，子どもたちのふるまいにあらわれたジェンダーをめぐる解釈を手がかりに，考察を行う。

―――――――― 第2節　「幼児期におけるジェンダー形成」への注目

1．教育社会学における「ジェンダーと教育」研究の課題
　「ジェンダーと教育」研究については，これまでにもいくつかのレビューが行われてきた（神田ほか　1985，森繁男　1992，中西・堀　1997）。その研究動

向は，①職業と教育研究における性差の顕在化，②教育における女性の経験の可視化，③結果の不平等がつくられる「かくれたメカニズム」の暴露，そして，④〈男性〉への注目，カテゴリー論批判，「社会化」論の見直しなどといった新たな視点の提示，に整理される。

　森繁男（1989）や宮崎あゆみ（1991）は，教師のしつけ行為における「性別カテゴリーの使用」を問題にした。幼稚園児や小学校児童を統制するためのカテゴリーとして性別カテゴリーが使用されることは，〈意図せざる結果〉として「性別への社会化」をもたらす可能性がある，と指摘した点で，両研究の意義は大きい。

　しかし，これらの研究は，教育者の視点からのものである。教育的関係のもう一方に位置する子どもの視点からも，「社会化」概念を再検討する必要があると考えられる。

　森（1992）は，「ジェンダーと教育」研究のレビューを通して，「役割としてのジェンダー」と「記号としてのジェンダー」がいかにして秩序化されるかを明らかにすることが課題であると論じ，男性学の視点を取り入れることやセクシュアリティを考慮に入れることの必要性を掲げた。この指摘にかかわらず，その後も，とりわけ幼児期の子どもについては，セクシュアリティを視野に入れたジェンダーの権力分析は，十分に行われているとはいえない。

　「ジェンダーと教育」研究の新たな視角の提示は，西躰容子（1998）によって行われた。西躰は，教育社会学における「ジェンダーと教育」研究について，二分法的な性別カテゴリーが自明視されている，平等を論じるにあたって権力関係が十分に考察されていない，内面化を前提としている，という3つの問題点を指摘した。そして，それらを克服するための有効な視点として，「フェミニストポスト構造主義」を提示した。

　西躰の論考は，「二分法的なジェンダー」の自明性の問い直し，および権力関係を考慮に入れた考察において，大きな意義を有する。しかし，ここで示された「二分法的なジェンダー」そのものが構築されるという視点からの教育社会学的研究は，その後十分な蓄積がなされてきたとはいえない。

　上記先行研究の概観を通して，「ジェンダーと教育」研究における課題は，次の3点に整理される。第1に，前提としての「内面化」論の問題，第2に，

「二分法的なジェンダー」の自明視という問題，第3に，前2点の考察対象のほとんどが思春期以降であり幼児期はあまり注目されていないことの問題である。

(1)「内面化」という前提の問い直し

　子どものジェンダー形成をめぐる論考においては，伝統的に，子どもたちはジェンダーに関する価値基準を内面化する存在である，という「社会化論」的前提がある。この問題意識においては，子どもたちの「男らしさ，女らしさ」は社会化の結果である，ととらえられる。ここには，子どもは大人の文化を受け入れる「客体」である，という前提がある。

　親，教師，学校，メディアは，社会におけるジェンダー観などのさまざまな価値を伝達する「エージェント」である。これらに加えて，遊びもまた，子どもの社会的スキルや認知能力などを発達させるのに必要な活動である，と定義されている(Danby 前掲書，pp.175-176)。

　しかし，ジェンダー観，それに関連しての結婚観，労働観などといった価値意識，そしてそれをめぐる実態は，時代によって変化している。人間は，ただ受動的に構造に規定され価値を受け取っているだけではなく(Francis 1998, p.6)，社会構造や価値を自らつくり出すことができる。

　そのことは，子どもたちについても例外ではない。たとえば，カードゲームやコンピュータゲーム，またはテレビ番組のキャラクター遊びなど，子どもたちの間での流行は，大人たちが提供するメディア内容に規定されるばかりではなく，子どもたち自身がそれをつくりだしている面もある。

　ジェンダーについても，「内面化」についての問い直しが行われている。J.バトラーは，ジェンダーのアイデンティティは，身体の上に「書き込まれる」ものであり，しかも，それ自体があたかも「内面」に存在するかのようにみせかけられる，と論じている(Butler 訳書 1999，第3章)。

　以上のように，子どもたちの受動性を前提とする「社会化」，さらにジェンダーの「内面化」という前提については，近年，問い直しが行われている。したがって，「ジェンダーと教育」研究で自明視されてきた「社会化」という問題設定については，再考が求められているといえよう。

(2)「二分法的なジェンダー」の自明視の問い直し

私たちは「人間には男と女の二種類がある」ということを前提としている。しかし，バトラーが，フェミニズムの論争における本質論的な前提自体が，カテゴリー内の多様性を捨象してしまう，と論じている (Butler 前掲書, p.41) ように，男性による女性の抑圧を問題視する議論は，皮肉にも，二分法的カテゴリー化により，多様な存在を等閑視するという問題をはらんでいる[1]。

　子ども文化を対象にした研究においても，ジェンダーの二分法に関する議論が行われてきた。B. ソーンによれば，1970年代後半以降，フェミニズムの影響により，子ども文化に関する研究において研究対象から「排除されるか，(男の子のそれよりも) 低い評価が与えられてきた」(Thorne 1993, p.107)「女の子の経験」が検討され，一連の研究より，女の子と男の子は異なる集団を形成し異なる文化を有すると考えられるようになった，という。

　しかし，「二分法」を前提としたジェンダー文化研究は，フェミニストから，「本質論的還元」であるという批判を浴びた。すなわち，異なった二元的な対としてのジェンダー観は，男性による支配を支え，たとえば「公-私」や「理性-感情」など，ジェンダーの分割と結びつけられる二分法のイデオロギーを永続させてきた (Thorne 前掲書, p.108)。

　たしかに，社会的「弱者」である女性 (あるいは男性) の「解放」の戦略として，二分法的なカテゴリーを使用することは，時として必要だろう。しかし，そのカテゴリーが既存の二分法的・非対称なジェンダー秩序を構成するゆえに，その戦略は，意図せずして社会におけるジェンダー秩序の維持に荷担することにつながる (Francis 前掲書, p.8)。

　「ジェンダーと教育」研究も，またその罠に陥る可能性があるものである。したがって，研究にあたっては，カテゴリーの使用は本質論への還元を招く危険があることに留意し，その問題性に敏感であることが求められるだろう。

(3)「ジェンダー化の対象」としての幼児観の問い直し

　結城恵によれば，幼稚園は，「人生ではじめて意図的・組織的な教育を受ける場」(結城 1998, p.3) である。これが示すように，幼児期は，人が家族や近隣とは異なる新しい集団にはじめて入る時期である。子どもたちは，多くの場合，そこではじめて，社会の成員となるための意図的・組織的働きか

けを受ける。

　教育社会学の領域における，幼児期におけるジェンダー形成の問題を取り上げた研究には，保護者や教師の働きかけに焦点が当てられることが多い（たとえば，森 1989, 1995）。幼稚園児のエイジェンシーへの注目の嚆矢は，河出三枝子（1992, 1993）による研究であろう。河出は，幼稚園におけるジェンダー教育実践の分析・考察を行った研究において，ジェンダー・カテゴリーを操作することができる主体としての幼稚園児に注目し，その相互作用の事例を紹介している。

　子どものジェンダー構築に注目した教育社会学の先行研究の多くは，思春期以降の子どもを対象としている。たとえば，先述の西躰の研究は，高校生の観察データにもとづくものである。また，羽田野慶子のスポーツをめぐるジェンダー化された身体観の構築の分析は，中学校柔道部を調査の場としている（羽田野 2004）。

　思春期以前の子どもを対象にした研究としては，学童保育の場における男性性の行使を分析した片田孫朝日の研究がある（片田孫 2003）。しかし，幼児期の子どもを対象に，子どもがジェンダー形成に主体としてかかわるという視点に立つ研究は，日本では十分行われているとはいえない。

2. 幼児期へのまなざし——発達・社会化から社会的構築へ——
(1) 心理学の発展と構築主義

　心理学理論において，幼児期は，人生のなかで意味深い時期であるととらえられている。E. エリクソンは，人間の生涯を8つの発達段階に区分し，アイデンティティの理論を確立した。エリクソンによれば，幼児期は，ふたつめの発達段階であり，「自律と恥」の発達課題を有する，という。すなわち，この時期の子どもは，恥や罪悪感の経験を通して自律の観念を発達させる（Erikson 訳書 1977, 327-332）。

　また，J. ピアジェは，認知操作の発達を，感覚運動的レベル，具体的操作レベル，形式的操作レベルの3つの水準に分類し，年齢段階が進むに従い，認知構造が高度に発達すると論じた（Wallon 訳書 1983, 解説 pp. 259-267）。これら心理学のメインストリームをなす理論においては，人間の発達は一定

の到達すべき課題や目標をもつものであり，幼児期は，生涯を通しての発達の一過程である，ととらえられている[2]。

　この考え方は，幼児期におけるジェンダーの発達に注目した古典的な研究においても同様である。認知発達理論において，「性の一貫性　gender consistency」を獲得する時期はおおよそ3歳ごろである，と論じられている (Slaby and Frey 1975など)。「子ども」，とりわけ幼児期の子どもは，思春期以上の子どもに比べ，「ジェンダー構築」の「主体」としてとらえられることが非常に少ない。その要因としては，「発達」「社会化」を受動的にとらえる視点の存在が考えられる。

　幼児の発達を受動的にとらえることへの批判は，幼児研究においても，この20年ほどの間に行われるようになってきた。W. コルサロは，構築主義の立場をとり，人間の社会文化的発達を明らかにしようとするヴィゴツキーの「発達の最近接領域[3]」理論に対して一定の評価を行った。その上で，子どもたちは社会に集合的に参加する，ととらえ，社会化にかかわる概念として「解釈的再生産」概念を提示した。また彼は，子どもの発達を線形的にではなく，「くもの巣」状の社会の網のなかでの発達としてとらえようとした (Corsaro 2005, pp.18–27)。

(2)遊びを対象にしたジェンダー研究の視覚転換

　遊びは，子ども研究において，子どもの心理的・社会的・知的発達のために必要であると考えられてきた。パーテンの遊び尺度では，発達段階を経て，遊びの形態・内容が複雑化する，という考えにもとづき，ひとり遊び，並列遊び，集団遊び，という段階が設定されているという (Blaise 2005, pp.5–6)。D. スラッス (Sluss 2002) は，実験室でのブロック遊びの観察とインタビューにより，子どもたちの生物学的性による遊びの違いを分析した。スラッスは，その結果について，エリクソン，E. マッコビィなどの発達に関する諸研究と一致するか否か，の観点より考察を行っている。

　幼児期の子どもを対象にした遊びの分析研究のなかには，社会言語学の手法を用いたものがいくつかみられる。R. K. ソーヤー (Sawyer 1996) は，幼児の遊び活動を対象に，「役割表明　role voicing」を分析した。彼は，遊び中の子どもたちによる役割表明について，直接的な役割表明 (その役そのもの

になりきること）と間接的な役割表明（人形などを介してその役を演じる）と集合的な役割表明（みんなでひとつの役を演じる）のそれぞれの出現について分析を行った。その結果，男の子は集合的な役割表明，女の子は直接的な役割表明が多い傾向にあることが明らかにされた。

　幼児期のジェンダー発達を明らかにするための研究は，主に発達心理学の分野で行われてきた。たとえば，ジェンダーに関するさまざまな認知能力（例：ジェンダーの一貫性），遊び集団構造，などが，性別，年齢段階別に分析され，その年齢別差異または時系列変化より発達の状況が推測された（Sawyer 1997など）。

　社会言語学研究においても，子どもの遊びなどでの言語活動を中心とする幼児の生活世界の記述への関心が次第に高まった。これらの研究においては，「ジェンダー化された会話構造」が幼児期にもみられるかどうかの検討が行われた。

　A．シェルドン（Sheldon 1990）は，幼児による，「おもちゃのピクルス」の取り合いに焦点化された言い争いを分析した。同性の子ども3人組の観察（ビデオによる記録）を通して，女の子の言い争いは連帯を志向していること，他方男の子の言い争いは相手の統制を志向し身体的な力を頼みとしていることを明らかにした。シェルドンは，「ジェンダー」差を「生得的差異」に還元することには警戒しつつ，ギリガンの認知発達論的枠組みに準拠した考察を行っている。

　幼児の遊びに注目した先行研究の多くは，「女」－「男」という二分法的な分析カテゴリーを前提としている。子どもたちは，遊びを通して，生物学的に二分された「性」に従って期待されている「特性」を身に着けるものとみなされる。

3．幼稚園・保育園[4]における質的調査研究の動向および課題

　日本では，幼児期の子どもたちの多くが幼稚園や保育園に在籍する。幼稚園や保育園で，子どもたちはどのような教育を受けているかを明らかにするため，これまでに数多くの質的研究が行われてきた。

(1)キングの研究

幼児教育における「見えない方法」を明らかにしようとした教育社会学的研究の代表的なものとして，R．キングの著作『幼児教育の理想と現実』が挙げられる。キングは，イギリスの幼児学校3校でのフィールドワークを通して，イギリスにおける幼児教育理論の「児童中心主義」が幼児学校の教職員の信念として自明である一方で，実際の教育現場では子どもへのさまざまな「見えない統制」がみられること，個々の幼児学校の社会的文化的条件によって教師の方略が異なることを明らかにした (King 訳書　1984)。

(2)欧米研究者が見た日本の幼児教育

　欧米の研究者による日本の幼児教育への注目は，いくつかのすぐれたエスノグラフィを生み出した。これらの研究のうちいくつかは，日本の幼児教育施設におけるジェンダー実践が顕著であることに注目し，子どものジェンダーによって異なる親の教育期待など，日本の幼児教育の特質を描写した。

　たとえば，J．トービンと共同研究者は，日本，中国，アメリカの都市部にある幼稚園の3カ国間比較を行った (Tobin et al. 1989)。フィールドノーツ，テープレコーダー，ビデオテープを用い，それぞれの国のひとつの幼児教育施設における生活世界を描写し，一般化を行うために各国のほかの幼児教育施設の教師たちへのインタビューを行う，という「多声的エスノグラフィ」の手法を用いた。

　その結果，日本の幼児教育施設において，ジェンダーによる異なる扱いが顕著であることが明らかにされた。たとえば，園内でのとっくみあいのけんかについて，男児にはそれが許容される一方，女児のとっくみあいには大人の介入が行われる。また，年長の女の子は年少児の世話を行っていた。しかしながら，日本の保育者は，男女を別々に扱うことには躊躇し，子どもについての語りでは「男らしい」「女らしい」の使用を避け「たくましい」「やさしい」「思いやり」の語を用いていた (pp.33-36)。

　また，J．ヘンドリーは，自分の子どもが通った幼稚園の観察調査を行い，日本の幼稚園で子どもがいかに教育されるかを明らかにした (Hendry 1986)。このエスノグラフィでは，ジェンダーに関する幼児教育の特質も描写されていた。たとえば，幼稚園では，女の子には「やさしさ」，男の子には，勇気・責任などが求められていた (pp.92-3) 一方，男の子にのみ，身体的な活

序章　問題設定

動性が奨励されていた (p.151)。園では，呼称（ぼく／わたし）に関するしつけ (p.155)，男女別集団統制 (p.162)，行動様式のしつけ (p.171) などに，ジェンダー化された特徴がみられた。

⑶日本における幼児教育を対象にした質的調査研究

　日本国内でも，幼児教育を対象にした観察調査研究がいくつか行われてきた。代表的なもののひとつが，結城による幼稚園のエスノグラフィである。結城は，ある幼稚園で行った約1年間の観察調査を通して，幼稚園教育は日本の学校教育の特質である集団主義教育への導入段階であることを明らかにした（結城　1998）。この研究において，幼稚園の保育活動は，フィールドノーツ，オーディオ録音，スチルカメラ，ビデオなどさまざまな手段で記録され，質的分析と量的分析の併用による多角的な分析が行われている。

　ジェンダーに焦点を当てた研究では，幼稚園では，ジェンダーにかかわるさまざまな実践がなされていることが示唆されている。森繁男は，共同研究で行った幼稚園の観察調査を通して，園の教職員は「児童中心主義」イデオロギーを有しているにもかかわらず，ジェンダーに関する「かくれたカリキュラム」として，性別カテゴリーの使用や性ステレオタイプがみられることを明らかにした。森によれば，これらの性別処遇は，教師によって「自然な」ストラテジーとして正当化されているという（森　1989, 1995）。

　河出は，幼稚園での観察調査を分析するにあたり，教師の実践にとどまらず，子どもどうしのミクロな相互作用にも注目した（河出　1992, 1993）。河出は，子どもたちは，自ら性別カテゴリーを使用し，「性」を焦点化するコードを形成し操作する，と指摘している。その操作とは，たとえば，女児をより低位置に位置づかせる「ヒエラルヒー化」が男児の側から示されたりすること，また，性別カテゴリーにこだわる割合は男児に多いこと，であるという。

　しかし，幼児を対象とした研究の多くは，教師によるはたらきかけに焦点が当てられている[5]。少なくとも，幼児期にある子ども自身の営みに注目し，社会学的分析によりその構造を明らかにしようとした研究は，日本においてはほとんど行われていないといえる。

第3節　研究の視点および本書の構成

　本研究は，幼児期の子どもたちを対象にした観察調査およびインタビューにもとづき，子ども自身によるジェンダーの構築への寄与を明らかにすることをめざすものである。幼児教育あるいは保育の場における，子どもたち自身による主体的なジェンダー構築を明らかにしようとすることは，次の3点において有意義である。

　第1に，それは，従来幼児期を対象にした「ジェンダーと教育」研究において前提とされてきた「社会化」「内面化」概念だけではとらえきれない，幼児期におけるダイナミックなジェンダー実践の一側面に光を当てることを可能にする。教育社会学における「ジェンダーと教育」の領域では，近年，ポストモダン的な問題設定にもとづく「ジェンダー化」と「主体」の問題を取り扱う研究が行われつつあるものの，幼児期はまだその対象には含まれていない。本研究で，幼児期においても主体的なジェンダー構築がみられるかについて検討を行うことは，「ジェンダーと教育」研究に新たな知見を提供するものと考えられる。

　第2に，子どものジェンダー実践を明らかにすることは，子どものみならず，大人をも含む社会の構成員によるジェンダー実践を明らかにすることにつながる。子どもの世界において展開されるジェンダー実践は，大人の世界におけるそれと，ある程度関連を有するのではないかと考えられる。したがって，本研究の知見は，私たちの社会におけるジェンダー実践の解明に寄与すると考えられる。

　第3に，私たちの社会におけるジェンダー実践の問い直しは，私たちの「二分法的なジェンダー」に制約されない，幼児教育・保育を含むさまざまな社会的実践のありように有用な示唆を提供するだろう。「二分法的なジェンダー」の問い直し，およびそれに対する抵抗についての議論は，いくつかの研究で行われている（Butler訳書　1999など）。本研究には，子どもたちのローカルな生活世界におけるリアリティに根ざし，かれらおよびかれらの周囲にいる人々のジェンダー実践の問い直しを通して，現実世界でのより有用な

序章　問題設定

「抵抗」戦略の可能性などを示唆することが期待される。

　子どもの主体的なジェンダー実践を明らかにすることは，従来の「大人－子ども」関係において「権威」を頼りに行われる保育を超えた保育のあり方の探究を可能にするだろう。「主体」としての子どもを検討することは，従来自明とされてきた，非対称な「大人－子ども」関係をも相対化することでもある。それは，従来の関係性にとらわれない，子どもを「主体」として描く保育・幼児教育のあり方への，有用な示唆を提供するのではないか。

　以下，本書では，次の手順で，幼稚園・保育園における子どもたちのジェンダー構築を明らかにすることをめざす。

　第Ⅰ部では，幼児期におけるジェンダー形成・ジェンダー構築の理論および研究方法論を示す。第1章では，ジェンダーをめぐる概念状況を概観し，構築主義的アプローチの有効性を示す。第2章では，研究方法論として，アクティヴなアプローチを導入したエスノグラフィの可能性について論じる。

　第Ⅱ部では，幼稚園・保育園におけるジェンダー構築に関する研究結果を提示する。前半の4つの章では，園での観察調査におけるジェンダー構築に注目した分析の結果を示す。第3章では，幼稚園・保育園各園の環境におけるジェンダー秩序について，活動内容，指定持ち物，保育者の働きかけに注目して検討する。第4章では，園生活全体にわたる子どもたちの相互作用において，「二分法的なジェンダー」が構築されているさまを明らかにする。第5章では，園生活のうち，子どもたちの自由遊び場面に注目し，そこにみられるジェンダー実践の多様性を検討する。第6章では，遊びを「家族ごっこ」に限定し，そこにみられるジェンダー実践を，具体的な場面の詳細な分析により明らかにする。

　第Ⅱ部の後半2つの章では，各園での子どもたちによるジェンダー実践について，そこで生活する子どもたち，そして保育者たちはいかに解釈を行うか，検討する。第7章では，子どもたちを対象にしたインタビューにもとづき，子どもたち自身によるジェンダー構築の解釈を検討する。第8章では，保育者を対象にしたインタビューにもとづき，園生活におけるジェンダー構築，子どもたちのジェンダー構築に対するかれらの解釈を検討する。

　終章では，以上の各章で明らかにしたことを踏まえ，子どものジェンダー

構築の意味について考察を行い，本研究での結論および今後の課題を示す。

注
1 　今世紀に入り，男女共同参画をめぐる議論において，しばしば「女性と男性がそれぞれの特性を活かし協力しあう」といった言説がみられた。一見疑う余地のないように思われるこの言説は，第1に，女性と男性のカテゴリー間の差別・抑圧の存続・維持という現状を等閑視することにおいて，第2に，女性と男性の二分法にとらわれないあるいは含まれない存在および関係性を排除することにおいて，問題性をはらんでいるように思われる。
2 　もっとも，社会との有機的な関係性をも視野に入れた複合的な発達を論じた心理学理論は，近年注目されている。たとえば，ピアジェの同時期の心理学者であるH.ワロンは，「同化相」と「異化相」の語を用いて，自我形成と適応行動の総体的な把握を試みている（浜田訳編 1983）。
3 　L.ヴィゴツキーは，「発達の最近接領域」概念を用いて，発達をすでに到達したものとしてではなく，成熟しつつある過程をも考慮することにより，ダイナミックなものとしてとらえた。ヴィゴツキーの理論は，心理学における社会構成主義の展開にも影響を与えた。
4 　児童福祉法に規定される正式呼称は「保育所」であるものの，一般に，園の名称として「保育園」が用いられている場合が多いため，以下この呼称で統一する。
5 　河出の論稿は，子どもによる主体的な営みについても言及されているとはいえ，全体としては，幼稚園における教育実践に主眼が置かれている。

第Ⅰ部　理論および研究方法論

第1章
「ジェンダー」をめぐる概念状況と構築主義的アプローチ

　本章では，ジェンダーをめぐる概念状況について概観し，本書の理論的枠組みである構築主義的アプローチの意義を明らかにする。まず，「ジェンダー」概念の転換について述べる。つづいて，「社会化」から「ジェンダー構築」への問題意識の転換について述べる。さらに，「ジェンダー構築」探求の理論的背景となるフェミニストポスト構造主義とクィア理論の貢献について述べる。そして最後に，幼児期を対象にしたジェンダー構築の探求可能性について述べる。

──────────── 第1節　「ジェンダー」概念の転換

1.「性」変数から「ジェンダー」概念へ
　社会科学研究において，「性」は重要な分析変数のひとつである。今や，社会調査において，性変数を用いないものはない，といってよいだろう。
　人間の行動や態度などにおいて，一定の「性差（sex differences）」があるのかどうかについては，長年にわたり議論が行われてきた。発達心理学の分野においては，子どもはおおよそ満3歳に達する頃までには性自認を確立する，男子は視空間能力に優れる，女子は言語能力に優れる，など，知的能力におけるさまざまな性差の有無をめぐる議論が行われてきた（Maccoby & Jacklin 1974）。
　また，「性差」の由来をめぐり，「氏か育ちか（nature and nurture）」論争が展開されてきた。生物学，あるいは脳科学の分野では，ホルモン分泌の違いなどによって，出生児までに生物学的な性差が確認される，という議論が行われている（Pease and Pease 訳書 2002）。

第1章 「ジェンダー」をめぐる概念状況と構築主義的アプローチ

　生物学的な性「セックス sex」に対し，社会的・文化的に学習される性としての「ジェンダー gender」概念の提示は，「氏か育ちか」論争において重要な役割を果たした。後天的に形成される性，すなわち「ジェンダー」概念の源流は，J．マネーとP．タッカーの『性の署名』にさかのぼる。マネーらは，生物学的性が修正される年齢が高くなると，性自認の変更が困難になる，と論じた (Money and Tucker 訳書 1979)[1]。
　フェミニズム (feminism) とは，ひとことで言えば，男性による抑圧から女性を解放することをめざす運動理論である。フェミニストたちは，「性支配」構造を明らかにしようとする際に，「性」は解剖学的に決定されるよりはむしろ後天的に与えられる環境によって形成される，という仮説を提示した。
　つまり，たとえば男性が女性に対し社会的に優位であることは，生物学的な性によって本質的に決定されるよりは，むしろ，生物学的な性にしたがって求められる役割期待によって形成される。こうして，「ジェンダー」概念は，性の「後天的形成モデル」の説明に重要な鍵概念となった。

2．「セックス」と「ジェンダー」概念の転換

　しかし，性の「後天的形成モデル」は，一方で，それ自体が「生物学的な本質」を自明としているがゆえの脆弱さをもあわせもつ。このモデルは，人間が生物学的にふたつの性のどちらかに所属することを前提としている。このため，「男と女は違う」がゆえに「それぞれの特性に応じた役割が割り当てられる」とする，いわゆる「特性論」への理論的抵抗が困難である，という限界もあった[2]。
　近年のポストモダン・フェミニズムにおいては，自明視されてきた生物学的性＝「セックス」と社会的・文化的性＝「ジェンダー」の関係性を転置する試みが行われてきた。つまり，「『セックス』が『ジェンダー』を規定する」から，「『ジェンダー』が『セックス』を規定する」への転換である。
　「性」，すなわち「セックス」／「ジェンダー」をめぐるさまざまな言説が，生物学的・生得的とみなされがちな「性」のありようそのものを規定しうることを証明する事例は，私たちの周囲にあまた存在する。たとえば，私たちの性的な身体は，それをめぐる言説によってかたちづくられている，ととら

17

えられる。

　唐突に思われるかもしれないが，ここで，「女性のダイエット」を例に，性的な身体にかかわる言説が身体のありようを規定することについて考えてみよう。私たちは，自分が社会のなかで，自らの「性」にふさわしい体型・体重でないと感じた時，たとえば「一定以下の体重」「くびれたウエスト」などのように，「あるべき身体」をめざして努力する。これは，社会において望ましいとされる「身体イメージ」に即して自らの身体を加工する営みである。このような身体加工[3]は，社会においては，魅力的な身体をつくるために必要な，ある種の常識としてとらえられる。同様のことは，男性にとっての「筋力増強」や「身長の伸長」などにもあてはまるだろう[4]。

　たとえば，「受動的・消極的な女性」，「攻撃的な男性」，「数学能力に優れた男性」，「家事が上手な女性」，というように，私たちはさまざまな「女」あるいは「男」のありようについて語る。それは，特定の人物によってなされる具体的な行為として語られることもあれば，あるべき姿，あるいは「理想」，あるいは「常識」として語られることもある。

　これらの語り，すなわちある「性」(男／女)にふさわしい「特性」にかかわる「言説」は，言説実践そのものを通して，そしてその語りによって言及されるさまざまな行為実践によって，たえず構築され続ける。それらは，私たち自身によって，あたかもその「性」にふさわしいとされる「特性」が「生物学的」な「本質」に由来する行為・態度であるかのように語られ，そのように解釈されることにより，より一層その「被構築性」が隠蔽されるのである。

──────第2節　「社会化」から「ジェンダー構築」への転換

　前節での「ジェンダー」と「セックス」の関連をめぐる議論を踏まえ，子どものジェンダー形成に関する議論を整理し，本研究における理論的射程を明らかにする。

1. ジェンダーの発達・社会化

第1章 「ジェンダー」をめぐる概念状況と構築主義的アプローチ

　子どものジェンダー形成に関連する記述のある大学テキストなどの諸文献においては，ジェンダーの起源に関する主要な議論として，生物学的決定論，社会化論ににまとめられ，記述されることが多い。以下，その概要を述べる。

(1)生物学的決定論

　生物学的決定論は，性差の由来は生物学的・解剖学的性であることを前提とする。その論点は，「女」と「男」には遺伝的な差異があり，それをもとに発達を遂げる，ということにある。したがって，この議論からは，生物学的差異に即した役割は当然である，とする考えが導かれる。

　生物学的決定論の問題点は，M. ブレイズによって次の3点に整理されている (Blaise 2005, pp.8-9)。生物学的決定論は，第1に，文化と社会の多様性を考慮に入れていない。文化によって男性と女性のふるまいの様式に多様性があることは，文化人類学の知見などでも知られている。第2に，それは，人間のアイデンティティが固定的で変化しないものとしてとらえている。後述のように，一貫したアイデンティティをもつという近代的人間に関する仮説については，理論的にも問い直されている。第3に，それは，社会変動の影響を考慮していない。「男は仕事，女は家庭」の性別役割分業意識への賛否を問う調査結果が年によって変化していることや，高等教育を受ける女性の増加や，服装に対する意識の変化などは，歴史的・社会的な変化を背景にしている。

　さらに，「生物学的本質」そのものに，疑問視されるべき点があることを指摘できよう。近年，生物学的にも，男性と女性の間に「中間性」があることは広く知られつつある[5]。また，J. バトラーは，「女」か「男」かの生物学的な性決定をめぐる学問的議論のなかに，男性中心性，ジェンダー秩序といった，女と男に関するジェンダー差別的な前提の存在を指摘した[6]。

(2)社会化論

　社会化論は，人間は社会の一員となるために学習することを強調する。ここで，ジェンダー・アイデンティティは，生得的なものというよりも，むしろ学習の産物として位置づけられる。社会化論においては，心理学における社会的学習理論と共通の概念，つまり，大人の行動のモデリングや，大人やそのほか重要な他者による強化，など，学習理論の用語が用いられる。子ど

もは大人などから，ジェンダーに関する価値を伝達され，それを模倣したり強化されたりして，ジェンダー・アイデンティティを獲得する，とされる。

　社会化論の問題点は，大まかに次の2点にまとめられる。第1に，生物学的な基盤にもとづく「ジェンダー役割」への社会化を前提とする点である (Davies 2003, p.5)。社会的・文化的差異が生物学的差異を前提とした内面化の結果であるという問題設定は，「男と女は本質的に違う」という視点に立つものである。それは，ジェンダー本質主義と基盤を同一にするものであり，反フェミニズムへのバックラッシュを招来しうる，という問題をはらんでいる。

　第2の問題点は，社会化エージェント（socializer）と社会化の客体（socializee）という対関係の図式である。それは，大人による子どものコントロールという関係性を導く。ブレイズのことばを借りれば，社会化論は，「年長で，大きく，賢い大人が権力を持ち，幼い，小さい，無邪気な子どもを統制し形成する，ということを仮定する」のである (Blaise 前掲書, p.13)。

　しかし，現実の子どもを観察してみると，大人の理想像とは異なり，必ずしも大人の統制を一方的に受け入れているばかりではないことがわかるだろう。したがって，子どもの生活世界を明らかにするにあたっては，「無力な子ども」像の自明視について，問い直される必要があると考えられる (Smith et al. 2000)。

2．「ジェンダー構築」への注目
(1)基盤としての「構築主義」[7]

　子どものジェンダー形成を説明する際，社会化論には一定の有効性はあったと考えられる。一方，それは，ジェンダー本質論および大人-子ども関係の非対称性を自明のものとする点において，限界があった。

　これらの限界を乗り越えるためには，子どもを含めた社会の成員による「ジェンダー構築」に注目することが有効であろう。ここで，本研究の立場である構築主義とは何であるか，先行研究を概観する。

　構築主義に関するレビュー（上野 2001, 平・中河 2006）によれば，構築主義の源流はP．バーガーとT．ルックマンの知識社会学的研究『現実の社会的

第1章 「ジェンダー」をめぐる概念状況と構築主義的アプローチ

構成』(Berger and Luckmann 訳書 2003) にあるという。バーガーとルックマンの議論は,「現実」を「実証的」に抽出可能である,という社会学者にとっての「自明」そのものを問題化することに貢献した。

　バーガーとルックマンは,自らの知識社会学的議論の基本的前提として,次のように述べる。私たちが自明視している日常世界の現実は,私たちの〈いま－ここ〉の周りに組織され,つまり時間と空間の双方によって構成され,間主観的な世界,つまり他者とともに共有する世界としてあらわれる（第1章）。日常世界の現実は,社会的相互作用のなかでたえず構成されつづける（第2章）。ことばを用いることにより,私たちは,「記号と象徴の世界のなかで毎日を生きて」(p.63) おり,「特定の知識体系をそなえた日常生活の常識的世界のもとで暮らしている」(p.64, 第3章)。

　「現実」が「社会的に構成（構築）」されるとみなす構築主義的理論枠組みは,J.キツセとM.スペクターの社会問題に対する構築主義的アプローチ (Kitsuse and Specter 訳書 1992)[8],人々の相互作用における現実の社会的構築を明らかにしようとするエスノメソドロジー (Garfinkel et al., 山田ほか編訳 1987),に継承された。次章で言及する「アクティヴ・インタビュー」も,この系譜を受け継ぐもののひとつに位置づけられる。

⑵ジェンダー秩序とジェンダー構築

　従来の生物学的決定論および社会化論においては,生物学的な二分法にもとづく「男」と「女」の差異が自明視されており,それゆえにジェンダーの問題化は「本質論的還元」を免れることができない,という限界があった。「社会的」カテゴリーとして認識される「ジェンダー」は,「生物学的差異」を根拠にして正当化される,という循環論に陥るためである。

　ここで,ジェンダー論がその陥穽に陥らないためには,「性差」があるかないか,の問題にこだわるよりは,「性差」をめぐる考え方がいかに作られていくか,つまり構築されるか,に注目することが有効な戦略であると思われる。そこから,私たちの社会で現実に起こっている「性支配」の構造を明らかにし,「本質論的還元」に陥らないよう,それがもたらす諸問題を分析・考察することが可能になる。このことについて,江原由美子と上野千鶴子が有用な議論を行っている。

第 I 部　理論および研究方法論

　江原は，エスノメソドロジー的研究と構築主義的研究の融合を試み，「性支配」の構造および産出を論じている (江原　2000)。江原は，日常生活からマクロレベルの社会に至るまで，ジェンダーが社会的に構築されていることを足がかりに，「『ジェンダー知』の産出」と「『ジェンダー秩序』=『性支配』の産出」の循環的な関連を論じた (江原　2001)。

　上野は，編著『構築主義とは何か』を締めくくる総括的な論考において，「構築主義」アプローチにおける「カテゴリーの政治」と「アイデンティティの政治」について論じている (上野編　2001, pp.275-305)。上野は，まず，ジェンダーは「政治的なカテゴリー」である，と論じた。その上で，構築主義が問題にするのは，「言語というカテゴリーを欠いて実在に達することができないこと，透明・中立的なものではありえないところの『カテゴリーの政治』」(p.291) であり，アイデンティティの政治である。そして，「『わたしとは誰か』というアイデンティティをめぐる問いを構成しているのが，ほかならぬカテゴリー」(p.292) であるがゆえに，構築主義は，「わたし」が何者であるかの名乗り自体のカテゴリー化の営みを脱構築する企てである，と述べている。ここで，非対称な「女」「男」のそれぞれのカテゴリーに対応した「アイデンティティ」が措定され，支配文化によってそれを「内面化」するよう「強いられる」ことが問題視される。

　江原と上野の議論は，その着眼点において異なっている。しかし，ともに「社会的」または「政治的」な「カテゴリー」としての「ジェンダー」は，社会的・政治的な行為によって構築されるということをを示している点では，両者の議論の間には一定の相似性がみいだされる，といえよう。

⑶言語による「ジェンダー構築」

　社会言語学の分野において，ジェンダーの問題は，約30年前より注目されるようになった。R. レイコフが，女性の言語と女性の社会的位置について，フェミニズムの視点より問題提起を行ったことは，この問題への関心を増大させた (Lakoff 1975)。

　レイコフを嚆矢とする「フェミニスト言語研究」は，言語および言語研究に内在する男性優位性を批判的に検討した。その貢献は，次のとおりである。第1に，言語における，(a)「人間＝男」であること，そして (b)「女」は

第1章 「ジェンダー」をめぐる概念状況と構築主義的アプローチ

「性の対象」であり客体であること，の暴露である。たとえば，言語表現では，英語の he/man は「男」をあらわすとともに一般的な「人間」をあらわし，she は「女」をあらわすときにのみ用いられることが知られている。また，「女」を含む，あるいはあらわすことばには，否定的意味合いや性的意味合いを含むものがある[9]。中村桃子は，そのような言語構造は日本語にもみられることを指摘し[10]，社会におけるイデオロギーとの関連があることを論じている (中村 1995)。

　第二に，言語学研究における男性優位性の問題化である。たとえば，レイコフは，「女の言語」が社会で劣った位置に置かれていると指摘した[11]。言語学もまた，「男の言語」を標準とみなし，女の言語を「女ことば」という変異として扱ってきた，という[12]。

　第3に，「女ことば」研究の視角転換である。男性中心的な言語の変異とされてきた「女」のことばのありようを明らかにする研究は，いわゆる「性差研究」の文脈において行われてきた[13]。この「女ことば」研究は，その生得的な性にもとづき女性が話す「女ことば」が存在することを前提にする点で，本質主義的であり，実際の女性による言語使用の多様性を無視している，などの批判を受けた。それを踏まえ，近年ではディスコースを通してジェンダーが再生産されることを明らかにしようとする，構築主義的立場に立つ言語学研究が行われている (中村 2007)。

　言語学研究では，子どもの「言語的社会化」あるいは「言語発達」におけるジェンダーの問題も注目されている。これらの研究は，もともと，社会化・発達論的モデルを提示してきた。しかし，1990年代以降，子どもの言語研究における「ジェンダー構築」が注目されるようになった (Sheldon 1996, Kyratzis 2001)。

⑷「アイデンティティ」概念の批判的検討

　ここまで述べてきたように，構築主義的アプローチは，「本質」および「内面化」を自明のものとせず，それ自体が構築されたものである，とする立場である。この立場においては，人間の発達において重要な概念であり「獲得されるべきもの」とみなされる「アイデンティティ」概念も，それ自体が社会的に構築されたものとみなされる。

第 I 部　理論および研究方法論

　「アイデンティティ」は，E. エリクソンの発達理論の中心に位置づけられる概念であり，自己あるいは集団や共同体の統合性と一貫性を示す概念である。その概念 (Erikson 訳書 1977, pp.317–353) は，もともと「自我同一性」と訳されたように，「統合性」と「一貫性」を前提とする。

　エリクソンの発達段階説において，「アイデンティティの確立」は，青年期の発達段階とされる。ここでは，アイデンティティについて，「『わたしがわたしであること』の知覚」と定義しておくことにする。

　アイデンティティは，「一貫性」を前提とする，と一般的に捉えられている。すなわち，ひとりの人間は，いちどアイデンティティを確立すると変更されることはない，と考えられてきた。

　アイデンティティはまた，近代的自我を説明する重要概念である。近代社会において，人間は，主に学校教育を通して，社会および国家を支える構成員，主体 (subject) として形成されることが求められてきた[14]。単一で一貫した，個人的・社会的・国家的アイデンティティの確立は，近代以降における人間形成の重要な目標であった。

　近年，近代をめぐる批判的考察を通して，近代的主体が問い直されるようになった。その文脈において，「『単一の』アイデンティティ」概念も問い直された。すなわち，「私」のアイデンティティは，必ずしもひとつではなく，複合的でありうる (Davies 1998; 2003, 上野編 2005)。A. センは，経済学を中心とする社会科学におけるアイデンティティ軽視（他者のアイデンティティ共有の影響の無視）と単一帰属（人はただ１つの集合体にのみ帰属するとみなすこと）のふたつの還元主義を批判し，人は同時に多くの異なった集団に属し，諸条件に左右されつつそれぞれの集団への帰属の相対的な重要性を選択し決定している，と論じた (Sen 訳書 2011, pp.37–65)。

　たとえば，筆者自身，教育者としての「私」，学生としての「私」，地域住民としての「私」，気のおけない友人とともに過ごす時の「私」は，ゆるやかな共通点は持ちつつも，必ずしも統一された同一のものというわけではない。しかし，それぞれは，確実に「私」というアイデンティティの一部を構成する。

　また，私たちは，「私」自身，あるいはほかの誰かについて，思考と行動が一致しない，と感じることをしばしば経験する。たとえば，ある文脈では「ジ

第1章 「ジェンダー」をめぐる概念状況と構築主義的アプローチ

ェンダー」や人権問題に敏感であるが，別の文脈では同じような人権上の問題があることに気づかない[15]人がいたとする。しかし，私たちは，それぞれの場面でのその人を，別人として認識することはない。

さらに，たとえば，「私」が一貫性のない考えを示した時，「私」は，必ずしも嘘をついているとは限らない。「私」に出会う他者にとって，いくつもの「私」のありようが一見異なるように見えるのは，それらの「私」が，それぞれの〈いま−ここ〉で，環境やそこにいる人々とのかかわりのなかで紡ぎ出されているからである。

(5)社会的構築物としてのジェンダー

構築主義的アプローチにおいては，「二分法的なジェンダー」そのものが社会的構築の所産である。生物学的決定論も社会化論も，人間はまず生物学的に二分された「男」と「女」どちらかの性に属しており，性にかかわる諸特性はそれにもとづき割り当てられる，ということを前提としている。どちらの理論でも，人間は，性にかかわる諸特性を，生得的に所有する，あるいは内面化により身につける存在として理解される。

しかし，先に述べたように，近年，人間の性は，生物学的に完全なる二分法として，男と女のどちらかに「生得的に」分かれているわけではないことが知られつつある。そして，「女」「男」のありようが，むしろ身体のありようを規定することについては，前節で「女性のダイエット」の事例を引いて論じた通りである。

これらを考えたとき，「男」と「女」というふたつの性は，「生得的」な「生物学的本質」，というよりは，むしろ，人間が日常生活における言説実践を通して「構築」する「社会的現実」である，と理解されるだろう。

3. 構築主義的アプローチが問い直すもの

「ジェンダー構築」の視点は，従来自明とされてきた，教育的関係に限定した子どもの生活の把握だけでは限界があることを踏まえている。「大人」−「子ども」関係，「教師」−「子ども」関係，「親」−「子」関係など，子どもたちが取り結ぶ諸関係そのものに内在する権力関係にも，注目する必要があるだろう。ここでは，子どもによるジェンダー構築を明らかにする上で，かれらの

第Ⅰ部　理論および研究方法論

生活の基盤にあるとされる主要な関係性である,「発達」にもとづく対である「大人」-「子ども」関係,「性」の分割線にもとづく対である「男」-「女」関係に注目し,その特質を明らかにする。

(1)「大人」-「子ども」関係

「子ども」は,「大人」-「子ども」関係において,「大人」ではない,もう一方のカテゴリーとして位置づけられている。「子ども」というカテゴリーは,「発達」にもとづく二分法的カテゴリー化の産物であり,「大人」との関係において,非対称な関係性のなかに位置づけられる。

1)「発達」にもとづく二分法的なカテゴリー

「発達」とは,人間として「完成」に近づくことを意味する。「発達」をあらわす英語 development は,「うちにもともと存在するものをあらわにする」という意味をもっている[16]。

現在,発達心理学の分野における発達論の系譜は,遺伝説,環境説,相互作用説,文化的-コンテクスト説,に整理されている[17]。多くの場合,「発達」は線形的な概念としてとらえられてきた。人間は,身体的・知的な「発達」の直(曲)線における位置により,ふたつのカテゴリーに区分される。一方は「大人」と名づけられ,他方より「発達」を遂げた,「成熟」した存在とみなされる。もう一方は「子ども」と名づけられ,他方より「発達」していない,「未熟」な存在とみなされる。

2) 非対称な関係性としての「大人」-「子ども」関係

「大人」と「子ども」は,上述のように「発達」の程度によって二分されたカテゴリーであるゆえに,非対称な関係性にある。「成熟」した「強い」大人に比べ,子どもは,肉体的にも精神的にも「未熟」であり,「弱い」存在であるとみなされる。ここから,「教育の対象としての子ども」対「『子ども』を教え導く存在としての大人」という関係性が成立する。教育という営みにおいては,大人は「主体」であり,子どもは「対象＝客体」である。

このような非対称性は,「大人」-「子ども」間にある権力関係の源泉である。子どもは,大人と向き合うとき,相対的に知を持たず体力で劣るゆえに,「権力」をもたない存在としてたちあらわれる。かれらは,常に相対的に知を有し体力に勝るゆえに「権力」を有する,大人の統制下に置かれる。そして,

第1章 「ジェンダー」をめぐる概念状況と構築主義的アプローチ

かれらの権利は、「保護・監督」という名のもとに、大人によって多くの制約を受ける。

ただし、子どもは、非対称な関係性において、未熟な者、弱者というカテゴリーに一方的に甘んじるばかりであるとはいえない。構築主義の立場においては、かれらの、主体としてのありようをとらえることが可能となる。かれらは、日々の生活のなかで、大人たちや社会制度その他が自分に何を期待し求めているかについて感じ取り、それを解釈することができる。これにより、かれらは、大人の意図した社会化の意図をずらす実践を行うこともできるのである[18]。

(2)「男」-「女」関係

子どもは、「男」-「女」関係のなかにも位置づけられている。「男」-「女」関係は、「生物学的な性」を基盤とする二分法的かつ非対称な関係性である。それは、下記のように説明される。

1)「生物学的な性」を基盤とする二分法的関係:「二分法的なジェンダー」

「男」と「女」は、「生物学的な性」を基盤として、ふたつしかないカテゴリーに区分される。すなわち、子どもを「産む」性は「女」、その他方の性は「男」である、と。これは、「二分法的なジェンダー (gender dichotomy)」概念の基盤をなすとみなされる。

ここで前提とした「生物学的な性」は、ジェンダー論の文脈で、「生物学的な本質」としての「セックス」として概念化されているものである。この自明性への問いについては、先に述べた通りである。

2) 非対称な関係性としての「男」-「女」関係

生物学的性にもとづくものであると一般に理解されている、二分法的カテゴリーとしての「男」と「女」は、非対称な関係性にある。それは、次のように整理できる。

第1に、男は「社会＝公的領域」における「主体」であり、女は「客体」である、とみなされることである。近代社会における産業化の過程で、社会における生産機能を男が担うものとされ、女は再生産機能の担い手とされ生産の場より除外されていった。

第2に、前述の第1点に由来する権力関係の非対称性である。われわれが

今生きている社会のように生産が評価される社会において，男は，生産機能を担うことが求められるゆえに，それをもたない女に対して権力関係において優位な存在となる。

第3に，「男」と「女」は両者揃って「一人前」である，とする相互補完的な関係性である。男であれ女であれ，大人であっても独身でいる間は「半人前」であり，社会的に成熟された存在とみなされない。かれらは，異性との「結婚」[19]という手続きを経て「対」になることによって，ようやく「一人前」とみなされる。

(3) 「大人」-「子ども」関係と「男」-「女」関係の類似性

「大人」-「子ども」関係と「男」-「女」関係は，もちろんその関係性が成立する基盤において異なる。すなわち，前者は「時間軸／発達」による区分であり，後者は「生物学的基盤」による区分である。

一方，両者の間には，類似している点がある。とりわけ重要な点として，関係性に内在する非対称性が挙げられる。「大人」は相対的に成熟しているゆえ，「男」は生産機能を担うゆえに「主体」であり，「子ども」あるいは「女」はそれをもたないゆえに「客体」である。

社会において，「大人」あるいは「男」は「一般／普遍」であり，それゆえに「主体」である。一方，「女」あるいは「子ども」は，「残余」「周縁」カテゴリーに位置づけられ，「主体」化されない。

第3節 フェミニストポスト構造主義とクィア理論の貢献

社会的・文化的性としての「ジェンダー」については，「セックス」つまり「生物学的な二分法にもとづく差異をもつ身体」を基盤として，個々人に「内面化」されたものである，と考えられてきた。フェミニストポスト構造主義は，この「内面化」をあえて自明視せず，日常の実践におけるジェンダーの構築のありようを明らかにし，その脱構築をめざすものである (Francis 1998, Davies 2003)。

バトラーは，日常の実践におけるジェンダー構築の理論化を試みようとし

第1章 「ジェンダー」をめぐる概念状況と構築主義的アプローチ

た。バトラーは,『ジェンダー・トラブル』において,本質的な性が人間の内部に内面化されるのではなく,異性愛主義のマトリクスが人間の身体の表面に書き込まれ,あたかもそれが内面的な本質であるかのように見せかけられている,と論じた (Butler 訳書 1999)。

ジェンダー研究の構築主義的アプローチは,フェミニストポスト構造主義とクィア理論の影響を少なからず受けている。これらの諸理論は,既存のジェンダー秩序を自明視せず,それ(ら)が社会的相互作用を通して構築された/されているものとみなす点で,構築主義的であるからである。

1. フェミニストポスト構造主義

フェミニストポスト構造主義のキーワードは,権力,言語,ディスコース,主体性,エイジェンシーである。以下,ブレイズの議論にもとづき,それぞれのキーワードについて説明する (Blaise 2005, pp.14-20)。

(1)言語 (language)

人間の考えは「言語の外」には存在し得ないという点において,言語は,人間のさまざまな実践の基盤にある。ジェンダーに関しても,さまざまな意味は,言語を通してたえず創造/再創造される。たとえば,「女」とは何であるか。「男」とは何であるか。「女らしさ」とは何であるか。「男らしさ」とは何であるか。「男」-「女」関係とは何であるか。これらの問いおよびその解は,それが語られる〈いま-ここ〉に生きる人々の言語実践を通してつくられる。

(2)ディスコース (discourse)

ディスコースは,言説とも訳され,ポスト構造主義における重要な考察対象のひとつである。それは,「真実」である特定の考えを包含した,人の思考・感覚・行為などの方法を指す概念である。それは,後述する,「権力」と「知」の理論枠組みにかかわる鍵概念である。

たとえば,「女」/「男」はいかに社会的に行為すべきか,セクシュアリティの場でいかに行為すべきか,などは,ジェンダーに関するディスコースである。生物学的性に帰属するものとして言及される,ある特定の性に関するある特定の思考・感覚・行為のありようは,ジェンダーに関する支配的なディスコースとして「自然」のものとみなされる。この支配的ディスコースの

自然化は，ジェンダーによる不平等の源泉となる。

(3) **主体性 (subjectivity)**

　主体性とは，個人の意識的・無意識的思考，自己感覚，自己の世界との関係に関する理解である。フェミニストポスト構造主義は，この近代主義的概念を超越しようとする。すなわち，近代主義が人間を「理性」と「一元的な主体」を有するものとして理解しているのに対し，フェミニストポスト構造主義は，統一的な自己概念を前提としない。したがってそれは，1人の人間が多様なアイデンティティをもつことを許容することになる。

(4) **エイジェンシー (agency)**

　エイジェンシーは，「行為体」と訳されることも多い。それは，上記の主体性と関連するものであり，個人による選択・統制・権力の行使にかかわる概念である。つまり，人がある事物について，選択できること，統制できること，他者に対し自らの権力を行使できること，を指す。この概念を子どもに適用することにより，子ども自身によるジェンダー秩序への抵抗を示すさまざまな事象について，説明が可能になる。

(5) **権力と知 (power and knowledge)**

　フェミニストポスト構造主義において，「権力」は重要な問題である。権力とは，一般に，「(広義には，)社会関係において人間の行動様式を統制する能力」[20]と定義される。フェミニストポスト構造主義において，権力とは，個人によって保有されるものというよりは，私たちの社会世界で作用する関係あるいは過程である。つまり，それは特定の人の所有物ではなく，社会関係を動かし社会事象を動かしていく，さまざまな人々の行為がもたらす作用である。M. フーコーによれば，権力は，上から与えられるものではなく，絶えざる闘争と衝突によってそれらを変形し，強化し，逆転させる「勝負＝ゲーム」である (Foucault 訳書　1986, p.121)。

　権力は，「知」と相互に関連している。知が，人々の行為実践や言説実践，すなわち権力作用によって構築されるからである。フーコーは，「或る言説＝実践によって規則的な仕方で形成＝編成された総体，或る科学の構成に不可欠な諸要素――たとえそれらが必ずしも科学を生ぜしめるべくさだめられていないにしても――のこうした総体を〈知〉と呼ぶことができる」

第1章 「ジェンダー」をめぐる概念状況と構築主義的アプローチ

(Foucault 訳書 2006, p.276) と述べる。一方, フーコーは,「すべての言説＝実践は, それが形成＝編成する知によって明確化される」(同上書, p.277) とも述べている。すなわち,「言説＝実践」は「知」を構成し, その「知」は「科学」を構成し, 同時に,「知」は「言説＝実践」によって明確にされるものである。このように,「知」と「言説＝実践」は, 相互に循環的な関係にある。

「権力」と「知」概念の導入により, ジェンダー化された社会秩序の構築と統制を説明することが可能になる。ここでは, ジェンダーは生物学的な根拠にもとづく「本質」というよりは, むしろ, 言説実践によって科学的な「知」として構築された, 非対称性を有する関係的秩序であると理解される。したがって, ジェンダーは, 社会的な「関係」概念であり, 権力にかかわる概念として捉えられる。

2．クィア理論

クィア研究は, 異性愛規範の相対化に寄与してきた。「クィア queer」とは, 元々「変態」「同性愛者」を侮蔑的に指す語であるが, 歴史的にこの語に込められた否定的な意味合いやニュアンスを肯定的なものに転換していこうという意図により, 当事者が自称として用いるようになった, という (河口 2003, p.54)。

クィア研究の起源であるレズビアン／ゲイ・スタディーズは, ホモフォビア (同性愛嫌悪を意味する心理学的概念) とヘテロセクシズム (異性愛主義の社会構造・制度・物質にかかわる社会学的概念) を概念化した。これらは解放主義的運動志向の研究であるがゆえ, 本質的傾向を有するものであった。クィア研究は, 1990年代に, レズビアン／ゲイ・スタディーズを批判的に継承し, ポスト構造主義の影響のもとに誕生した。異性愛規範を生成し同性愛を構成的外部として位置づける「ヘテロノーマティヴィティ」概念が提示され, 同性愛と異性愛を分けて配置する二元論的権力を問題にした (河口, 前掲書)。

クィア理論の主要な概念は, R．コンネルが提示した「ヘゲモニックな男性性 (hegemonic masculinity)」と「誇張された女性性 (emphasized femininity)」(Connell 訳書, 1993) である。

ヘゲモニーとは,「社会的な勢力が剥きだしの権力関係の外側へと拡大し,

第Ⅰ部　理論および研究方法論

私生活や文化過程の組織化にまで浸透することによって獲得した，ある社会的な優越」(同上書, p.266) である。すなわち，「ヘゲモニックな男性性」は，他の文化パターンや集団に対する闘争のなかで優越する，ある文化パターンや集団が有する「男性性」である。「ヘゲモニックな男性性」は，女性および従属的な男性との関係を通じて構築され，あらゆる女性性および別のパターンの男性性に優越し，それらを従属させる。

「誇張された女性性」は，たとえば「技術的な能力よりも社交性を示すこと，男性がいるところでブリッ子すること，会社のなかでは男性の興や身勝手にしたがうこと，女性を差別する労働市場に応じて結婚や育児を引き受けること，など」(同上書, p.270)，「一般的な女らしさ」のパターンの具体的な姿としてあらわれる。それは，家庭や寝室など私的領域と結びつくが，男性性よりも大規模に，メディアやマーケティングを通じて称揚されるがゆえ，より公的な性質をもつ，という (同上書, pp.270-271)。

「誇張された女性性」は，常に「ヘゲモニックな男性性」に従属する対としての関係性により把握される。しかしそれは，「ヘゲモニックな男性性」とは異なり，他の女性性を「支配」するのではなく，「辺境化」する。したがって，われわれが女性経験を明らかにしようとする時，あらゆる女性性は常に「伝統的」な女性性の認識との比較において参照される。

「ヘゲモニックな男性性」と「誇張された女性性」という支配的な対の形式は，異性愛のディスコースに影響される。「異性愛のマトリクス」もしくは「強制的異性愛」については，バトラーによって議論されている (Butler 訳書 1999, pp.25-26)。それは，いずれも，異性愛を社会における唯一で正しい関係性のあり方とする社会の枠組みを指す語である。

異性愛のマトリクスは，「ヘゲモニックな男性性」と「誇張された女性性」を結びつけ，一貫したジェンダー・ディスコースとする働きがある。その報酬は，異性への愛を見出すことである (Blaise 2005, p.59)。これにより，男性と女性は互いに異性に恋をし，性的欲望をもつものである，という観念は，われわれの社会における規範あるいは常識として構築される。

バトラーが「異性愛のマトリクス」または「強制的異性愛」と呼ぶ異性愛主義は，生物学にもとづく自然でもなく，各人によって自由に選択されたもの

第1章 「ジェンダー」をめぐる概念状況と構築主義的アプローチ

でもない。むしろ，それは「ヘゲモニックな男性性」と「誇張的な女性性」の対を支配的なジェンダー規範として産出し，「誇張的な女性性」以外のあらゆる女性，同性愛者などの非異性愛者，などを周縁化して相対的に力を弱める，政治的制度である。

ジェンダー研究において，クィア研究は，ジェンダー秩序において自明視されている異性愛主義を批判的に考察し，異性愛を暗黙の前提とするジェンダー秩序・ジェンダー体制・ジェンダー規範を相対化する試みに貢献している。すなわち，クィア理論は，「女」と「男」の二元論的なジェンダーの自明視を問題視することに加え，関係性としてのジェンダーに埋め込まれた「異性愛主義」とその維持のありようを暴こうとすることに，その意義があるといえる。

3．子どものジェンダー構築に関する欧米の先行研究

フェミニストポスト構造主義において，ジェンダーのパースペクティヴは，言語，言説，主体性，エイジェンシー，そして権力と知といったポスト構造主義概念にもとづくものである。この意味で，ジェンダーは，「政治的，動的，そして社会的な構築物」(Blaise 2005, p.19) である。

子どものジェンダー形成へのポスト構造主義的・ポスト発達論的アプローチは，「二分法的なジェンダーの自明視」や「発達論」を乗り越えようとする試みである。子どもにとって，「ジェンダー」は内面化されるものではなく，社会的な行為を通して解釈され，構築されるものである。ここで，子どもは「主体的行為者 (agent)」としてとらえられうる。

(1)幼児による「フェミニスト物語」の解釈にみられるジェンダー構築

B．デイヴィーズ (Davies 2003) は，幼児による「フェミニスト物語」，つまりフェミニストの視点より創作されたおとぎ話の解釈を通してジェンダー構築を明らかにしようとした。デイヴィーズは，オーストラリアで2段階にわたる調査を行った。第1段階の調査では，幼児に4編のフェミニスト物語[21]の読み聞かせを行い，その物語の解釈について，かれらのコメントを得た。第2段階の調査では，子どもたちの遊びのなかに入り，かれらの生活世界を観察した。その際，彼女は，可能な限り大人の権威を用いずに子どもたちの

第Ⅰ部　理論および研究方法論

生活世界のなかに入るよう努めた。

　デイヴィーズは，これらの調査を通して，なぜ，子どもたちにとってその子が「女の子／男の子」であることが重要であるか，を検討しようとした。なぜならば，デイヴィーズが出会った幼い子どもたちは，「女」か「男」か，というふたつの排他的カテゴリーを通してのみ，自己あるいは他者を理解しようとしていたからである。

　デイヴィーズによれば，自分あるいは他者を「男」または「女」であると位置づけることは，概念上の過程である，という。子どもたちは，言語を用いて，「ジェンダー・ディスコース」を行使し，解釈する。

　自己または他者の「男」または「女」への位置づけの過程は，同時に，服装や身振り・手振りによる自己呈示，そして他者への働きかけを含む，身体的過程でもある。「男」と「女」は，互いに関係性のなかで位置づけられ，その「男」-「女」関係は，支配-従属関係である。構築されたジェンダー概念の外に出ることは，「逸脱」として捉えられる。

(2)ジェンダーをめぐる「遊び／役割演技」

　B．ソーン (Thorne 1993) は，その著作『ジェンダー・プレイ』で，子どもたちがジェンダーをめぐる「遊び／役割演技」を行っていることを明らかにした。彼女は，小学校（カリフォルニア州1校，ミシガン州1校）に通う子どもを対象に，遊びとジェンダーに関する観察調査により，子どもの遊びにおけるジェンダーとは何か，明らかにしようとした。ソーンは，調査の実施中，プレイグラウンドに長時間いること，子どもたちとランチを共にすることなどにより，可能な限り子どもに近づく努力を行った。

　この研究の結果，子どもの活動は性別によるグループで行われることが多いこと，女の子と男の子のあいだの線引きは，競争やからかいなどを通して行われることなどが明らかにされた (pp.63-88)。ソーンは，子どもたちは，単にジェンダーに沿って「社会化」され「発達」していくのではなく，日々の生活のなかで，能動的に，大人の秩序に対する挑戦をしていることを示した。

　ソーンによる研究の知見は，次の2点にまとめられる。第1に，ソーンは，子どもたちのジェンダーをめぐる実践は，ジェンダーのステレオタイプ的イメージの発達，強化ばかりではなく，大人の秩序に対する挑戦である，と解

釈できる，と論じた。第2に，"Big man bias"[22]が存在すること，そのほかの複雑な要因を無視していることなどを指摘し，「女の子と男の子の文化は異なる」という考えにも疑問を提示した。さらに，この研究では，ジェンダーの枠を越境する子どもの事例がとりあげられていた。

ただし，ソーンは，思春期には，女の子も男の子も異性愛を媒介に「二分法的なジェンダー」のそれぞれに引き込まれていくと論じた。この点において，ソーンの研究は，必ずしも二元論的思考が相対化されていない，という限界を有している，と考えられる。

(3)幼児の生活世界のなかの「ヘゲモニックな男性性」と「誇張された女性性」

「ヘゲモニックな男性性」と「誇張された女性性」は，先に詳述したとおり，ジェンダー関係あるいは性支配のありようにおける非対称性に関連する用語である。幼児の生活世界において，それらは出現するか，S. ダンビー，およびブレイズによって探究が行われている (Danby 1998, Blaise 2005)。以下，2人の研究を概観する。

ダンビーは，オーストラリアの市街地にある保育所の幼児クラスの教室で行った観察調査で得られた，自由遊びのビデオ撮影記録の分析を通して，遊びのなかのジェンダーのダイナミクスを検討した。彼女は，そのなかで，2人の女の子たちが，「ヘゲモニックな男性性」のディスコースを，自分の遊びを支配するゲームの一部として取り入れ，使用する様子を示した。

室内での自由遊び時間中に，女の子たちは，男の子に対して，暴力的なことばの使用などによって「ヘゲモニックな男性性」を誇示することで，自らの力を示していた。ダンビーは，その分析結果について，そこにジェンダーの境界線を越境する企てがみられると考察し，子どもたちによる日々の関係的な出会いのなかで「ジェンダー」をめぐる意味が構築されている，と論じた。

ブレイズは，アメリカ北東部の都市に位置する小学校の附属幼稚園で参与観察を行い[23]，フェミニストポスト構造主義とクィア理論にもとづき，幼稚園における教室の遊びのなかで展開されるジェンダー・ディスコースを分析した。

その結果，ブレイズは，教室において，ジェンダー化された役割の維持を促すための統制として「異性愛のマトリクス」が観察されることを明らかに

した。子どもたちが生成するジェンダー・ディスコースにおいては，女の子たちは女性性を身にまとい，身体化するものであり，男の子たちはかっこよくあるものである，と定義されていた。また，ふたつのディスコースは，対関係として結びついていた。

上記ふたつの研究は，子どもたちもまた対関係としてのジェンダーを構築することに主体としてかかわっていることを示している。かれらは，単なる社会からのジェンダーに関する情報の受け手であるにとどまらず，自らもジェンダー秩序の維持に参与している。

第4節　日本における「幼児期のジェンダー構築」の探究可能性

1．ジェンダーの「内面化」から「構築」へ

序章で述べたように，これまでの日本における「ジェンダーと教育」研究は，その多くが二分法的なジェンダー・アイデンティティの形成を明らかにしようとするものであり，アイデンティティ形成と同様，固定的で対関係にあるジェンダーの「内面化」を前提としてきた。日本においては，構築主義的アプローチにもとづく「ジェンダーと教育」研究は，主に中等教育段階の子どもを対象に行われており，線形的な発達モデルに即した発達および内面化が前提とされてきた幼児期を対象には，まだ行われていないといえる。

本研究は，これまでにまとめた研究動向を踏まえ，日本の幼稚園・保育園において，子どもたちが相互作用のなかでジェンダー構築を行っているかどうか，エスノグラフィによって明らかにすることをめざすものである。

本研究を進めるにあたり，フェミニストポスト構造主義とクィア理論を背景にするジェンダー構築の理論を，日本での幼児期を対象とする研究に適用することは可能であるか。ここでは，次の2点について考える。第1に，子どもたちが幼稚園・保育園生活で実践するさまざまな行為や「常識」をジェンダーの視点で分析する際，これらの理論は応用可能であるか，である。第2に，日本での幼稚園・保育園生活の調査・分析において，「ヘゲモニックな男性性」と「誇張された女性性」などのさまざまな分析概念の応用は，妥

当かつ有効であるか，である。

2．フェミニストポスト構造主義とクィア理論の応用可能性

第1の問いについて，フェミニストポスト構造主義とクィア理論の応用は，日本の子どもたちを研究する時にも有効であると考えられる。明治期以降の日本の学校教育において，「主体」の形成は，欧米の学校と同様に重要な課題でありつづけてきた[24]からである。また，日本の子どもたちにとって，幼稚園または保育園は，子どもたちがはじめて本格的な社会生活を行う場であるからである。

子どもたちは，家族成員と離れた社会生活の始まりとしての幼稚園・保育園生活で，ジェンダー構築にかかわる。子どもたちは，外界のさまざまな事物を解釈し，それらを相互作用のなかで用いるなかで，ジェンダーにかかわる諸定義を行う。このように，子どもたちは，幼稚園・保育園のなかで，ジェンダー構築という社会的実践を，たえず行っているのである。

フェミニストポスト構造主義は，固定的なアイデンティティの形成を自明視しない。それゆえ，この理論は，固定的で普遍的な「ジェンダー・アイデンティティ」の獲得を前提としない，子どもたちのジェンダー構築の分析に際しても，有効な視角を提供するだろう。

さらに，日本の社会構造および諸制度のジェンダー分析においても，異性愛主義を相対化することには意味があると考えられる。異性愛主義は，日本社会においては自明のものとして存在し，婚姻制度を軸に，年金政策や労働政策をはじめとするあらゆる社会政策の基底をなしている。

たとえば，1950年代半ば以降1960年代にかけての，工業化による高度経済成長を睨んだ社会政策・教育政策において，異なる役割を有する女性と男性が対となることを前提とする「男女特性論」の強調がみられたことや，近年の「夫婦別姓」制度をめぐる賛否両論は，社会の基底をなす「異性愛主義」をあらわにした。すなわち，私たちは，社会制度においても，「女」か「男」の一方として強制的に振り分けられ，「ジェンダーを生きる主体」としてかたちづくられる。

ジェンダー二元論的な社会を自明視し，それにさまざまな事象を還元しよ

第Ⅰ部　理論および研究方法論

うとする言説実践や行為実践を相対化する企ては，本質論に還元されないジェンダー分析を志向するにあたっては不可欠である。この点においても，「異性愛主義」を相対化するための理論枠組みを提供するクィア理論の知見は，本研究において有効であると考えられる。

3．分析概念の使用

　本書では，「ヘゲモニックな男性性」「異性愛のマトリクス」など，ジェンダー研究の知見であるいくつかの概念を用いる。それは，第3章以降での幼稚園・保育園での園児たちの生活世界の記述や分析・考察にあたって，非常に有効であるからである。

　筆者は，上記諸概念で説明されうる，観察された事象を，本質にもとづくものとしてではなく，「構築されたもの」としてとらえる立場をとる。したがって，本研究では，上記の「ヘゲモニックな男性性」と「誇張された女性性」，あるいは「異性愛のマトリクス」などの諸概念を，所与のものとして扱わない。これらのカテゴリーを固定的なものそして所与のものとして考えることは，従来の研究が意図する・しないにかかわらず陥ってきた「カテゴリーへの還元」を，無批判になぞることでもあるからだ。

　私たちは，言説の内部においてのみ解釈を行うことができる。それはすなわち，カテゴリーに還元された思考の外部に出ることは困難であることも意味する。しかし，筆者は，子どもたちの園生活の観察において，先行研究で明らかにされた「ヘゲモニックな男性性」「誇張された女性性」に相当する実践を目撃したこともあれば，それ以外のジェンダーに関する「常識」として解釈される言説に出合うことがあった。これらを踏まえ，本研究において，園生活のなかから析出されたジェンダーにまつわる言説実践・行為実践は，それ自体が生物学的本質に由来するものではなく，子どもたちを中心とする〈いま－ここ〉の生活場面に立ち会ったすべての人々による相互作用を通して構築されたものである，ととらえる。

　以上を集約した，本研究の基本的な立場は次のとおりである。ジェンダー，セクシュアリティ，フェミニズム，クィア研究における諸概念の使用は，ジェンダーに関していかなる「常識」がいかにして構築されるのか，そしてそ

第1章 「ジェンダー」をめぐる概念状況と構築主義的アプローチ

れらはいかにして流通するのかを，私たちにとって了解可能な仕方で示すためのものである。

注
1 マネーらが提示した「ジェンダー」概念は，性的特質の後天的形成仮説の展開に貢献したといえるかもしれない。その一方で，この仮説にもとづくマネーの「性別決定」に全く問題がなかったわけではないことについて，述べる必要はあるだろう。女か男のどちらかの性に属することを決定するように強いること，そして，一方の性の外見的特質を失った者に対し他方の性であることを求めることには，問題があると考えられる。マネーが行った，事故でペニスを失った乳児に対する性別決定手術の問題点については，後に，J．コラピントによって告発された（Colapinto 訳書 2005）。
2 この状況は，フェミニズムの各理論間での見解の相違とも関連している。女性の本質を最大限尊重する性差最大化論から性差縮小論まで，さまざまである。
3 身体加工については，谷本（2008）を参照のこと。
4 身体加工とジェンダー，あるいは「ジェンダー化される身体」の問題については，荻野（2002）の歴史研究，浅野（1996）の社会学的研究などで論じられている。
5 インターセクシュアルの当事者による著作も刊行されている。たとえば，橋本（2000），新井（2005）などを参照。
6 バトラーは，次の例を挙げている。男性遺伝学者たちが，Y染色体特有の遺伝子配列を作り出す，性決定の「原遺伝子」を発見し，それが（たとえXX染色体をもつ者であっても）男性にのみ存在すると主張した。しかし，その原遺伝子が女性のX染色体にも存在することが発見された時，男性の場合は「能動的」で女性の場合は「受動的」であると答えたという。バトラーは，この議論について，この学者は純粋に「生殖器をセックスの決定的な『記号』とする」文化的な慣習を引き合いに出したのではないか，と考察している（Butler 訳書 1999, pp.192-198）。
7 「社会(的)構成主義」「社会(的)構築主義」あるいは単に「構築主義」というように様々な呼称が用いられている。本研究では，上野にならって「構築主義」とする。
8 キツセとスペクターは，「何が社会問題を構築するのか」について論じた。かれらによれば，「社会問題」は，客観的・実証的に取り出すことができるものではない。それは，ある種の「状態」としてではなく，「クレイム申し立て活動」としてとらえられる。
9 たとえば，"queen" には「王女」以外にも「愛人」の意味があること，などである。
10 たとえば，「少年」は男女を含むが「少女」は女のみであること，「男」とは異なり「女」の定義には軽蔑の意味や性的な意味を含んでいること，などが例示されている。
11 レイコフの著作を嚆矢とする言語研究に対しては，男性による言語が優位であることを自明とした「劣った言語」仮説にもとづいている，という批判が行われている（中村 2001）。

39

第Ⅰ部　理論および研究方法論

12　中村（1995），Ⅴ章。
13　たとえば，女性が男性よりもへりくだる表現を多用していることなどが明らかにされた（井出　1982，川成　1985など）。
14　英和辞典には，"subject"の項に，「主体」「主観」「自我」とともに「臣民，国民」あるいは「従属する」の意味も記されている（例『ジーニアス英和辞典　第4版』2006，など）。
15　たとえば，学校などでジェンダー問題についてよく学び理解している，と自他共に認める人が，家庭での家事分担など，自らの私的生活のなかで出会うジェンダー問題に気づかないことは，十分ありえることである。
16　教育思想学会編　2000，『教育思想事典』勁草書房，p.558。
17　同上書。
18　たとえば，B.デイヴィーズが描写した，フェミニスト物語に対する子どもたちの「ステレオタイプ」に固執した理解（Davies 2003）などはその一例であろう。
19　法によらぬ婚姻が認められる社会もある。しかし，事実婚の子が必ずしも十分に権利を保障されていない日本社会では，結婚には法的手続きをとるべきものである，という考えが根強い。
20　『社会学小辞典　新版増補版』有斐閣，2005，p.163。
21　ここでとりあげられたのは，ダンスに関心を持ち「女々しい」とからかわれた男の子が，ダンスで認められる『オリバー・バトンは女々しいやつ』，がさつで乱暴な王女が音楽を愛しバレエやバイオリン演奏したいと願うドラゴンと立場を入れ替わり，お互いが幸せを手に入れる『王女とドラゴン』，自分の正体を隠し変装して兄や姉を助け，救助者として有名になる『救助者リタ』，紙袋を身につけて，ドラゴンにさらわれた王子を救出に行く王女が主人公の『紙袋の王女様』，の4つの物語である（Davies 2003, pp.50-63を参照）。
22　"big man bias"とは，ユース・カルチャーや子ども文化など下位文化のエスノグラフィで男性性を記述する際，その多様性を看過し，攻撃性やセクシュアリティへの関心の強さなどステレオタイプ的な男性性を過度に強調することである（Thorne 1993, pp.97-101）。
23　その学校はオプション・スクールとして1991年に創立され，多くの見学者が訪れる研究熱心な学校であり，生徒の人種構成は多様であった。観察調査を行った幼児クラスの女性担任教師は調査研究に理解があり，数多くの幼児教育実践に関する研究・著作をもっていた（Blaise 2005, pp.35-36）。
24　国民形成，身体形成の問題については，山下（1997），髙橋ほか（2005）などを参照。

第2章
幼児期を対象にしたジェンダー構築の研究方法論

　本章では，幼児期における子どものジェンダー構築を明らかにするために本研究で用いた研究方法について，背景となる理論枠組みを提示する。第1に，子どものジェンダー形成への構築主義的アプローチにもとづく研究方法について述べる。第2に，子どもの生活世界へのアクティヴなアプローチの可能性について述べる。第3に，本研究での論考の基盤となる，幼稚園・保育園調査の概要を述べる。第4に，子どもの生活世界の記述および解釈に当たって留意した点について述べる。

―――――――― 第1節　構築主義的アプローチにもとづく研究方法

1．幼児の生活世界へのエスノグラフィ
　従来，幼児の生活を明らかにしようとする調査研究は，保護者・保育者を対象にした質問紙を中心にする調査，設定された場面での実験的調査，行動のコーディングを伴う観察調査が中心であった。
　質問紙調査は，保護者・保育者の目を通した子どもの実態を明らかにするにとどまり，子どものリアルな実態を描くことができない。また，実験的調査は，一定の統制された状況下での子どもの反応を明らかにするが，日常生活場面における多重的・複合的な文脈で生起する子どもの営為を明らかにすることはできない。
　幼児を対象にした観察調査では，幼児の生活記録を，一定のマトリクスに沿ってコーディングする手法が多く用いられてきた (Lindsey et al. 2001，など)。それは，子どもの生活に近づくという点では有意義であった一方，子どもたちの豊かな生活経験を，過度に単純化してしまう可能性をも伴う。

第 I 部　理論および研究方法論

　これらの限界を克服するため，ここ20年ほどの間に，幼児教育の場における質的調査研究が行われてきた。たとえば，子どもの語りに注目した質的調査研究（Hatch 1995），男の子の仲間集団のダイナミクスを明らかにするために，親密な集団を対象にした調査法（affinity group approach）を用いた研究（Keddie 2004），などが挙げられる。

　日本における幼児教育のエスノグラフィの多くは，教師の働きかけに注目してきた（結城　1998，臼井・松本　1998など）。一方，子どもたちに焦点を当て，とりわけ自由遊び場面を中心とする園生活を描写することをめざした質的調査研究は，あまり行われていない。

　本研究では，エスノグラフィの手法を用いて，幼児の生活世界を可能な限り詳細に記述し，構築主義的アプローチにもとづいてその内容を解釈することにより，かれらの解釈する生活世界を明らかにすること（Yelland 1998, Blaise 2005，など）を試みる。この研究方法論は，「客体としての子ども」とは異なる，「主体としての子ども」，すなわち，本研究の目的に照らせば，子どもたちは「ジェンダー」を解釈し実践する主体となりうる，という視点を具現化したものである。

2．エスノグラフィの視点

　本研究における，幼児のジェンダー形成に関するエスノグラフィの視点は，下記の3つである。第1に，本研究では，子どもを，二分法的カテゴリーとしてのジェンダーを構築する存在である，ととらえる。第2に，本研究では，子どもを，それにもとづく権力関係のなかで生活している存在である，ととらえる。第3に，本研究では，しかしながら，ジェンダー構築のありようを記述する語としてあえて二元論的な「ジェンダー・カテゴリー」を用いる。以下，これらについて詳述する。

(1)ジェンダーを構築する主体としての幼児

　近年，子どもは単にジェンダーに関する価値体系を内面化するだけの存在ではなく，自身もジェンダーを構築する主体であるという議論がある。W. コルサロは，世界を解釈し働きかける主体としての「子ども」という視点を提示し，「社会化」に代わる概念として「解釈的再生産（interpretive

42

第2章 幼児期を対象にしたジェンダー構築の研究方法論

reproduction)」の概念を提示した (Corsaro 2005)。これは，子どもが外界を解釈し，社会に働きかけ変革をも起こしうることを含意する概念である。

すでに述べたように，B．ソーンは，小学校の園庭における遊びの観察を通して，子どもたちはジェンダーの境界線を強化するためのさまざまな行為を行っていることを明らかにした。また，S．ダンビーは，オーストラリアの市街地にある保育所の幼児クラスの自由遊びにおける相互作用において，子どもたちが「ヘゲモニックな男性性 (hegemonic masculinity)」の行使によってジェンダー秩序を構築していることを明らかにした (第1章第3節参照)。

日本でも，河出三枝子が，幼稚園での観察調査によって，幼稚園児が「『性』を焦点化するコードを形成し，操作」する「主体」であることを明らかにした (序章参照)。ただし，日本においては，子どもたちによる「二分法的なジェンダー」の自明視については明確に論じられていない。

したがって，本研究においては，子どもたちが「人間は男と女の2種類に分けられる」という「二分法的なジェンダー」の観念をいかに構築するのか，論じる必要があるだろう。

(2) 権力関係への注目

本研究では，子どもたちの相互作用におけるジェンダーと権力の問題に注目する。堀健志は，「ジェンダーと教育」研究のレビューを通して，ジェンダーにもとづく親和関係が構築されるなかに潜む〈政治的行為〉を分析するためには，権力関係を視野に入れた分析が必要であると論じた (中西・堀 1997)。

「権力」とは，古典的には，一方が他方に対し力を奪うことにより支配－服従関係を成立せしめるものという概念で理解されている。M．フーコーは，その視点を転換した「権力」概念を定義した (第1章参照)。

子どもたちの間で繰り広げられる葛藤や衝突は，たんに大人から与えられた規範によるものではなく，子どもたちが相互にかかわりあい，たえず意味を構築する過程のなかで生じる。フーコーの「権力」概念を用いることにより，子どもたちの相互関係における権力関係に光を当てることが可能となるだろう。

(3)「ジェンダー・カテゴリー」の取扱い

43

第 I 部　理論および研究方法論

　ポストモダンの視点に立てば，ジェンダー・カテゴリーもまた，それ自体が脱構築の対象となる。一方，「ジェンダーの視点」は，カテゴリーとしての「女」の解放を志向するフェミニスト的な問題意識にもとづくという点で，「モダン」の問題意識に立つものである。

　日々の実践において構築される「二分法的なジェンダー」は，非対称であり，権力関係をともなう。すなわち，日々の相互作用において「ヘゲモニックな男性性[1]」が行使され，女性が男性より劣位に置かれる (Connell 訳書 1993, pp.337-359)。それを明らかにするにあたり，「二分法的なジェンダー」がいかにつくられるか，そしてつくられた「ジェンダー」がいかに行使され，再生産されていくのかを問題にする必要がある。

　そのためには，西躰容子が述べたように，「ポスト構造主義フェミニズム」の視点が有効であると考えられる。この視点の採用により，「二分法的なジェンダー」の自明性，すなわち「女」-「男」の二分法自体が日々の実践において構築される諸側面に光を当てることが可能になるからである。

　したがって，本書における分析結果の記述にあたっては，しばしばジェンダー・カテゴリーに言及する。それは，「二分法的なジェンダー」を自明のものとみなすことを志向するのではない。幼児たちによって「二分法的なジェンダー」がいかにして構築されるか，を記述するために，やむを得ず「二分法的な」ジェンダー・カテゴリーに言及するのである。

──────　第 2 節　幼稚園・保育園における子どもの生活世界への
　　　　　　　　　　アクティヴなアプローチ

　本研究では，幼児の生活世界により接近することにより，調査者＝筆者と調査対象者の相互行為により構築される，ジェンダーのありようを明らかにすることを試みる。本研究のエスノグラフィは，ホルスタインとグブリアムの「アクティヴ・インタビュー」(Holstein and Gubrium 訳書　2004) の考え方も援用したものである。そこで，本節では，アクティヴ・インタビューとは何かについて概観し，その考えを導入した幼稚園・保育園における子どもの

第2章 幼児期を対象にしたジェンダー構築の研究方法論

生活世界へのアクティヴなアプローチとはどのようなものであるか,論じる。

1.「アクティヴ・インタビュー」概念の応用

「アクティヴ・インタビュー」とは,回答者と調査者の双方がコミュニケーションを通して,社会的事実を産出している,という視点に立つインタビューを指す語である。それは,バーガーとルックマンの著作を源流とする社会構築主義的アプローチ[2]にもとづき,エスノメソドロジーの影響を受けた,インタビューの視点と方法である。

アクティヴ・インタビューは,調査者が回答者の経験という自然な事実に焦点を定める,「自然主義的なアプローチ」からのインタビュー法と対比される。「自然主義的なアプローチ」においては,インタビューでは,量的調査における構造化インタビューであれ,自由インタビューであれ,調査者は,回答者の経験をそのまま自然なかたちで取り出すことができる,という前提がある。したがって,ここでは,調査者が回答者からいかに信頼性と妥当性をもった情報を引き出すか,のみが問題とされてきた。

アクティヴ・インタビューとは,ホルスタインとグブリアムの定義によれば,「現実は経験の『方法と内容』の結節点において,解釈実践を通して構築される」(同上書, p.49) という立場より,調査者と回答者を関与させる,ある形式の解釈実践である。インタビューを行うこと自体,「インタビューに参加するすべての人々によってアクティヴに利用される情報収集の方法」(同上書, p.9) である。

アクティヴ・インタビューにおいて,調査者と回答者は,あるテーマについてのインタビューをめぐり,相互にそのテーマをめぐる社会的現実を解釈し,構築していく,ととらえられる。回答者が述べる「社会的事実」は,調査者によって引き出された「客観的」な抽出物ではなく,調査者との相互作用を通して構築されたものである。

アクティヴ・インタビューの考えは,調査者と被調査者,いわゆる「対象者」の伝統的な関係性を問い直そうとする点で,調査研究の新たな方法論,たとえばフェミニスト・リサーチと近い関係にある[3]。そこで,補足的に,フェミニスト・リサーチにも触れておきたい。

第Ⅰ部　理論および研究方法論

　フェミニスト・リサーチは,「実証主義」にもとづく社会科学の男性優位性およびヘゲモニーを問題視するなかで生まれた。従来の社会科学調査において,男性優位の学界に属する研究者は,その生物学的性が女性であれ男性であれ,男性中心主義的な価値を自明としてきた。かれらは,調査の「対象者」から一方的にデータを取り,それを「客観的」「実証的」な事実として分析し,「男性の言語」で記述してきた。

　フェミニスト・リサーチにおいては,調査の方法論において従来の関係性を乗り越える試みが行われている。たとえば,研究者と被調査者の共同構築を意識的に取り入れた研究（Davies et al. 2001）,研究者そのものを調査対象とするライフ・ヒストリー研究（Laslett and Thorne 1997など）,といった取り組みが行われている。以上より,フェミニスト・リサーチは,アクティヴ・インタビューと相似であると考えられる。

2. アクティヴな観察調査

　前述の「アクティヴ・インタビュー」の考え方は,本研究での幼稚園・保育園でのエスノグラフィにも応用可能であり,かつ有用であると考えられる。

　幼稚園・保育園で観察調査を行う際,観察者は,観察の「対象」である子どもの生活を,「自然にある事実」として「客観的」に記述しているように見える。ビデオカメラなどによる映像記録の方法を用いた場合はなお,あたかも映像により「事実」を取り出すことができたかのような錯覚に陥りがちである。

　しかし,実際には,「客観的」に,「自然な事実」としての子どもの生活世界を描くことは不可能である。なぜならば,本研究において,観察者すなわち筆者が描く子どもの生活世界は,筆者がその場にいることにより,子どもと筆者の間で相互に構築された結果であるからである。映像記録も同様に,筆者がその場にいて直面した「事実」のうち,「撮影・記録に値する」と意識的・無意識的に判断された記録物の集積に過ぎない。

　子どもたちもまた,筆者のふるまいをたえず解釈し,また,言語的・身体的にアクティヴにかかわっていた。観察調査中,筆者がその場にいることそのものが,子どもたちがそこでつくりだす出来事,社会的現実をつくりあげ

ていた。第Ⅱ部の各章で事例を用いつつ述べるように，調査中，筆者は，決して「空気のような存在」になることはできなかった。

したがって，子どもたちの生活世界を描写するにあたり，調査者としての筆者と子どもたちが相互にアクティヴである，という視点は重要であるといえよう。

3．本研究の独自性

本研究の独自性は，幼児期の子どもが幼稚園・保育園でいかにしてジェンダー構築を行うのか，子どもたちの生活世界に可能な限り接近し，エスノグラフィによって明らかにしようとすることにある。本研究において，エスノグラフィは，幼稚園と保育園で断続的に行った観察調査の集積である。

本研究の観察調査は，いわゆる「参与観察」として位置づけられるものである[4]。しかし，調査結果の分析にあたって，筆者は，調査結果から「客観的」な事実を取り出そうとする，という立場をとらない。むしろ，調査者＝観察者＝筆者は子どもたちのジェンダー構築という営みに，アクティヴにかかわっている，という考えに立つ。このため，観察調査結果を，「客観的」な「実証」として扱わない。

ここで，本研究が「実証主義」を前提としないことにより，社会科学で問題となる「妥当性」の確保はどうなるのか，という疑問が提示されるであろう。これに対しては，「ジェンダー構築をめぐる子どもたちの語りの分析，保育者の語りの分析を通して，幼児期のジェンダー構築を多面的にとらえることにより，『可能な限り』の『妥当性』を確保することを試みる。」と答えておくことにする。

第3節　幼稚園・保育園調査の概要

1．各園の特徴

(1) A園

A園は，中国地方の中都市であるP市郊外の住宅地に立地する，学校法人

第Ⅰ部　理論および研究方法論

立の幼稚園である。設立年代は，1970年代後半である。A園は，住宅地と山の境界に位置し，広い園地をもっている。敷地内に宗教施設および宗教法人立保育施設を併設しており，一時保育や時間外保育も行っている。

　本研究でA園をとりあげた理由は，ふたつある。第1に，この園では，1990年代後半より，断続的に長年にわたり観察を行ってきたからである。筆者の個人的つながりにより調査協力を得て以来，1998年度，2000年度，2005年度に，終日の保育活動の観察を行ってきた。第2に，この園は比較的園庭が広く，広い土地を利用した大規模な集団遊びが観察されやすかったからである。園の保育活動が充実していたために全員が行う自由遊びの観察は困難であったものの，午後の自由遊びには，課外活動を行う者以外の園児が参加していた。

　A園では，宗教にもとづく保育がおこなわれていた。毎朝学習活動の前にクラスごとに短い礼拝の時間が設けられ，週1回は全体礼拝が行われていた。また，毎朝，外での体育活動，「活動」と呼ばれる教材を活用する設定保育が行われていた。体育では，園地内の自然を利用した活動，そして朝礼前の器械体操の時間が設けられていた。近年は，2名の外国人英語教師がほぼ毎日英語の授業を行うなど，英語教育に力を入れていた。

　なお，1998年度に観察を開始した当時のA園は，3歳児1クラス（25名），4歳児1クラス（29名），5歳児1クラス（28名），の計3クラス，併設の宗教法人保育施設1クラスからなり，幼稚園児は82名，教職員14名（非常勤及び併設保育施設担当も含む）在籍していた（調査開始時。園児は期間中に転出で2名減少した）。園の規模は，その後の2回の調査においてもほぼ同じであった。

(2) B園

　B園およびC園については，筆者の当時の勤務校関係者の紹介により，調査への協力を得ることができた。

　B園は，九州地方の中都市Q市の住宅地に立地する，社会福祉法人立の保育園であり，1970年代半ばに設立された。この都市で最大規模の保育園のひとつであり，敷地内に児童館を併設していた。B園では，設定保育の時間に多くの活動が行われ，多くの行事が行われていた。B園では，5歳児による奉仕活動など，地域における活動への参加に積極的であった。とりわけ，

音楽活動が盛んで，3歳児以上では，合奏・合唱の活動を積極的に行っており，5歳児を中心に，発表会での演奏の機会は多かった。

(3) C園

C園は，B園と同じ都市の別の住宅地に立地する，社会福祉法人立の保育園であり，1970年代後半に設立された。2000年にはじめて観察調査を行った当時は，別の福祉施設を併合し（後に廃止），また，近隣地域にある児童館を，Q市の委託を受けて運営していた。

C園は，保育方針にもとづき，子どもの自主性を重んじ，運動遊びや食育に力を入れていた。保育室は異年齢集団が活動可能なように，可動式のパーティションで区切られていた（2005年調査時）。とりわけ，運動遊びはこの園の重要な特色であり，歩く活動，子どもの身体感覚を発達させるように配慮された遊具，4・5歳児が行うゲーム形式の運動遊び，などを特色としていた。

2．調査研究の経緯および経過

本研究は，上記の幼稚園・保育園で行った3回にわたる調査結果にもとづく。1回目は，1998年9月から1999年3月にかけて行われた，A園における計32日間の観察調査を中心とする調査である（以下「1998年調査」とする）。2回目は，2000年9月から2001年11月にかけて行われた，B園とC園を加えた3つの園での観察調査を中心とする調査である（以下，「2000年調査」とする）。3回目は，2005年9月から2007年3月にかけて，「2000年調査」と同じ3つの園で行った観察およびインタビュー調査である（以下，「2005年調査」とする）。以下，それぞれの調査について，概要を説明する。

(1) 1998年調査

1) 観察調査

1998年より，筆者は，園関係者の知人の紹介を通して，A園で保育活動の観察調査を実施した。その年の3月，本格的な調査に先立ち，試行的観察を行った。この試行的観察では，園内での保育活動の流れおよび観察のポイントを把握することをめざした。

この時点で，筆者は漠然と「子どもとジェンダー」について観察を行うことを考えていたものの，具体的な調査デザインを描いているわけではなかっ

第Ⅰ部　理論および研究方法論

た。試行的観察後，どの部分に注目するか，音声・映像記録のポイントなどについて，大まかなデザインを描いた。

　同年9月，A園での本格的な調査を開始した。調査を開始するに先立ち，文書によって，筆者の問題関心と調査の構想を説明した。

　この調査では，原則として，園児の登園時から降園時まで，終日観察を行った。観察した場面は，朝のお集まり，礼拝，「活動」をはじめとする各種の設定保育，自由遊び時間，おやつの時間，帰りのお集まり，など多岐にわたった。

　調査期間のうち，9月と10月の2ヶ月間は，観察記録はノートを中心に行った。必要に応じて，オーディオテープの録音を導入した。この期間中は，幼児たちの生活世界の概要を把握することをめざした。

　11月以降の観察では，ノート記録とオーディオ記録に加え，設定保育，および自由遊び場面を中心に，ビデオカメラによる撮影を行った。うち，12月と3月中に計6日間，終日ビデオ撮影による記録を行った。ビデオ撮影は，遊びなどの活動に関する量的データの収集も視野に入れて行った。撮影と同時に，座席配置の図，背景となる状況，およびビデオに撮影されていない場面の内容をノートに記録した。ビデオ内容については後でチェックを行い，内容をノートに書き加えた。

　これらの記録は，別の用紙に，全体のスケジュールや遊び活動の整理・記録としてまとめられた。まとめられた記録はファイルに綴じて整理し，後の分析に活用した。

2）保育者へのインタビュー

　1998年12月，各クラスの担任教諭4名[5]（全員女性）に，それぞれ1時間程度のインタビューを行った。インタビューの内容は，回答者の承諾を得た上で，ノートに記録すると同時にオーディオテープに録音した。

　インタビューでは，保育活動中の園児の様子，園児に対するジェンダーに関するしつけ・働きかけ，保育者自身の過去のジェンダーに関する経験について尋ねた。

　1998年調査では，約半年間の観察調査およびインタビューを通して，ノート19冊，オーディオテープ（90分録音）27本，ビデオテープ（miniDVテー

プLPモード90分) 42本のデータを得た。

⑵ 2000年調査

2000年度から2001年度にかけて，3つの園において，観察調査，保育者へのインタビュー，保護者への質問紙調査を実施した[6]。

1) 観察調査

観察調査の場であるB園とC園は，調査時の筆者の勤務校と同じ地方に立地している。筆者は，当時の勤務校関係者の紹介により，両園と出会った。2000年5月から6月にかけて両園の園長および保育主任などの管理職に会い，調査計画[7]を記した文書を渡し，口頭での説明を行った。

2000年7月，B園およびC園において，予備的な観察調査を実施した。この試行的観察により，両園における保育活動の流れを把握し，観察の大まかなポイントを把握することをめざした。

同年9月より2001年3月にかけて，観察調査を実施した。観察調査はおおむね週1～2日，終日あるいは午前中に行った。B園では，2000年9月から2001年3月にかけての14日間，3歳児28名，4歳児24名，5歳児23名，計75名を対象に，半日（9～12時の3時間程度）ないし終日（9～12時，14～17時までの6時間程度）の観察調査を実施した。C園では，2000年9月から2001年3月にかけての13日間，3歳児20名，4歳児23名，5歳児17名，計60名を対象に，半日（9～12時の3時間程度）あるいは終日（9～12時，14～17時までの6時間程度）の観察を行った。

B園・C園での観察調査と並行して，A園で，2000年11月および2001年3月・11月に終日の観察を行った。のべ9日間にわたりA園を訪れ，3歳児20名，4歳児23名，5歳児27名（1998年調査時の3歳児），計70名を対象に，終日（9～12時，13～16時の6時間程度）の観察を行った。観察記録は，ノートとビデオカメラでの撮影を併用して行った。

各園での観察は，園での滞在時間中に筆者が立ち会うことのできた保育活動すべてについて行った。朝の自由遊びをはじめ，朝礼，お集まり，設定保育，給食，自由遊び，などさまざまな場面が観察された。

観察で得られたデータは，A園ではノート9冊，ビデオテープ（miniDVテープLPモード：90分）32本，B園ではノート7冊，ビデオテープ14本，C

園ではノート5冊，ビデオテープ15本であった。
2）保育者へのインタビュー

観察期間中，保育者を対象にしたインタビューを実施した。主な対象は，当該クラス（3歳児，4歳児，5歳児）の担任である。

各園の3～5歳児を担任する保育者に対し，2001年11月，12月に，半構造化されたインタビューを実施した[8]。回答者は，幼稚園教諭3名，保育士5名であり，このうち2000年度に観察を行ったクラスを担当していた保育者は3名であった。かれらの保育者としての経験年数（2001年4月時点）は0～14年，平均経験年数は5.5年であった。

質問項目は，次のとおりである。(1)基本的項目：経験年数，担任・保育の履歴，(2)子どもの遊びの実態，そこにあらわれたジェンダー，(3)子どものメディア接触の実態，そこにあらわれたジェンダー，(4)教師・保育士自身の働きかけ，(5)教師・保育士自身の子ども時代の経験。

インタビュー時間は，ひとりあたり47分～1時間20分，平均56.3分であった。インタビュー内容については，回答者の承諾を得た上で，筆者がその場でメモによる記録を取るとともに，ICレコーダーによる電子録音を行い，後日逐語録を作成した。

⑶ 2005年調査

2005年度から2006年度にかけて，観察調査，保育者へのインタビュー，保護者への質問紙調査[9]，子どもへのインタビューを実施した。

1）観察調査

A園において，2005年9月，11月，2006年2月にのべ11日間，園児95名を対象に終日（9～12時，13～16時の6時間程度）観察調査を実施した。B園においては3歳児～5歳児の園児104名，C園においても3歳児～5歳児の園児68名を対象に，2006年1月～3月にのべ20日間（B園9日間，C園11日間），午前中のみ（9～12時の3時間程度），観察調査を実施した。

各園での調査開始に先立ち，関係者へのコンタクトは次の手順で行った。一連の調査の開始時には，園長に調査概要を説明し，観察調査を実施するクラスの担任保育者への説明を行った。園の許可を得た後，調査開始時，保護者に対し，文書で調査の概要を説明した。いずれの園でも，過去に調査を実

第2章 幼児期を対象にしたジェンダー構築の研究方法論

施した経緯から，観察者（筆者）の身分は，各園の教職員にはすでに知られていた[10]。

筆者は，園児に対して，自らを「フジタ先生」と名乗った。それは，担任教師をはじめ教職員による筆者への呼びかけに対応するものであった。ただし，園児が筆者の行為について質問をした場合，あるいは担任教師に対するのと同じ要求をした場合には，筆者が園の保育には携わらないこと，「お友達の様子を見に来た」こと，などを説明した。

園での観察は，朝の「お集まり」あるいは「朝礼」，室内での設定保育，自由遊び，園庭での運動遊び，など多岐にわたった。観察内容については，園の許可を得た上で，ノート記録およびビデオ撮影を行った。観察期間に得られたデータの分量は，A園はA4判ノート11冊，ビデオ40本（miniDVテープLPモード90分：1日平均3～4本），B園はノート4冊，ビデオ19本（1日平均2本），C園はノート4冊，ビデオ20本（同2本）であった。

2）子どもへのインタビュー

2006年7月～同8月に，各園に在園する3～5歳児253名（A園86名，B園101名，C園66名）のうち，あらかじめ文書により保護者の同意を得ることができた者67名（A園28名，B園30名，C園9名）の子どもを対象に，インタビューを実施した[11]。

質問項目は，①ジェンダーに関する認識，②服装とジェンダーの適合性，③遊びの選好，④玩具の選好，⑤色彩の選好，⑥キャラクターの選好，である。調査協力園および保護者の協力を得るため，短時間での回答時間が可能になるよう，調査項目を構造的に設定した。また，同じ理由により，各質問について，選択肢を絵や写真（以下，刺激絵とする）で示した。例として，2枚の刺激絵を下図に示した。刺激絵は，計34枚作成し，1枚ずつあるいは4枚分同時に，プレゼンテーションソフトを用い，ノートパソコンのディスプレイで子どもに示された。図2-1右側の「ボール蹴り」など子どもの遊び活動を示す絵は，回答する子どもと同じ性別のものを示した[12]。したがって，子どもたちには合計30枚の刺激絵入りスライドが示された。

図 2-1　刺激絵の例

　遊び活動に関する質問をする際，遊びをしている子どもの絵を示してその選好を尋ねるときには，回答者と同じ性別の外見をもつ子どもの絵を示した。たとえば，女の子には，女の子が縄跳びをしている絵，女の子が「うんてい」をしている絵，などを示し，男の子には，男の子がそれらの活動をしている絵を示した。一方，どちらの性別にふさわしい活動であるかを尋ねる場合には，どの活動についても，女の子がそれを行っている絵を左に，男の子がそれを行っている絵を右に配置して示した。子どもたちには，指差しによる回答を行ってもよいと説明したが，選択の理由については，なるべく自分のことばで話すことができるよう，適宜問いかけを行った。

　調査では，子ども1人あたりの回答時間がおおよそ10分程度になるよう努めた。回答時間の最短は6分51秒，最長は22分42秒であり，平均回答時間は10分30秒であった。

　記録にあたっては，園および保護者の承諾を得た上で，インタビュー記録用紙，ICレコーダーおよびデジタルビデオカメラを使用した。ICレコーダーは，音声をとらえるために，また，デジタルビデオカメラは，子どもたちの表情やしぐさなど，筆者との非言語的コミュニケーションをとらえるために使用した。会話は，ICレコーダーの音声録音をもとに，すべて逐語録化した。その上で，映像データを参照し，非言語的コミュニケーションの記述を追加した。

　本調査において，子どもたちの語りを十分に引き出せたとは必ずしも言い

第2章　幼児期を対象にしたジェンダー構築の研究方法論

切れない。しかし，少なくとも，インタビューの質問や筆者による語りかけは，子どもたちによる言語的・非言語的な語りを引き出すための「刺激」となっていたのではないかと考えられる。

3）保育者へのインタビュー

A園，B園，C園において，観察調査実施（2005年度）あるいは子どもインタビュー実施（2006年度）の時点で3歳児・4歳児・5歳児の担任または保育主任であった保育士・教諭を対象に，インタビューを実施した。

回答者の人数は，表2-1に示したとおりである。回答者は男性1名，そのほかはすべて女性であり，約半数が経験年数10年以上であった（0年～30年：1年未満は切り捨て）。

保育者へのインタビューは，2回実施した。第1回インタビューは，幼稚園では2005年11月，保育園では2006年3月に，観察調査を実施したクラス担当保育者を主たる対象として実施した。第2回インタビューは，保育園では2007年2月から3月にかけて，幼稚園では同3月に，前年にインタビューした保育者および当該年度のインタビュー回答クラスの担当保育者を主たる対象として実施した。なお，A園およびC園では，2回とも，主任保育者およびそれに準じる立場の保育者にもインタビューを実施した。

保育者には，あらかじめ作成した文書を渡し，個別に調査概要を説明した上で協力を依頼した。結局，依頼をしたすべての保育者の承諾を得ることができた。

第1回インタビューは，園における身体活動，園児の遊びとジェンダー，保育者のジェンダーに関する経験について，あらかじめ大項目を設定した上

表2-1　各園の保育者インタビュー（2005年）回答者

園	園児数 (2006)	第1回 インタビュー	第2回 インタビュー	両方 （再掲）	経験10年以上 （再掲）
A園	86	*4	*4	*3	1
B園	101	4	6	4	4
C園	66	4	3	3	1
回答者計		12	13	10	6

*うち1名は男性。なお，A園では，第1回に，管理職（男性）1名にもインタビューを行い，考察に際しての参考資料とした。

第Ⅰ部　理論および研究方法論

で，半構造化面接法により行った。回答時間は9分37秒〜1時間22分30秒の範囲であり，平均回答時間は48分45秒であった[13]。

第2回インタビューは，2005年度に行った園児の活動の観察結果のビデオ記録より作成したビデオクリップ（各クラス5〜10分程度），および2006年度に行った子どもへのインタビュー場面のビデオクリップ（各クラス5〜10分程度），インタビュー結果の集計図表（2006年度の途中で教職員および保護者に配布した報告書）を参照してもらいながら，コメントを得る形式を取った。回答時間は，ビデオ・資料の参照時間も含め38分40秒〜1時間23分26秒の範囲であり，平均回答時間は52分2秒であった[14]。

各インタビューの回答内容については，あらかじめ回答者の承諾を得た上で，その場でノートを取るとともに，ICレコーダーでの録音により記録を行った。こうして得られた音声データにについては，逐語録を作成し，回答者に返却した。

第4節　子どもの生活世界の記述および解釈

1．観察調査における記述方法

1998年調査は，もともとは，当時行っていた子ども向けメディアの内容分析との関連で，子どもの遊びにメディア情報はどのように含まれているかを明らかにするために実施したものであった。筆者は，子どもの園生活におけるさまざまな出来事により，子どもたちが日々の生活のなかで既存のジェンダー知を行使し，あるいは自らジェンダー知を構築することに気づいた。

1998年調査では，記録は主としてノートによって行った。調査の場である保育室や園庭の雰囲気を理解するには，詳細なノートの作成はもっとも適切であった。ビデオ撮影やオーディオ記録は，その場の記録を再現しやすくするために補完的なものとして導入したに過ぎなかった。

これに対し，2000年調査での観察記録は，主として，ノート，ビデオカメラでの撮影によった。ビデオ撮影による記録内容は，一日のスケジュールとしてまとめた後，子どもたちの相互作用部分を中心に逐語録化した。

第2章　幼児期を対象にしたジェンダー構築の研究方法論

　ビデオを活用することにより，記録の再現可能性は高まった。長時間にわたるデータ収集は，第5章において示す量的分析を可能にした。一方，ビデオ撮影に偏ると，映像の外にある現実の捕捉が困難になる，という限界もあった。また，ファインダー越しに子どもを見ることで，子どもの世界への接近がやや難しくなった。ビデオ撮影と同時にとったメモ，あるいは観察終了後にまとめたノート記録は，その限界をある程度補う，有用なデータとなった。

　2005年調査においては，「個人情報の保護に関する法律」（通称「個人情報保護法」）の公布および施行（2003年5月）を背景とする保護者の意識変化など調査環境の急変にともない，調査の事前準備には慎重を期した。各園において観察調査を始める際には，あらかじめ保護者に文書で調査の概要を説明した。園内での観察調査の記録は，ノートおよびビデオカメラによる撮影が中心であったため，撮影は，園の許可を得てから開始した。

　各調査とも，逐語録の扱いや結果の記述にあたっては，下記のとおり，子どもや保育者のプライバシーに配慮を行った。まず，本書では，園児の会話やフィールド・ノーツにおける記録にしばしば言及するが，会話例およびフィールド・ノーツから得られた事例に登場する子どもおよび保育者の名前は，すべて仮名とした。また，保育者へのインタビューを実施する際にも，子どもの個人名の使用には厳重な注意を払う旨を説明した[15]。さらに，本書における結果の記述においては，必要に応じて，各園の背景や状況などを，実際のそれとは一部変更した。

2．アクティヴな解釈の試み

　観察内容の解釈は，子どもたちの「関係的な出会い」（Danby 前掲書，p.175）によって構築される，「〈いま－ここ〉における社会的世界」（同上，p.177）を明らかにすることに主眼を置くことをめざした。

　しかし，そこで紡ぎ出される解釈は，決して「自然」の事象を描き出した，というものではない。本研究での調査結果の解釈作業は，以下の点においてアクティヴな作業であった。

(1)子どもの生活世界の「客観的」な解釈の困難

　子どもたちによるジェンダー実践の記述にあたって，子どもによる実践と

第 I 部　理論および研究方法論

解釈，それに対する筆者による解釈，保育者による解釈，のそれぞれをつき合わせる作業が必要である。

　保育者がジェンダーに関するリテラシーを有しているかどうかは，共同解釈作業に影響を及ぼした。また，保育者相互で共有されているが筆者はもっていないリテラシーの存在も，解釈作業に影響を及ぼしていたと思われる。

(2)子どもとの相互行為において生起する「ジェンダー構築」

　筆者が観察調査やインタビューで出会った子どもたちは，筆者との相互作用で，一定の「ジェンダー」イメージを解釈し，形成していった。第 II 部の各章で詳述するように，筆者は，決して「中立的」な存在ではなかった。

　観察直後や観察期間終了後，観察やインタビューの場を離れ，観察中に生成された膨大なテキストを解釈する時，筆者は，可能な限り，その場の空気感，発言内容，を解釈し直すよう努めた。本論文で示される解釈は，筆者が行った，あるいは今なお行っている，たえざる解釈の，ある一定の時点でのテキスト化に過ぎないことに，留意する必要がある。

(3)「エージェント」としての保育者から「共同解釈者」としての保育者への転換

　1998年調査で実施した最初のインタビューにおいて，筆者は，保育者を「社会化のエージェント」として調査モデルに位置づけ，そのように保育者たちに接近した。しかし，インタビューを重ねるうちに，保育者は保育実践および生活実践に関する，子どもたちとの共同実践者・共同解釈者である，ということに気づいた。

　インタビューでの回答内容ばかりではない。各園での調査期間中に観察された保育者と園児の相互作用は，ジェンダー実践に関する意味付与をめぐる共同の解釈作業でもあった。

　筆者もまた，保育者の解釈作業に，まったく関与しないわけではなかった。インタビューの記録を振り返ると，筆者と保育者は，保育実践の解釈をめぐり，たえず相互交渉を行っていることがうかがえた。たとえば，第8章で詳述するように，「整列」など日々の活動について，筆者は「ジェンダー」にもとづく解釈を行ったが，これらのことは保育者にとっては「自然」なもの，という認識であった。ここに，保育者と筆者との間に，その解釈をめぐる交渉が生じた。このことを踏まえ，2005年調査における保育者への第2回イ

第 2 章　幼児期を対象にしたジェンダー構築の研究方法論

ンタビューでは，ビデオクリップを示すことにより，子どもの身体活動やインタビューに対する解釈作業を共同で行うことを試みた。

　幼稚園・保育園での子どもの生活世界におけるジェンダー構築実践は，たえず保育者，そして観察者としてその場に立ち会った筆者によって解釈される。それにより，子どもの生活世界におけるジェンダーは，新たに構築される。

　本研究では，調査者は調査対象である子どもの生活世界を外部から観察するだけの存在ではなく，子どもとの「共同実践者」でもあること，保育者は単なる調査対象であるというよりは，筆者との「共同解釈者」でもある，ということに自覚的な研究の可能性についても模索する。

　本研究では，上記の視点により，幼稚園・保育園での子どもたちの生活世界におけるジェンダー構築を記述し，解釈を行う。第Ⅱ部の各章では，各園におけるジェンダー秩序を分析した後，子どもたちの相互作用におけるジェンダー構築，子どもたち自身によるジェンダーの解釈，保育者からみた子どものジェンダー構築について，分析・解釈を行う。

注
1　訳書では「専制的な男らしさ」。
2　第1章参照。
3　したがって，本研究は，同時にフェミニスト・リサーチあるいはフェミニスト社会学のコンセプトをも継承している，といえるだろう。
4　ただし，観察者が観察の場の成員として活動する，厳密な意味での「参与観察」ではない。詳細は，次節を参照のこと。
5　3歳児クラスには，担任教師が2名配置されていた。
6　保護者への質問紙調査は，本研究での主たる考察対象とはしなかったため，本書での詳述は省略した。
7　遊びを中心にした園内での生活を観察すること，保護者への質問紙調査を行うこと，保育士へのインタビューを実施すること，について説明を行った。
8　保育主任にもインタビューを実施した。
9　保護者への質問紙調査は，本研究での主たる考察対象とはしなかったので，本書での詳述は省略した。
10　なお，保護者に対する調査結果のフィードバックについては，限定的ではあるが可能な限り行った。2006年4月，B園の入園式後の講演会で，調査結果の中間報告を行った。また，2007年2月には，各園の保護者への質問紙調査や園児へのイ

第Ⅰ部　理論および研究方法論

ンタビューの素集計結果を中心に報告書を作成し，全保護者および職員に配布した。
11　調査の承諾は得られたが調査当日欠席した2名（A園，B園各1名）を除く。なお，C園については，園の意向により，5歳児のみを対象に協力依頼を行った。
12　両方の性別の子どもの絵を示すことも考えたが，回答者自身との関連で考えてもらうため，同性の子どもの絵を示すことにした。
13　最短回答時間がとても短いのは，ある園で，要請により，経験年数の浅い保育者に対して，インタビュー時間を短くしたことによる。
14　インタビューの実施において，時間の都合上，質問項目の取捨選択を行わざるを得なかった場合もあった。なお，A園では，園の要請により，第2回インタビューの際，時間を30分程度にするよう心がけ，調査を実施した。
15　インタビューを行う前に，結果の記述の際にはインタビューで触れられた子どもの個人名を仮名あるいは記号により示すことを，口頭により説明した。

第Ⅱ部　ジェンダー構築のエスノグラフィ

第3章
幼稚園・保育園におけるジェンダー秩序

　本章では，幼稚園・保育園におけるジェンダー構築の詳細な分析に先立ち，子どもにとって主要な生活の場のひとつである幼稚園・保育園で展開される保育活動においていかなるジェンダー秩序が存在するかを明らかにする。

　本章では，ジェンダーに関する「かくれたカリキュラム」が存在する，という幼児教育および初等・中等教育の諸学校を対象にした先行研究（森繁男 1989, 1995，氏原　1996，木村　1997など）の知見を踏まえ，それらが本研究で観察を行った各園における保育活動にもあらわれているかどうかを確認する。幼稚園・保育園におけるジェンダー秩序を明らかにするため，保育環境として，園での服装や持ち物，および保育者による子どもたちの扱いに注目し，ジェンダー分析を行う。

　以下，本章は次の構成である。第1に，各園での一日の活動を概観する。第2に，各園における指定の持ち物にあらわれた「ジェンダーの二分法」を，任意の持ち物との比較で検討する。第3に，保育者の子どもたちに対する働きかけにおけるジェンダーを，観察調査で得られたデータにもとづき検討する。

第1節　幼稚園・保育園の一日

1．A園

　幼稚園であるA園の一日は，おおむね次のとおりであった。

　A園は，幼稚園であり，保育時間は午前9時半から午後4時である。希望する子どもは，併設の宗教法人立保育施設での，延長保育を利用する[1]。

(1)登園から保育時間のはじまりまで

　子どもたちは，午前8時半頃より，保護者や家族の自家用車による送迎，

第3章　幼稚園・保育園におけるジェンダー秩序

あるいは園バスを利用して登園してきた。登園して最初にすることは、「お着替え」であった。ここで制服から、保育時間の服装である体操服に着替えた。体操服は、1998年観察時には白地のシャツに女子がブルマー、男子が丈の短いショートパンツ（いわゆる「短パン」）であったが、2000年ごろ以降に男女共通のデザインとなり、白地のシャツと青色のハーフパンツが指定された。なお、すべての調査期間において、クラスごとに異なる色の帽子を着用することが指定されていた。

　午前9時半頃、音楽が鳴り始めた。「体育」が始まる合図である[2]。「体育」は、日により異なるメニューとなっていた。マットや跳び箱などの道具を倉庫より出して運動場に並べ、約10分間、鉄棒などを含むさまざまな器械運動を行った。音楽が鳴り止んだところでその運動は終了し、道具を片付け始めた。園児たちは、分担して教職員を手伝う。器械体操の道具を使用しない場合は、「うら山」のふもとに集合し、ストレッチをしてから「うら山」をひとまわりするマラソンを行った。音楽の曲が変わると、マラソンは終了した。道具使用、マラソンいずれの場合にも、運動後は、さまざまな動作を行いながら運動場を周回し、クラスごとに整列を行った。

　整列後、「朝礼」が行われた。朝礼は、先生による1分間の講話、2曲程度の歌、体操から構成されていた。朝礼がすんだら、クラスごとに集合し、それぞれの保育室に戻っていった。運動会前の時期には、そこから続けて運動会の練習に入ることもあった。

(2)午前中の「活動」およびその他の設定保育

　子どもたちは保育室に戻り、手洗いや水分補給をした後に自分の席に着いた。冬季には乾布摩擦を行った。それがすんだら、正座して黙想した。

　担任教師が保育室に入る。先生のピアノ演奏がはじまると、子どもたちは全員お祈りの姿勢をとる。先生のお祈り、その後続くピアノ演奏のあと、いすに着座した。

　先生が大きな声で「○○組さん、おはようございます」とあいさつをし、今月の標語を全員で唱和し、みな「はい！」と手を挙げた。

　今日の日付、曜日、気温[3]を確認し、先生はそれを背後、つまり保育室正面のホワイトボードに板書した。全員で声に出してもう一度日付などを読み

63

第Ⅱ部　ジェンダー構築のエスノグラフィ

上げた後，今日の当番を確認した。先生が，「今日の当番は○○ちゃんと○△ちゃん[4]です。よろしくお願いします」と言うと，「はいがんばります」と当番に指名された子ども2人が挙手をした。その後はたいてい，先生は，全員に対し次のように呼びかけた。

T	:	元気な○○組さん
C（全員）	:	はい〔挙手〕
T	:	男の子
C（M）	:	はい〔挙手〕
T	:	女の子
C（F）	:	はい〔挙手〕

　出席確認の時，先生は，漢字で氏名が書かれたフラッシュカードを見せた。子どもは，自分の氏名が書かれたカードが出た時すぐに挙手をして「はい○○○○です[5]」と返事した。全員が名前を呼ばれた後，担任は，ホワイトボード左上に，「(在籍数)－(欠席数)＝(出席数)」のように数式を書いた。

　つづいて，さまざまな活動が行われた。フラッシュカードや掲示物，特別なそろばんを使って，ものや人の名前，詩や俳句，数についての学習を行った。先生は，たとえばカード活動の間に掲示物を読ませるなど異なるタイプの活動を交互に取り入れることや，カードやそろばんを巧みに隠すなどクイズや競争の要素を取り入れることにより，子どもたちの興味をひきつける工夫を行っていた。その後，「活動」は音読，リズム，合唱と続いた。

　これらの活動のあと，たいていはプリント活動を行った。この活動では，「数」「ことば」などに関する問題に，クラスみんなで取り組む。最初の問題，あるいは前半の課題では，子どもたちは先生と一緒に問題を解くのが通常であった。後半の課題については子どもたちが各自で解いた。全ての問題を解き終えた子どもは，順次，先生の机のところへ行き，丸をつけてもらった。

　その後は，主に芸術活動が行われた。特に，鍵盤ハーモニカの練習はしば

しば行われていた。音楽発表会など行事の前には，さまざまな楽器も演奏されていた。

絵画や製作活動は，ほぼ毎月，定期的に行われていた。月２回は，外部講師による「製作」の指導が行われた。観察期間中，外部講師が指導する製作活動を観察した日はわずかであったが，その時間には，外部講師の考え[6]により，子どもたちの「のびのびとした表現力」を生かす指導が行われていた[7]。毎年秋になると，年１回市内で催される「作品展」に向けた指導が行われた。そのほかの時期には，クリスマスやひな祭りなど，季節の行事に沿った製作活動が行われた。

園では，設定保育のひとつとして，英語の時間が設けられていた。週３回，ネイティヴ・スピーカーの講師による英語のレッスンが行われた[8]。その他，週１回，園長[9]による積み木活動が行われていた。

このように，午前中のＡ園では，多くの活動が行われていた。とくに５歳児クラスでは，午前中の時間のほとんどが設定保育に費やされていた。これに対し，３歳児や４歳児クラスでは，時として給食時間前の，午前中の短い時間が自由遊びに充てられることもしばしばあった。

(3) 給食時間から午後の活動

４歳児クラス・５歳児クラスでは，給食の準備はその日の当番の子どもたちによって行われていた。当番は，ごはんやおかずが入ったボックスを保育室まで運んできた。ほかの子どもたちはめいめい，持参した皿と箸・フォーク・スプーンのセットを準備した。

先生は，クラスであらかじめ決められた４つのグループごとに給食を配った。子どもたちは静かに着席し，「お眠り」と呼ばれる，机の上にうつぶせの姿勢をとった。多くの場合，全員が「お眠り」姿勢をずっと保っていることが確認されたグループから順に，保育室の前方にいる先生に呼ばれた。子どもたち全員が給食を受け取った後，当番が前に出て，お祈りを全員で行い，食べ始めた。

給食準備や給食時間は，箸・フォーク・スプーンのセットや皿，それを入れる袋についている絵柄を見せ合う時間でもあった。この時，「おれウルトラマン」「わたしキティちゃん」などという会話が，保育室内のあちこちで聞

かれた。
　筆者も，給食前に保育室内で観察を行っている間，多くの子どもたちに話しかけられた。時には，一部の子どもたちより，蹴る，ぶらさがる，などの身体的な攻撃を受けることもあった。
　また，筆者は，しばしばかれらと給食をともにした。その時，筆者はたいてい欠席者の席に座ったものの，筆者が誰のそばに座るべきかをめぐって，子どもたちはお互いに，あるいは筆者との交渉を行った。筆者は，多くの子どもたちに接することができるよう，なるべくその都度異なる位置に着席しようとしたが，子どもたちはなかなか納得しようとしなかった。そのため，時として先生に決定してもらうこともあった。
　筆者が着席するやいなや，近くの子どもたちが話しかけてきた。ある者は持ち物を見せびらかした。ある者は，筆者が手にもっているノートを見せてとせがんだ。またある者は「みかんは最後に食べる」などと，筆者に食べる順序の「指導」を行った。たいてい，給食時間は20分程度に設定されていたが，わずかな時間に多くの子どもに話しかけられた。筆者は，そのような慌しいなかで給食を食べた。
　給食を食べ終わった子どもたちは自分で皿を洗い，箸・フォーク・スプーンのセットとともに袋にしまい，自分のロッカーへ戻した。その日の当番は，クラスのみんなが使用した皿洗い用の洗い桶やトングなどを洗った。ほかの子どもたちは歯磨きをすませると，机を後ろに下げて園舎の外に出た。その後，しばらくの間は，自由遊びの時間となった子どもたちは，運動場や「うら山」で遊んだ。
　午後1時過ぎになると，ふたたび保育が始まった。運動会や発表会などの行事直前には，その練習が行われていた。また，設定保育での活動のうち時間が足りなかった分の補充にも充てられることも多かった。この時間帯には，希望者のみが受ける「課外活動」と呼ばれる英語，ピアノ，積み木，などの活動が行われた。「課外活動」の順番を待つ子どもたち，あるいはそれを受けない子どもたちは，園舎の外に出て運動場や「うら山」などで遊ぶことが多かった。
　午後2時を過ぎると，先生がホイッスルを鳴らし，クラスへの呼びかけを

行うと，全員が保育室に戻った。ここから，子どもたちは降園準備に入った。おやつの時間は，たいてい，体操服から制服に着替える「お着替え」を済ませた後に設けられていた。子どもたちは床に車座に座ると，先生がおやつを全員に配った。当番が先導して全員でのお祈りをすませ，おやつを食べた。先生は，蒸しタオルで子どもの顔をふいてやった。そして，先生から保護者への連絡帳などが配布され，連絡事項が伝達された。

なお，本の読み聞かせは，午前中あるいは午後に，正課の活動が始まるまでの時間，おやつが終わった後の帰りの時間など，わずかな時間を使って行われていた。

保育時間の終わりが近づくと，一部の子どもたちは，保護者が迎えに来て順次帰途についた。それ以外の子どもたちは，午後3時台に出発する園バスに乗った。バスで帰る子どもたちは，指定されたバスに乗り込んだ。多くの先生方は受けもちのバスに乗り込んだが，何人かは園に残り，保護者の迎えを待つ子どもや延長保育の子どもたちの世話をした。延長保育の子どもたちは，バスの出発前に，同じ敷地内の保育施設へと移動した。その後，保育時間終了までは，当番の先生が読み聞かせを行った。保育時間が終了すると，そこに残っている子どもたちは，運動場や「うら山」などで遊びながら，保護者の迎えを待った。

2．B園

B園およびC園は保育園であるため，通常の保育時間は午前9時から午後5時までである。以下，両園の一日を，紹介する。

B園での観察を始めた2000年，園を訪問した午前7時半ごろには，すでに多くの子どもたちが登園していた。子どもたちは，ひとつの部屋に集まって，2～3人の保育士が見守るなか，ブロックやままごと道具などで遊んでいた。

8時半過ぎ，子どもたちは年齢による組ごとにそれぞれの部屋へと移動した。この日は5歳児クラスを観察する予定であったため，2階の保育室へとついて行った。

保育室に入ると，まず整列した上で出席確認が行われた。担任保育士は，

第Ⅱ部　ジェンダー構築のエスノグラフィ

子どもの名を呼ぶ時，全員を「氏名-さん」と呼んだ。その順序は男女混合であった。B園では，「さん」づけは，出席確認のほか，問題行動を注意する時など注意をひきつける時に用いられているように思われた。それ以外はたいてい，保育士たちは，男の子を「名前-くん」，女の子を「名前-ちゃん」と呼んでいた。このことについての保育士の考えは，第3節で述べることにする。

　B園では，定期的に，園全体で「お集まり」が行われた。場所は日によって異なっていたが，この日は園庭に集まった。子どもたちは，年齢段階によるクラスごとに，男女別に整列して待っていた。園長先生が前に出て，全員であいさつをした。

　　C　：園長先生　おはようございます
　　園長：おはようございます　みなさん　おはようございます
　　C　：おはようございます

　このあいさつは，保育士全員にも，そしてその場にいた筆者にも行われた。「お集まり」が終了すると，子どもたちはクラスごとに行動した。たとえば，2歳児は，天気のよい日にはしばしば園庭で遊んでいた。
　5歳児の設定保育は，より幼い子どもたちのそれに比べて内容が豊富であった。設定保育では，ワークブックの作業，工作，絵画などが行われた。5歳児クラスは，全員が「子ども赤十字」に加入していたため，しばしばクラスで地域活動を行っていた。なお，調査期間中，稲刈りの見学，マラソン，郵便局への年賀状提出が観察された。
　給食の時間が近づくと，あらかじめ盛りつけられた給食が運ばれてきた。子どもたちは手を洗った。その間，担任保育士はテーブルをセットした。当番の子どもたちは，三角巾とかっぽう着を着用すると，お茶や給食，箸を運んだ。配膳がすむと，全員であいさつをして給食をいただいた。
　B園は保育園であるため，給食後，午睡の時間が設定されていた。子ども

第 3 章　幼稚園・保育園におけるジェンダー秩序

たちは皆，食後に歯を磨き，寝間着に着替え，各自で布団を敷いた。午睡の時間は，約 2 時間であった[10]。子どもたちが眠っている間，保育士たちは，廊下や階段の掃除，連絡帳準備などの事務作業，などさまざまな作業を行っていた。筆者は，いったん園を離れ，勤務校での業務を行った。

　15 時半頃，子どもたちは再び起きた[11]。筆者はその頃までに再び園に戻った。その時，子どもたちは寝間着から普段着へと着替えるところであった。着替えがすんだら，おやつの時間となった。おやつが全員に配られ，全員によるあいさつのあと，子どもと保育士はおやつを食べた。

　その後は，帰りの準備が始まった。子どもたちは制服の上着を着た。多くの子どもが同じリュックをもっていたが，一部異なる色柄のリュックをもっている子どももいた。その後，「お帰り」の集まりが行われた。担任保育士は，子どもたちに連絡帳などを渡し，注意などを行った。「お帰り」がすむと，子どもたちは，17 時の保育時間終了までホールや園庭で自由に遊んでいた[12]。

3．C 園

　C 園では，2000 年夏の調査開始以前から，食育・運動遊びに重点が置かれていた[13]。その後間もなく建物が改築されたため，2005 年調査時には居室は仕切りが取り外せるようになり，食堂はカフェテリア方式となり，従来の園庭での遊びは屋上で行われるようになった。C 園の一日は，下記のとおりである。

　朝，登園した子どもたちは，9 時の保育時間開始後，音楽にあわせてさまざまな動作を行うオリジナルの「体操」を行った。この「体操」は，もともと別の保育園で人間の身体発達を踏まえて動作が考案されたもので，年齢段階に応じてアレンジが行われていた。4 歳児や 5 歳児の子どもたちは，片足立ちや動きを途中で止める動作を伴うなど，より高度な動作をしていた。

　C 園では，運動遊びに力を入れており，3 歳児以上では，積極的に運動遊びが行われていた。「うんてい」などの固定遊具やもち運びのできる鉄棒などの遊具を用い，自由遊びやクラス単位での運動遊びが行われていた。時々，各年齢児の体力に応じ，散歩をすることもあった。

　天気の悪い日，あるいは年中行事の直前には，製作活動が行われていた。

69

第Ⅱ部　ジェンダー構築のエスノグラフィ

　たとえば，2005年調査中（2006年2月）には，節分にちなんだ鬼の面などが作られていた。先生が個別に指導するため，ほかの子どもたちが退屈しないよう，保育室内に「コーナー遊び」の区画が設けられた。3歳児や4歳児の観察では，粘土遊び，ビーズ遊び，カード遊びなどが行われていた。ここでは，子どもたちは，自由に遊びの内容を選択できた。

　給食は，2000年調査時には各保育室で提供され，2005年調査時にはホールでカフェテリア風に提供されていた。2005年調査時には，広いホールに配置されたテーブルについた子どもたちは，各自でワゴンから自分の食事を取っていた。およそ3～4人掛けのテーブルに着席する全員が食べ物を取り終わると，テーブルごとに「いただきます」のあいさつをしてから食べ始めた。食器類は，園で用意されたものが使用されていた。茶碗や皿は陶器製，おわんはプラスチック製，箸は木製であった。

　給食後，子どもたちは各自寝間着に着替えて布団を敷いた。その後，約2時間の午睡に入った。

　子どもたちは15時半頃に起床し[14]，寝間着から普段着に着替え，クラスごとに集まっておやつを食べた。その後，夕方の保育時間終了（17時）までは自由遊び時間であり，子どもたちは，遊びながら保護者の迎えを待った。

第2節　持ち物にみるジェンダー

1．服装・教材などの園指定

　幼稚園・保育園では，服装・持ち物の指定は男女共通のものが多いようであった。以下，各園で指定された持ち物の特徴について述べる。

(1)服装

　A園およびB園では，制服が指定されていた。

　A園では，制服の上着，シャツの色およびデザインは，子どもの性別によらず共通であった。以前はシャツの襟の形に性別による違いがあったが，2005年調査までには共通の形に変更されたとのことであった。ただし，女の子はスカート，男の子は短パンが指定されている，という違いはみられた。

第3章 幼稚園・保育園におけるジェンダー秩序

この制服は主に毎日の登園時・降園時に着用され，また，卒業式などの行事時にも，着用されることになっていた。

B園では，制服は，通常上着のみが着用されていた。上着の色およびデザインは，子どもの性別によらず共通であった。制服は，入園式や卒園式などの儀式の際，また行事時に着用されていた。

A園では，保育時間中，子どもたちは園指定の体操服を着用していた。前節で述べたように，体操服は，シャツは共通であったものの，1998年観察時には男の子が「短パン」，女の子がブルマーであったが，後に男女とも同色のハーフパンツに変更された。2005年調査時にデザインの変更理由を園長に尋ねたところ，園長は「保護者にとっての利用のしやすさ」「小学校の体操服とのデザインの共通化」を理由に挙げた。

B園では，保育時間中，子どもたちは通常，私服の上に「遊び着」と呼ばれる上着を着用していた。2000年度に観察した時には，女の子はピンク，男の子は水色の上着を着用していたが，2005年調査時には男の子・女の子とも黄色の上着を着用していた。園長によれば，2001年度に男女共通の色に変更したとのことであった[15]。

B園では，平日の登園時の服装として，女の子・男の子ともにパンツを指定していた。パンツを指定している理由として，園長は子どもたちの「活動のしやすさ」に言及していた[16]。ただし，土曜日の自由登園日には，女の子に「スカートで来てもよい」としているとのことで，その日には比較的多くの女の子たちがスカートを着用して先生に見せることもしばしばある，とのことであった。

C園では，通常の園生活において，服装についての特別な指定は行われていなかった。保育士によれば，子どもたち自身がどの服装を着用するか，選択・決定をしているようだった[17]。保育者へのインタビューによれば，女の子のなかには登園時にはスカートをはいている子もいるとのことであったが，観察調査時には，彼女たちが園庭や屋上で遊ぶときには，持参したパンツを着用し遊んでいる様子が観察された。

C園の5歳児クラスの子どもたちは，運動遊びの際におそろいのシャツを着ることになっていた。それは，副園長が学生時代にしていたスポーツで

71

着用されるシャツであった。そのシャツの色やデザインには，男女の区別はなかった。保育士によれば，子どもたちにとっては，このシャツを着ることは「お兄ちゃん・お姉ちゃん」になったことの証であり，下の年齢の子どもたちにとっては憧れである，とのことであった[18]。

(2)指定かばん

A園とB園では，子どもたちは指定されたかばんをもって登園した。どちらの園も，色やデザインには男女用の違いはみられなかった。ただし，B園では，一部の子どもたちは同じ形でも異なる色のものを持参していたなど，比較的指定がゆるやかであるように見うけられた。

また，A園では，子どもたちは，指定かばん以外にも，体操服などを入れる布製の手提げ袋を準備するよう求められていた。手提げ袋の形・大きさについては指定されていたものの，子どもとその保護者は自由に色柄を選択することができた。したがって，子どもたちは，さまざまな色彩や絵柄つきの，手作りあるいは市販の手提げ袋を持参していた。

(3)教材

A園では，さまざまな教材が用いられていた。読本，プリント，カード，色鉛筆，自由画帳，絵の具などである。これらの教材のデザインおよび色柄は，男女共通であった。

B園では，自由画帳，クレパス，色鉛筆などが指定されていた。それらのデザインや絵柄は，男女共通のものであった。

なお，C園では，園指定の教材が使用されていると思われる事象は観察されなかった。

2．持ち物の自由選択

一方，子どもたちが自宅から持参する持ち物には，しばしば「女の子」や「男の子」が好むとされる絵柄・デザインが施されていた。
いくつかの持ち物については，そのときに放送されているテレビ番組のキャラクターの絵がついていた。たとえば，身につけている肌着のシャツ，また，給食用の皿（A園のみ），体操服を入れる布製バッグ（同）などである。また，A園では，キャラクターのフィギュア型のキーホルダーは，玩具として使わ

ないことを条件に，1個だけかばんへの装着が許可されていた。

A園では,給食時,子どもたちは家庭より持参した食器袋や箸・フォーク・スプーンのセット，お茶を入れた水筒を机の上に出していた。女の子たちの多くは，ピンク色や「ハローキティ」「プリキュア」の絵柄がついたものをもっていた。一方，男の子たちの多くは，青あるいは緑色,「ウルトラマン」シリーズや「スーパー戦隊」シリーズの絵柄がついたものをもっていた。なお，黄色の持ち物は，子どもの性別を問わず観察された。

キャラクターの絵柄のついた持ち物をめぐって，見せびらかし合いや交換が行われていたこともあった。A園では，1998年調査時，お帰りの準備やお集まりの時，ひとつだけ指定かばんにつけることを許可されたキーホルダーのキャラクターを，互いに見せ合うところが観察された。B園では，2000年調査当時には，「ウルトラマン」などのキャラクターの絵柄がついたポケットティッシュやカードをこっそり交換することが，男の子たちの間で流行していた。担任保育士は平等の観点よりその行為自体を禁じていたが，観察中も，外から帰ってきた時やロッカーから物を出す時など，しばしば，保育士たちの目を盗んで交換にいそしむ子どもたちの姿が見られた。

キャラクターでなくとも，子どもたちに共通して好まれるものは交換の対象になった。B園では，2005年調査時，5歳児クラスで折り紙が流行していた。担任保育士によれば，ある子どもが折り紙の本をもってきて，そこからブームになったとのことであった。このクラスでは，多くの子どもたちが折り紙で虫やカエルなどの生き物を折り，完成させた「作品」を見せ合っていた。ここでもかれらの間で「作品」の交換が生じ，しばしば争いのもととなったという。このため，交換は，担任保育士により禁止されていた。特別に折り紙作品をもち込むことを許可されて併設の児童館で遊んでいた時には，互いに自分の「作品」を自慢する子どもたちの様子が観察された。

第3節　保育者の働きかけにみるジェンダー

保育者による子どもへの働きかけにおいて，ジェンダー化されたストラテ

第Ⅱ部　ジェンダー構築のエスノグラフィ

ジーは見られるか。これについて，実際に観察された保育場面にもとづき検討を行う。

1．出席確認

　A園では，子どもの漢字氏名が書かれたフラッシュカードをランダムに示すと，氏名を示された子どもが挙手して「はい○○○○です」と答えた。A園で使用される名簿は，誕生日順であった。B園では，誕生日順の名簿に沿って，保育士が「○○○○さん」，と子どもの氏名を「さん」づけで読み上げ，子どもが挙手して「はい」と返事した。B園での出席確認時の「さん」づけは，子どもの性別を問わず全員に対して行われていた。なおC園では，出席確認にあたって，全員を集めて名簿を用いて行っている様子は観察されなかった。

　B園での出席確認で用いられる敬称は，通常時のそれとは必ずしも一致していなかった。担任保育士のひとりに，出席確認の敬称が「さん」で統一されていることについて確認した時，次のような回答があった。

　　T：いや，もう，普通のなんか遊びになったときは，どうしても何々くん，とか，
　　　何々ちゃんとかですね。この時，出席のを取るときだけはもう，やっぱり
　　　何故か，何故かっていうか，もう，さん，って言う。こう，さん，て言う。
　　　くん，のと，子ども達にも，くん，って呼ぶ時と，まあ，さん，ってこう，
　　　性別で，ちゃん，とかでわかれるときもあるけれども，統一でこう，さん，
　　　と呼ぶ場合もあるよ，ていうのをこう，意識付けたいってゆうのも。
　　Ｉ：うーん，なるほど。なんか，えっと，統一して呼ぶ場合があるっていうのは，
　　　なんか先生のなかであります？　そういう，こういうときには，さん付け
　　　で呼ぶ，ていうのは。
　　T：まあ大体がこう，全体で集まってて，こういう風に出席を取ったりとか，
　　　帰りの会でゆうと，子ども，連絡帳配ったりとか，ですね。で，<u>そういった時にお当番の人にもやっぱり必ず，連絡帳を配るときは，さん付けでお願いしてます</u>。だから，くんって呼ぶときとかの，とは別に，さんって呼ぶときも，あるということで。

74

第3章　幼稚園・保育園におけるジェンダー秩序

（2007年2月17日，T＝ミキ先生（4歳児クラス担任），I＝筆者（以下同様））

　この会話において，「さん」づけでの呼びかけは，むしろ文脈による呼称の違いがあることを意識づけるものであることが浮かび上がる。実際，観察中も，遊びなど，より自由な場面では「くん」「ちゃん」と呼び，お集まりなど，より統制された場面や子どもを注意する時には「さん」と呼ぶ，というように，意識的に使い分けが行われていたように見うけられた。

2．集団呼称の使用
　A園では，1998年調査時，しばしば，ジェンダー・カテゴリーへの言及がみられた。例として，当時の観察内容の一部を示す。

　　　　例3-1　1998年調査におけるジェンダー・カテゴリーの使用

・朝，日課のはじめに，教師が「男の子」「女の子」と呼ぶ（ビデオ：5歳児クラス，1999年3月5日）
・「おねむりタイム」が終わった時，先生が「男の子」「女の子」と呼びかける（ビデオ：4歳児クラス，1999年3月3日）[19]
・鉄棒の逆上がりがどれだけできるか，男女別に競争（ビデオ：5歳児クラス，1999年3月5日）

＊観察期間を通してしばしばみられたもの
・ほかの部屋への移動時，廊下に男女ごとに整列する
・お帰りの時，『○○組の男の子／女の子』というように，ジェンダー・グループごとに保育室を退室させる（保育室間の移動時にも，頻繁に行われた）

　2000年調査，2005年調査では，保育者によるジェンダーの使用はそれほ

75

第Ⅱ部　ジェンダー構築のエスノグラフィ

ど顕著にはみられなかった。各園では，ジェンダー・カテゴリーの集団よりはむしろ，年齢別集団およびその下位集団で子どもたちを扱うことが多かった。A園では，年齢別クラス集団が多く用いられていた。C園では，2005年調査時は，子どもを個人名あるいは色集団（「赤組」「青組」など）で呼び，ジェンダー・カテゴリーで扱わないのが通常であった。

ただし，両調査において，保育者は，「ジェンダーの二分法」にまったくとらわれず自由であった，というわけではない。観察において，しばしば，ジェンダーの二分法にもとづく統制が行われていたことが確認された。

たとえば，「男女別整列」は，保育活動のなかでしばしば行われていた。園全体での集合時の整列である。A園とB園では，ほぼ毎日「朝礼」または「お集まり」が行われていた。そのとき，子どもたちは年齢集団別に整列することが求められた。各年齢集団では，男女別に整列が行われていた。

クラスごとの整列でも同様に男女別整列が行われていた。B園では，各クラスで出席確認を行うときには，男女別に整列して床に座るよう求められた。

A園では，毎週1回行われる積木教室のために別室へ移動するとき，男女別に整列が行われていた。保育室では，子どもたちは男女別のエリアに着席していた。この時間には，制限時間内に課題を仕上げることが求められていた。担任教師は，課題の達成状況をノートに記録していた。

また，子どもたちは，しばしば「女の子」「男の子」という集団呼称で呼ばれることがあった。ジェンダー集団呼称で呼ばれた子どもたちは，それぞれの集団ごとに行動することを求められた。

A園では，毎日行われる「日課」と呼ばれる保育活動のなかで，担任教師は，子どもたちとのあいさつのあと，「男の子」「女の子」と呼びかけていた。また，たとえばトイレに行かせる時や，プリント提出など，全員に同じ行動をさせようとするときに，しばしば「男の子」「女の子」と呼びかけていた。C園でも，2000年調査では，製作活動中，女の子に作業をさせた後で男の子と交代させる様子が観察され，ジェンダー・カテゴリーにもとづく集団呼称の使用が行われる場面があった（2000年10月20日，5歳児クラス）。

この「男の子」「女の子」という呼称について，保育者たちは，ジェンダーによる差異的処遇を必ずしも意識しているわけではないようであった。下に，

第3章 幼稚園・保育園におけるジェンダー秩序

　性別グループでの呼びかけについて，ひとりの保育者に実際にその場面をビデオで示した際の会話記録を示す。

> Ｉ：〔前略〕で，最初のその朝の確認の時にですね，元気なりんご組さんって言ったあとで，「女の子」「男の子」っていうような感じで言われると思うんですね。これは毎日されてる。
> Ｔ：そうですね，はい。
> Ｉ：それは何か，あの，特別にそういう，たとえば「○○研究会」〔注・幼児教育研究団体〕さんとかの，その活動のなかで，決まった，パターンとしてあるんですか。
> Ｔ：<u>決まったパターンってゆう訳じゃないんですよ</u>。もっとなんかこう，子ども達が準備してるか私たちが準備してる間にこう，<u>合間として，まあ，グループで呼び合う，Ａグループさん，Ｂグループさんとか</u>。まあ，特に，<u>このときは「男の子」「女の子」って言うのは，私とまあ，突然，本人，1人だけをパッと言ってる時もあるし</u>。
> Ｉ：はあはあ，個人を指す場合もあるということですね。
> Ｔ：はい。
> Ｉ：なになにちゃんとかいうふうな感じで。
> Ｔ：はい。
>
> （2007年3月6日，Ｔ＝アズサ先生（Ａ園，3歳児担任））

　この会話より，「男の子」「女の子」というようなジェンダー集団での呼びかけは，アズサ先生にとっては，性別による特別な扱いを行うことを意図するものではなく，あくまでも活動準備中の呼びかけとして位置づけられているととらえられていることがうかがえる。彼女にとって，「男の子」「女の子」は，「Ａグループさん」「Ｂグループさん」といったクラス内でのグループ呼称などと同じように，単なる集団カテゴリーとしての位置づけにすぎない。

3．身体動作の指示

　保育者の指示のなかには，整列以外に，身体動作に関するものもあった。

第II部　ジェンダー構築のエスノグラフィ

ここでは，各園で観察された座り方や姿勢の評価に注目し，分析を行う。

(1)座り方

地面や床に座るよう指示する時，保育者たちは子どもたちに求める姿勢を独特の呼称で呼んだ。各園では，たとえば，両膝を揃えて曲げた脚を両腕で抱える座り方は，「三角座り」または「お山座り」と呼ばれた[20]。

この座り方に関して，各園の年少のクラスを中心に，「お父さん座り」「お母さん座り」という呼びかけが観察された（1998年9月28日，A園3歳児クラス；2000年11月9日，B園3歳児クラス；2005年9月12日，A園3歳児クラス）。「お母さん座り」は，「正座」を，「お父さん座り」とは，「あぐら座り」を指す呼称である。子どもたちにとって身近な「お母さん」「お父さん」のついた座り方の呼称を用いることは，保育者にとっても，また，それを聞いた子どもにとっても，「常識」として当たり前のこととみなされているようであった[21]。

(2)姿勢

子どもたちは，保育活動中，姿勢について評価されることがあった。

A園では，「日課」をはじめとする保育活動で子どもたちの姿勢をほめる時，保育者は「かっこいい」「強い」ということばを多く用いた。「かっこいい」は，背筋・手先・足先が伸びておりよい姿勢であることに対してのことばである（1998年9月7日，A園5歳児クラス，2001年11月12日，A園全体朝礼）。「強い」は，子どもたちが一斉に声を出してことばや数を言っている時や，元気な声を出している時などにかけられたことばである（1999年1月27日，A園5歳児クラス）。

これらのことばかけは，ジェンダーにとらわれない仕方で用いられていた。その使用には，一見，ジェンダー化された価値，子どもたちを性別により分類するという考えはみいだされない[22]。

ただし，子どもたちどうしの相互作用のなかでは，これらのことばが保育者と同じ仕方で用いられる様子は観察されなかった。子どもたちが，「かっこいい」「強い」をどう用いているか，したがってそのことばによっていかなる価値をあらわしているかについては，次章以降で検討を行う。

4．子どもによる役割分担

第3章　幼稚園・保育園におけるジェンダー秩序

　A園およびB園では，子どもたちは，「当番」として，日替わりで給食準備やあいさつなどの役割を受けもっていた。当番は，たいてい男女のペア，あるいは男女混成集団であった。ただし男子あるいは女子が多い場合には，同性のペアになることもあった。

　当番には，日々の保育活動のなかで，給食準備や片付け，掃除といった作業で，保育者を補助することが求められた。その作業の割り当ては，子どもの性別に関係なく同等のものであった。たとえば，「女の子」だから「家事」役割を担うことが求められる，といったことはなかった。

　当番以外の子どもたちが保育者の手伝いをする様子は，しばしば観察された。自発的な手伝いの申し出を求める場合，保育者は，たとえば「力もちさん」などと呼びかけた。ここでも，子どもの性別による特別な扱いに関する言語表現は顕著にはみられなかった。

　ただし，自発的な手伝いにおいて，ジェンダーによる分化はまったくみられなかった，というわけではない。1998年調査で，A園の4歳児クラスにおいて，給食後のテーブル拭き作業をその日当番であった女の子が「自発的に」行う一方で，同じ当番の男の子は，仲間と遊ぶことに夢中になり，当番としての活動には積極的でなかったところが観察された（1998年12月9日，4歳児クラス）。

5．表現活動

　造形や音楽などの「表現」は，幼児教育の一領域を構成するものである。したがって，各園においては，「製作」や「楽器演奏」などは重要な保育活動のひとつであった。ここで，各園で観察された「表現」にかかわる諸活動を概観してみよう。

　表現活動において，多くの場合，子どもたちは「自由」に表現することを求められていた。A園では，「製作」と呼ばれている活動は，外部講師による指導が月に2回行われていた。本研究での観察時には，動物の顔がついたポケットティッシュ入れを作る活動（1998年12月11日，3歳児クラス）や，作品展に向け恐竜のオブジェを作る活動（2005年9月14日）が観察された。指導者は，子どもの性別による表現の制限を行っていなかった。

第II部　ジェンダー構築のエスノグラフィ

　ただし，子どもたちの表現において，一定のジェンダーによる分化がみられた。たとえば，ポケットティッシュ入れ作りでは，子どもたちの希望で「うさぎ」「ぞう」「らいおん」の顔をつけることになった。その時，「うさぎ」を選んだ子どもは全員女の子であり，「らいおん」を選んだ子どもは全員男の子であった。

　器楽の練習やクラス全体での合唱練習においては，一見，子どもたちの性別により異なる取り扱いはみられなかった。A園での「日課」での鍵盤ハーモニカや合唱の練習で，子どもたちは全員同じ曲を演奏し，歌っていた。

　一方，指導にあたってはジェンダーによる考慮がなされることがあった。器楽や合唱の練習は，時々ジェンダー集団ごとに行われた。また，発表会のための合奏の楽器担当では，女の子がキーボードなどの複雑な楽器を受けもち，男の子が太鼓などの大きな楽器を受けもつよう，保育者が決めていた。

　また，画用紙など表現活動の材料の色彩選択において，保育者があらかじめ選択を限定する場面が，時として見られた。たとえば，1998年調査時，9月末で転園していく男の子に対し，クラスのおともだちはひとりひとり彼に手紙を書くことになった。その時，担任教師は，「男の子はグリーンの色画用紙に，女の子はピンクの色画用紙に書いてください」と指示を行った（5歳児クラス：1998年9月30日，ノート記録より）。

　ただし，さまざまな製作活動で用いる色紙や色画用紙，あるいは材料の選択は，子どもたちに委ねられていた。保育者たちは，このような活動の時には，たいてい，青やピンク，赤など，さまざまな色の画材を準備していた。

第4節　ジェンダー・フリーとジェンダー化の錯綜

　本章で検討した各事項について明らかになった点は，以下のとおりである。
　第1に，各園における指定の持ち物を検討した結果，服，かばん，教材の園指定を行っているA園，B園ではともに，各指定物の色やデザインには，ジェンダーによらず共通のものが多く見られた。一方，園指定であっても，各家庭で準備を要する持ち物については，色や絵柄において，子どもの生物

学的性による差異がみられた。

　第2に，多くの保育者たちは「ジェンダー」にもとづかない働きかけを行っていた。一方，男女別整列などジェンダー集団にもとづく処遇もみられた。

　第3に，保育活動におけるジェンダーについて，保育者の意識を検討したところ，保育者は「ジェンダー」による処遇の差異化を意識しているわけではないようであった。ジェンダー集団にもとづく処遇については，子ども集団の統制など，便宜上のものであると考えられていた。

　以上の結果より，少なくとも本研究で観察を行った各園では，ジェンダー・カテゴリーが一見不在であるように見えるものの，同時に，「かくれた」レベルではジェンダーにもとづく保育実践が行われていることがうかがえた。教材の指定を含め，園内でのさまざまな活動においては，子どもの性別にもとづく，明確な差別的処遇は行われなかった。その一方で，時として，子どもたちへの取り扱いには，たとえば呼びかけや製作材料の配布など，インフォーマルなレベルでは，しばしば「二分法的なジェンダー」の顕在化がみられた。

　園での活動におけるインフォーマルなレベルでの「二分法的なジェンダー」の顕在化は，保育者たちが「ジェンダー本質論」を明確に支持していることや差別的であることを，単純に説明するのではない。保育者たちが必ずしも「性別分離主義者」であるわけではないことは，たとえば，前節の最後に述べたように，「製作」活動で使用する画材について多様な選択肢の提供がみられることなどにあらわれている。

　むしろ，「二分法的なジェンダー」の顕在化は，保育者たちが意図しないところで，「ジェンダー」という「二分法的な」カテゴリーが，私たちの日常世界の解釈において「自明」のものとなっていることを意味するのではないだろうか。保育者たちの保育実践において，「男の子」「女の子」というカテゴリーの明示は「常識」の「知」であり，それに即して子どもたちのふるまいを解釈することは，疑問視されるものではない。このことについては，第8章で，保育者自身のインタビューでの語りを手がかりに，改めて考えてみたい。

　次章では，子どもたちは，「二分法的なジェンダー」が自明である園での生活のなかで，いかに，そしていかなるものとしてジェンダーを構築しているのか，検討を行う。

第Ⅱ部　ジェンダー構築のエスノグラフィ

注
1　延長保育の時間は，遅くともだいたい午後6時過ぎとのことであった。
2　なお，毎週月曜日は，全員で礼拝を行うことになっていた。通常，この日には，「体育」および「朝礼」は行われなかった。
3　子どもたちは，朝礼の後保育室に戻る前に，建物の外にある気温計を確認するよう求められていた。
4　A園に限らず，各園では，通常，子どもは「苗字（氏）−さん」でなく「名前−さん／ちゃん／くん」と呼ばれていた。
5　出席確認時，子どもたちはフルネームで呼ばれていた。
6　このことについて，外部講師に直接話を聞く機会がいちどだけあった。
7　たとえば，1998年調査では，3歳児クラスで，動物のかたちをしたポケットティッシュ入れを製作していた。また，2005年調査では，5歳児クラスで「おしゃれな恐竜」の絵と粘土像を製作していた。
8　講師は，同じ学校法人が運営する英語学校の教師を兼ねていた。
9　1998年調査，2000年調査当時。2005年調査時には，理事長。
10　5歳児では，1月以降，就学準備のため午睡はない，とのことであった（2006年3月16日，当時の担任保育士ユウコ先生へのインタビューより）。
11　以後の活動の記述は，2000年調査のものである。
12　17時以降も，保護者の迎えを待つ子どもたちは，保育者の指示した場所で遊ぶなどしていた。
13　2006年3月20日，サユリ先生へのインタビューより。
14　以後の活動の記述は，2000年調査における観察で得たものである。
15　この色変更については，筆者が観察調査を行うことで園内でジェンダーについて考える機会が生まれたことと無関係ではないようであった（2000年調査の翌年，副園長との会話より）。
16　観察期間中のインフォーマル・インタビューより。
17　サユリ先生へのインタビューより。
18　ナツ先生へのインタビューより。
19　ただし，1998年調査時点でも，3歳児クラスでは，あまりジェンダー・カテゴリーの使用はみられなかった。
20　なお，小学校で用いられる「体育座り」または「体操座り」という呼称は，滅多に用いられなかった。
21　その呼称が何を意味するかすぐに理解できた筆者にとっても，その呼称は幼いときにしばしば耳にしたものであり，「自明」のものであったといえよう。
22　このことについて保育者の解釈はどうであるか，第8章で検討する。

第4章
「二分法的なジェンダー」をめぐる子どもの交渉

　本章では，幼稚園・保育園生活のうち，子どもたちの相互作用に注目し，子どもたちによってジェンダーはいかに解釈されるか，分析を行う。次章以降の詳細な分析に先立ち，幼稚園・保育園での生活全般にわたるジェンダーをめぐる相互作用の分析により，子どもたちが主体的にジェンダーを解釈しているかどうかを明らかにする必要がある。

　本章では，子どもたちの，仲間や大人たちとの相互作用を手がかりに，かれらの「二分法的なジェンダー」の構築を，次の4点に注目して検討する。第1に，子どもたちは，「女」「男」についていかなる定義づけを行っているのか。第2に，かれらは，それらの定義をめぐり，どのように交渉を行っているのか。第3に，ジェンダーからの「逸脱」は，かれらによってどのように解釈されているか。第4に，かれらは，「二分法的なジェンダー」を越境することができるのだろうか。

　以下，各園での観察データにおける子どもの相互作用データにもとづき，検討を行う。結果の記述にあたっては，観察された相互作用のうち「二分法的なジェンダー」をめぐる内容を示すものを抽出し，本文中に例示する。

──────────── 第1節　異なる存在としての「女」と「男」

1．「女」／「男」の定義

　子どもたちは，園生活のなかで，互いを「女」あるいは「男」のどちらかに属するものとしてとらえていた。前章で述べたように，園ではしばしば，整列や呼びかけにおいてジェンダー・カテゴリーにもとづいた処遇が行われていた。かれらは，さまざまな活動を通して，「女の子」と「男の子」は異なる

83

第Ⅱ部　ジェンダー構築のエスノグラフィ

集団であると理解しているようであった。
　また，子どもたちは，日常のさまざまな活動のなかで，「女」と「男」のそれぞれについて，定義を行っていた。観察調査中，各園の子どもたちは，「女」と「男」を異なった性質をもつ存在としてとらえていることがうかがえた。そこで，本項では，子どもたちによる「女」および「男」に関する特徴への言及を抽出し，分析を行う。
　子どもたちにとっての「女」，すなわち「女の人」「お母さん」「おねえちゃん」「女の子」などの特徴は，おおむね次のとおりであった。髪が長い，スカートを着用している，大人は胸が豊かで化粧をしている，たいていの場合ピンク色などの色を好む，ハローキティなどの「かわいい」キャラクターや絵柄の持ち物を好むあるいは所有する，などである。
　一方，「男」，すなわち「男の人」「お父さん」「お兄さん」「おじさん」「男の子」などについては，子どもたちによっておおむね次のようにとらえられていた。体が大きい，パンツ（短パン，長いズボンなど）を着用する，運動ができる，転んだりしても泣かない，青色のものを好む，ウルトラマンやスーパー戦隊シリーズなどのキャラクター絵柄の持ち物を好むあるいは所有する，などである。

(1) 異なる身体　―「かわいい女」と「強い男」―
　ここで，上記に示した「女」「男」の特徴のうち，身体に注目してみよう。子どもたちは，しばしば，「女」については「かわいらしい」容姿と「産む性」に，「男」については「肉体・精神の強さ」に，それぞれ言及していた。

1)「女」の身体
　第1に，子どもたちの間では，女の子は「かわいい」「きれい」であることが理想であると考えられていた。子どもたちは，しばしば女の子の容姿に言及していた。

例4-1　劇の役決定
(1998年12月8日，A園，ノートとビデオ記録より)

84

第4章 「二分法的なジェンダー」をめぐる子どもの交渉

　帰りのお着替え中，すでにお着替えをすませていた何人かの子どもが保育室に戻って来た。
　エミは，「ナミは美人でやさしいから」などと言いながら保育室に入ると，おともだちのナミが劇のヒロインに決まったことを仲間に話しはじめた。
　担任のヒロコ先生は，保育室に入ってきて，エミをはじめとする一部の子どもたちが劇の配役について話しているのを聞き，「まだみんなに言ってはいけんよ」とエミに注意し，職員室へ行った。
　再び保育室に戻ったヒロコ先生は，「先生は一生懸命考えました……」と，劇の役を発表した。ヒロインはナミ，ヒロインの夫の役はトモカズであった。牧者と宿の主人は男の子と女の子が選ばれていたが，敵の兵士，そして3人の知識人は全員が男の子であった。ナレーターのひとりにエミが選ばれたとき，子どもたちの何人かは「やっぱり」と言った。

　ヒロインの役に選ばれたナミは，小柄で顔立ちが整った，髪が長い女の子であった。エミは，彼女が選ばれて当然，という口ぶりで，担任がクラス全員に発表するよりも前に，彼女がヒロインに選ばれたことをクラスのみんなに話していた。このように，髪が長い，あるいは顔かたちが「かわいい」「きれい」な子どもは，しばしば，仲間にとってもあこがれやうらやみの対象になった。
　第2に，子どもたちは，大人の女性は潜在的に母親になる可能性があることに，しばしば言及していた。筆者がはじめて園に足を踏み入れた時，多くの子どもたちは「誰のお母さん？」と筆者に尋ねた。筆者が「だれかの母親であること」を否定したところ，かれらは，続けて「じゃあ先生？」と尋ねた。このことは，子どもたちにとって，園にやってくる大人の女性は「先生」か「母親」のどちらかであることが多いことを示している。
　子どもたちは，しばしば，大人の女性を示す身体的特徴として，胸のふくらみに注目した。1998年度調査では，教師に対し，「いつ赤ちゃん産んだん？」と尋ねる子どもが観察された（1999年3月3日，A園）。2000年調査時のC園では，ひとりの女の子は，大人の女性の胸がふくらむ理由として，「赤ちゃ

85

第Ⅱ部　ジェンダー構築のエスノグラフィ

んを産む」ことに言及していた。

例4-2　出産と女性

（2000年7月21日予備観察，C園）

マミ（4歳児）：どうして大人になったらおっぱいふくれるん？
筆者　　　　：さあ，どうして？
マミ　　　　：赤ちゃん産むから

　例4-2のマミの語りでは，「胸のふくらみ」と「出産能力」が結びつけられている。子どもたちが「女」の身体を語るとき，「胸のふくらみ」は欠かせない特徴であるようであった。このような子どもたちの身体理解がいかなる仕方で用いられるのかについては，次節で分析を行う。
　一方，園内で，女の子はしばしば「しっかりしている」とみられた。例4-1では，エミが生誕劇でナレーターに選ばれたと先生が語った時，周りの子どもたちは「やっぱり」と言った。彼女は「活動」がよくでき，コミュニケーション能力も高いことから，仲間や教師から「しっかりしている」とみられていた。その評価が，「やっぱり」という発言の背景にあると推測される。
2）「強さ」を期待される「男」
　子どもたちによる「男」の定義においては，心身の強さへの言及がもっとも顕著であった。身体面においては，「男」は体が大きい，強い，といった考えがしばしば語られていた。たとえば次の会話では，「お父さん」の「大きさ」や「強さ」に言及されている。

例4-3　大きなお父さん

（1998年10月7日，A園）

第4章　「二分法的なジェンダー」をめぐる子どもの交渉

　　M1（氏名不詳）　：牛乳飲むと大きくなるよ
　　M2（同上）　　　：お父さんのほうがもっと大きいよ

　ひとりの男の子が「牛乳を飲む」ことが身体の成長につながる，と語るのに対し，もうひとりの男の子は「お父さん」の大きさに言及している。この会話において，身近な「男」である「お父さん」は大きいものである，という認識および解釈があらわれている。
　精神面の強さとして，男の子は「泣かない」もの，という考えが顕著に表明された。たとえば，けんかして泣いている1人の男の子を慰める教師の隣で，別の男の子は「男の子は強い」と言う（1998年10月7日，A園）。実際には，男の子が女の子ほどに泣かないという明確な証拠はない。しかし，後述するように，子どもたちの間では，男の子たちが泣くことは，「男」から逸脱するとみなされているようであった。
　子どもたちは，大人の男性を，女性よりも「頼りになる」と考えているようであった。A園では，自然が豊かな園内で起こるさまざまな問題の解決にあたって，男性職員のヨウスケ先生とサトル先生[1]がたよりにされている様子が観察された。たとえば，子どもどうしの葛藤で，時々「ヨウスケ先生に言ってやる！」と言う子どもがいた。また，1998年調査のある日，蛇が「うら山」に出現したと子どもたちが騒いでいた。その時，子どもたちは口々に，「ヨウスケ先生とサトル先生おらん？[2]」と言っていた（1998年10月28日）。
　C園では，唯一の男性職員ヒロシ先生[3]は，子どもたちから慕われていた。彼は，運動遊びの指導で中心的役割を担っていた。子どもたちは，尊敬を込めて彼の名を呼び，彼に認められようと運動遊びに意欲的に取り組んでいた。

(2)異なる「文化」

　子どもたちは，「文化」に言及する時，男女で異なる，という考えをあらわしていたと思われる。かれらは，色彩やキャラクターの好みにおいて，「男」「女」はそれぞれ異なる文化をもっている，と考えているようであった。
　色彩については，たいていの場合，女の子は赤やピンクを好むもの，男の子は青を好むものと考えられていた。この観念は，子ども同士に限定されず，

第Ⅱ部　ジェンダー構築のエスノグラフィ

大人たちにも適用されていた。それは，たとえば，女性の教師がピンク色を身に着けているのを見た女の子が，「先生，かわいい」と言う場面にあらわれていた。

ただし，そのほかの色の好みについては，年代によって，また園によって，ある程度違いがみられた。1998年調査時のA園では，青を選択する女の子は「男」であると意味づけられていた（例4-6参照）。一方，2005年調査時のB園では，青を好む女の子たちが何人かいるのが観察された。

マンガキャラクターの好みは，年代によって放送されるテレビ番組などが変化するため，変遷が著しい。ただ，ある程度の共通の傾向はみられた。

概して，男の子たちは「ウルトラマン」シリーズ，「仮面ライダー」シリーズ，「スーパー戦隊」シリーズのキャラクターを好むものと考えられていた。女の子たちは，「ハローキティ」といった年代を問わないキャラクター，「セーラームーン」シリーズ，「おジャ魔女ドレミ」シリーズ，「プリキュア」シリーズのような，「かわいい」主人公たちが魔法の力で難問を解決したり悪と戦ったりするマンガのキャラクターを好むものと考えられていた[4]。

2.「異性愛」的な対としての「女」と「男」

子どもたちは，「女」と「男」を，異性愛的な対であると定義する。子どもたちは，園での保育活動のなかで，女の子と男の子が対であることに言及することがあった。

1998年調査では，しばしば女の子と男の子がペアで行動する場面があった。それを発見した周りの子どもたちは，しばしば「デート」などと言ってからかいのことばを発した。たとえば，ある日，5歳児クラスの男の子ヨシオと女の子エミが一緒にいた時，仲間から「デートじゃ」と言われていた（1998年12月2日，A園）。

自由遊び場面以外でも，「異性愛」的な対への言及は時としてみられた。たとえば，ひな祭りの記念撮影では，子どもたちは全員，何人かの保護者たちの手助けを借りて紙製の着物や飾りを身につけ「お内裏様」と「お雛様」の姿になり，男の子と女の子が2人並んで「ひな壇」に座り写真を撮られていた[5]。子どもたちのなかには，2人並んだ様子を見て，「ケッコンだー」と言う者も

88

第4章 「二分法的なジェンダー」をめぐる子どもの交渉

いた (1999年3月5日，2001年3月13日，いずれもA園)。

贈り物についても，異性愛を意識している子どもたちがいた。4歳児クラスのミツアキは，製作活動で卒園するおともだちへのプレゼントを作る途中，自分の作品について「女にあげるんよ」と言っていた (2001年3月14日，A園)。

ここで，「異性愛」を象徴することばとして，1998年調査時にA園の5歳児クラスで顕著に用いられていた「ケッコン」に注目する。子どもたちによる「ケッコン」の定義はいかなるものであるか，かれらの相互作用を手がかりに検討する。

1998年調査時，A園の年5歳児クラスの子どもたちの間では，「ケッコン」ということばは，仲間たちの間での特定の人間関係に言及するものであった。このことばは，男の子と女の子が1対1のペアとなることを示していた。この対では，男の子は，「カレシ」と呼ばれ，女の子は「カノジョ」と呼ばれていた。

子どもたちの「ケッコン」には，特別な儀式があるわけではなかった。男の子と女の子が1対1で行動をともにしている時，かれらは「ケッコン」している，と言われた。

「ケッコン」しているカップルは，遊びなど園内での多くの時間を2人で過ごすのが当たり前とみなされた。そして，「ケッコン」の相手は，簡単に変わることはない，と考えられていた。

担任教師へのインタビューにおいても，クラスの子どもたちの間で，「ラブラブ」「ケッコン」といったことばがしばしば用いられていたという回答を得た。実際，この観察時には，年長クラスの子どもたちの一部は，「ケッコン」しているとみなされていた。

「ケッコン」「カレシ」／「カノジョ」について，1998年調査時にA園で観察されたひとつの事例を，例4-4に示した。

例4-4　A園で観察された「ケッコン」の事例

　帰り支度をしている間，ミキは，絵をかいて筆者に見せた。彼女は，友達以外

第Ⅱ部　ジェンダー構築のエスノグラフィ

には見せないで，と言いつつも，コウキには見せてもよいと言う。筆者が「どうして？」と尋ねたところ，彼女は，コウキは自分の「カレシ」だから，と言った（1998年12月2日，5歳児）。

　数日後，園でもちつき大会が催された。外に出る時，コウキが，手紙を渡そうとして，ミキの名前を呼んでいた。子どもたちによれば，ミキは，せっかく屋外での行事があるというのに，お気に入りの赤い靴でなかったことで（ビデオを見ると，正確には靴を片方は赤，片方は黒，と間違えて履いてきたようだった）機嫌をそこねているという。彼女は，担任に抱きかかえられてようやく出てきたが，長い時間にわたり泣きつづけていた。コウキは彼女を気遣い，いろいろと話しかけていた（1998年12月8日）。

　例4-4に登場するミキとコウキは，1998年調査で観察された「ケッコン」「ラブラブ」カップルの一組であった。かれらは互いに，相手をカレシ／カノジョとして認めていた。特にミキは，筆者にも，コウキのことを「カレシ」と言っていた。かれらは，園での自由遊び時間の多くをともに過ごしていた。
　絵に関するミキと筆者の相互作用より，少なくともこの2人には，お互いの秘密は知られてもいい，という暗黙のルールがあるようであった。また，もちつき大会での出来事も，ふたりが「手紙」を交換する関係であることを示していた。
　「ケッコン」しているかどうかの判断は，当事者の認定によるものとは限らない。仲間たちからそう見られているに過ぎないこともある。例4-5が示すように，周囲の解釈は，当事者のそれとは異なる場合もある。

例4-5　「ケッコン」のコンセンサスをめぐる相互作用
（1999年3月3日，A園，5歳児）

【運動場にて。アツシ，リュウイチ，トモカズがゴールポストにぶら下がって遊んでいる。その近くで遊んでいたエミ，アヤ，3人に近づいてくる。】

第4章 「二分法的なジェンダー」をめぐる子どもの交渉

  エミ   ：リュウイチ　お前（）とケッコンしたんじゃなかったん？
  アヤ   ：ケッコンしとるのになんで遊びよるんかね
  《2人、去っていく》
  トモカズ ：うそじゃないん？
  リュウイチ：うそよ

  注：()は、聞き取れなかった発言部分を示す（以下同様）

　女の子2人は、遊びの途中で少し会話をした男の子をはじめとする仲間2人と一緒に遊んでいるリュウイチに対し、「ケッコンしとるのになんで遊びよるんかね」と言っている。この発言は、彼女たちにとって、リュウイチの行動は、「ケッコン」した男の子と女の子はいつも一緒にいるものである、という定義から外れており、「ケッコン」からの逸脱である、と解釈されていることを示している。

　ただし、当のリュウイチにとっては、それは事実ではない。リュウイチとトモカズは、リュウイチが「ケッコン」している、という彼女たちの発言を、男の子どうしの会話のなかで否定することにより、その解釈を無効化している。

―――――――――第2節　「女」／「男」の定義づけをめぐる交渉

　子どもたちは、さまざまな事物に対し、それが「女（のもの）」であるか「男（のもの）」であるか、意味付与を行っていた。かれらは、ジェンダーに関するさまざまな事物の意味をめぐり、仲間・大人といった他者との相互作用で、その意味をめぐる交渉を行っていた。

1.「女」／「男」イメージをめぐる争い

第Ⅱ部　ジェンダー構築のエスノグラフィ

「女」／「男」の線引きは，しばしば，言い争いにおいて顕在化した。下の会話は，ボールの取り合いのなかで生じた。

例4-6　運動場での樽遊び中の相互作用
（1998年11月24日，A園，4歳児）

【ヒヨ（F），青いボールをもってきて赤い樽のなかに入れる。シュン（M），走ってくる】

シュン　　：あー　ヒヨちゃん　男じゃ　男じゃ　<u>青()は男だぞ</u>
　　　　　　〔赤い樽に入っているミキの頭をたたく〕
ミキ（F）：痛い
ミカ（F）：たたいちゃだめよー
シュン　　：ボールとってー　あとで先生に言っちゃる
ヒヨ　　　：<u>青でいいんよ　青汁お料理とかするのに</u>
ミカ　　　：<u>こっちは「お母さんごっこ」しよるんよ</u>
シュン　　：<u>お料理できんくせによう言うのー()</u>

シュンは，ボールを取ったヒヨに対し，「青」を取ったことを「男じゃ」と言って，罵った。それは，彼によるヒヨへの「男」ラベルの付与である。

ヒヨは，罵りによって「男」ラベルを貼られたことに対し，抵抗を試みている。彼女は，仲間のミカとともに，「青汁」を使って「お母さんごっこ」をする，と言って「家庭性」を強調することにより，彼女たちは自らに付与された「男」というラベルを剥がそうとする。これに対し，シュンは，「お料理できんくせによう言うのー（お料理できないくせによくそんなことを言えるね）」と応酬することにより，ヒヨとミカによる「ラベル剥がし」の企てを無効化しようとしている。

第4章 「二分法的なジェンダー」をめぐる子どもの交渉

例4-7 「女のキャラクター」をめぐる相互作用

(1998年9月7日，A園，5歳児)

【運動会の練習時間中，テントの下で待つ間。チエコ（F）とヨシオ（M）がふざけあっているうちにたたきあいになる。ヨシオ，泣く。】

  チエコ ：<u>泣き虫</u>。
  ヨシオ ：おまえだって<u>髪へん</u>じゃないか。
  チエコ ：<u>男の子がキティちゃんもつなんて</u>……
  ヨシオ ：女の子だって
  チエコ ：<u>女の子はキティちゃんもつんよ</u>。

　何気ない追いかけっこの後でけんかが始まり，お互いを罵りあう場面である。チエコは，ヨシオが座り込んで泣いたことに言及し，「泣き虫」と言う。ヨシオは，くせ毛で明るい色の髪のチエコに対し「髪」が「へん」であることに言い返すことにより，「男からの逸脱」のラベル付与に抵抗した。そこでチエコは，「男の子がキティちゃんもつなんて」と応酬した。ヨシオは「女の子だって」と言い返すが，チエコに「女の子はキティちゃんもつんよ」と応酬され，返すことばがなくなる。

　「泣き虫」という罵りことばは，ヨシオが典型的な「男」から逸脱している，というラベル付与である。これに応酬するヨシオの「髪（が）へん」という罵りことばは，チエコが典型的な「女」から逸脱しているということを示している。一方，「キティちゃん」は「女の子の持ち物」であり，男の子がそれをもつことは「逸脱」である，というラベル付与の対象となる。したがって，例4-7は，チエコとヨシオの2人の間での葛藤を通して，「男の子は泣かない」「女の子は髪がきれい」『キティちゃん』は男の子のものではなく女の子のものである」という価値が構築され，共有されていることを示している。

　「キティちゃん」のようなキャラクターは，ジェンダーをめぐる交渉にお

第Ⅱ部　ジェンダー構築のエスノグラフィ

いてどのような意味をもつのだろうか。下記に，その一例を示した。

　　　例4-8　キャラクターをめぐる解釈（2001年3月12日，Ａ園，3歳児）

　【ミニ遠足でのお弁当の時間。一同，弁当を広げている。筆者は，みんなの弁当箱や包みの色柄に注目し，撮影を行っている。】

　アツシ（M）：ハーム太郎ー（音声のみ記録されている）
　《筆者，カメラをアツシの方に向ける。彼は，立ち上がって「ハム太郎」のボトルカバーをみんなに見せている》
　アツシ　　　：ハーム太郎ー
　ヒロシ（M）：<u>それ女よ</u>〔アツシの発言と重複〕
　サヤカ（F）：<u>ハム太郎は男よ　私のお母さんもアッくんのお母さんも言いよったよねー</u>
　アツシ　　　：うん
　【中略・お弁当中に】
　担任　　　　：〔ひとりの園児の弁当箱を見て〕ハム太郎じゃねぇ
　アツシ　　　：ぼくもハム太郎もってるよ
　【以下略】

　例4-8は，ミニ遠足で昼食の準備をしている間に生じた，当時人気のマンガ・アニメキャラクターであった「ハム太郎」の絵柄をめぐる会話である。筆者は，めいめいが広げたレジャーマット，弁当，箸箱などの絵柄に注目し，ビデオ撮影を行っていた。この会話が始まったときには，男の子2人がウルトラマンシリーズのキャラクターの絵柄が入ったおそろいの箸箱を見せ合うところや，男の子が筆者のビデオカメラに向かって「くまのプーさん」の絵柄が入った弁当袋を見せるところ，など様々な場面を撮影していたところで

第4章 「二分法的なジェンダー」をめぐる子どもの交渉

あった。筆者が「ハーム太郎」と連呼するアツシの声に気づき，彼が手にもつ「ハム太郎」柄のボトルカバーを撮影したところから，この会話は記録されている。

当時，このクラスの子どもたちには，「ハム太郎」は女の子の好むキャラクターであると理解されていた。ヒロシは，それを踏まえて，アツシが「男」がもつべき物の基準より逸脱したものをもっている，と評価している。

この相互作用において，サヤカはアツシの擁護者となっている。彼女は，「ハム太郎」の性別が「男」であること，自分の母親やアツシの母親がそれに言及していたことを根拠に，ヒロシの評価に反論している。ここで，当該キャラクターの性別が持ち主の性別と一致していることは，アツシがそれをもつことを「逸脱」とみなさないことの根拠となっている。「ハム太郎」の絵の入った物はそのキャラクターの生物学的性により男の子でも所有できる物である，という考えは，サヤカによる自分やアツシの母親の発言の引用，つまり子どもにとってより権威ある存在である大人の発言という権威の誇示によって，より確かなものとして構築される。

2．他者の外見をめぐる交渉

子どもたちにとって，筆者は，初対面時には当然のことながら見知らぬ大人であり，生物学的に女性であると思われる外見であり，年齢は実際の年齢（当時：20歳代後半〜30歳代）に見えるようであった。かれらは，筆者をどのような人間であると理解したであろうか。

多くの子どもたちが行う，筆者に出会ってはじめての問いかけは，「誰のお母さん？」であった[6]。この発言から，かれらにとって，園を訪問する「見知らぬ大人の女性」は，多くの場合「誰かのお母さん」であることが推測される。園長や保育者によって，筆者が幼稚園ではないがある種の「先生」であることが明かされると，子どもたちはめったにこの問いを筆者に投げかけなくなった。

つづいて，子どもたちは，筆者がどちらの性に属するかを注意深く吟味しようとした。このことについて，かれらは，しばしば戸惑いを示した。なぜならば，かれらの目の前にいるその見知らぬ大人は，小柄で声は男性ほど低

第Ⅱ部　ジェンダー構築のエスノグラフィ

くないにもかかわらず，髪を短く切り，顔は薄化粧またはノーメイクで，めがねをかけ，服装は，パンツにトレーナーまたはＴシャツにパーカー，スニーカー姿で，冬期はグラウンドコートを着用していたからである。つまり，筆者は，ジェンダーの境界線にいるあいまいな存在として，子どもたちに解釈されうる外見を備えていた。

　1998年調査，2000年調査，2005年調査のいずれにおいても，観察調査を開始したばかりの頃には，何人もの子どもたちがしばしば筆者に「男？女？」と尋ねてきた。そして，たいていの場合，かれらは筆者を「男」であるとラベル付与した。それは，筆者が，子どもたちにとって典型的な女性イメージをあらわす服装を身に着けていなかったことに由来するものと考えられる。

　一部の子どもたちは，口紅をつけていること，胸のふくらみに言及することにより，筆者は「女」であるとラベル付与していた。その後，かれらはさらに，筆者が「だれかのお母さん」であるか否か，そうでなければ「おばさん」であるか否かを吟味する必要があった。

　筆者は，これらの問いに対し，たいていの場合は，「どちらだと思う？」と応答し，あえて解を与えないままにした。しかし，かれらとの問答のなかで「男」のラベルを付与されそうになったとき，しばしば自らを「男ではない」＝「女」であると提示した。

　例4-9をみてみよう。ここには，子どもたちと筆者の間で行われた会話における，筆者自身の外見をめぐる交渉が端的に示されている。

例4-9　大人の「女」のイメージをめぐる相互作用
（1998年11月18日，Ａ園，5歳児）

【玄関前の駐車場にて。チエコ、ユキコ、ユミ、カナエの3人が、日のあたるところに座っている。】

　チエコ　　：ビデオ〔注：ビデオカメラのファインダーを〕みせて

第4章 「二分法的なジェンダー」をめぐる子どもの交渉

筆者　　：(だめだよ)
チエコ　：ブス
筆者　　：あ　ひどいなー
チエコ　：デブ
チエコ　：<u>髪がへん　男みたい</u>
筆者　　：ええじゃん　<u>髪が短くてかっこいい</u>でしょー
チエコ　：いや　<u>へん</u>
筆者　　：ふーん
チエコ　：<u>おっぱいないしね　男みたい</u>
筆者　　：<u>男じゃないもん</u>
ユキコ　：女？　男？　どっち？
筆者　　：<u>女</u>〔笑〕
チエコ　：だけどね　<u>口紅もしないしねー</u>
筆者　　：<u>してるって</u>〔笑〕
チエコ　：だって濃いいもん　〔注：普通の女の人は口紅が濃い，という意味か〕
筆者　　：ん？　濃いい？　口紅？　<u>あたし濃いいの好きじゃないもん</u>　だからあんましつけないの
チエコ　：<u>じゃあ男じゃんか</u>　ねー〔自分の左にいたユキコ、ユミの方を向いて〕
筆者　　：<u>男じゃないもーん</u>
チエコ　：<u>男</u>！
ユキコ　：あのね　<u>男でもね　うすい口紅つけとる人っておるんよ</u>
筆者　　：あー　ほんと　へー　みたことある？
ユキコ　：〔うなずく〕
チエコ　：なんで女なのに<u>男</u>のくつはいとるん？

【以下略】

上の会話は，ビデオカメラの液晶ファインダーを見たいという要求が受け

第II部　ジェンダー構築のエスノグラフィ

入れられなかったことへの腹いせに，チエコが筆者に「ブス」という罵りことばを投げかけたことから始まる。筆者が「ひどいなー」と応答することにより会話は続き，大人の「女」イメージをめぐるやりとりへと変化していった。

チエコは，髪の短さ，口紅の薄さなどを根拠に，筆者を「男」だとラベル付与した（下線部）。彼女は，筆者の髪型について「へん」と評価した。彼女は，さらに，筆者のことを，「おっぱいもな」く「口紅もしない」ため，「男みたい」な外見であるため，筆者のことを「女」からは逸脱している，と評価していた。

この会話より，チエコにとっての大人の「女」の要件が浮かび上がる。すなわち，彼女にとって，大人の女は，髪がある程度長く，胸が豊かであることが外見よりわかりやすく，それが一見して分かるほどに鮮やかな色の「口紅」を塗っているものである。

会話を通して，筆者は，チエコによるラベル付与に抵抗しつづけていた（二重下線部）。筆者は，チエコに「へん」だと言われた自分の髪型について「短くてかっこいい」と反論する。また，薄くではあるが「口紅」をつけていることを強調する。さらに，「男じゃないもーん」と反対することにより，自らを「男」としてラベル付与されることを避けようとしている。そうすることにより，筆者は自らに付与された「逸脱」のラベルをはがそうとしている。

チエコの隣にいるユキコは，「男でもうすい口紅をつけ」ている人がいると発言した（波下線部）。この発言は，一見，筆者の「窮地」を救おうとしているようにも思われる。ただし，彼女の発言は，同時に，ジェンダーに関する別の「逸脱」のレパートリーを示している。この発言がチエコにより黙殺されたことは，そのあらわれであると考えられる。チエコは，さらに，筆者が履いていた，いかついデザインの黒いスニーカーを「男のくつ」と言及することで，彼女自身の筆者に対する「男」というラベル付与を確かなものにしようと試みている。

この事例は，「大人の女性」の定義づけをめぐり，ある意味でそこからの「逸脱」を体現している筆者の外見を手がかりに，子どもたちと筆者の間で展開される葛藤である。それは，一見ささいな言い争いにみえるが，「誇張され

第4章 「二分法的なジェンダー」をめぐる子どもの交渉

た女性性」イメージを用いて，別の「女性性」を「逸脱」的な「女性性」として「周縁化」する言説実践である。それは，子どもたちも参加する，私たちの社会における「大人の女性」イメージを構築する言説実践の一部を構成するものであるといえよう。

第3節 「逸脱した」事実の解釈・操作

前節で，子どもたちは「女」または「男」の定義づけを行っていることを示した。かれらは，「二分法的なジェンダー」から外れた者を「逸脱者」として解釈し，「逸脱した」情報を「二分法」に即して「修正」する。本節では，性別集団での行動，泣く男の子への対応，異なるジェンダー・モデルへの反応，のそれぞれについて具体例を示しつつ，子どもたちによるジェンダーからの逸脱の解釈・操作のありようを明らかにする。

１．性別集団での行動からの逸脱

保育活動の時間中，「女」または「男」に「ふさわしい」行動をしなかった子どもに対し仲間たちからそれを非難する発言が行われることは，しばしば観察された。

例4-10　性別集団からの逸脱に対する仲間の対応

・積み木の時間，男の子２人組に女の子が１人加わった。そのとき，男の子の間で，「女のくせに」という声が上がった。（1998年10月5日，Ａ園，観察ノートより）
・移動前の整列で，男女別に並んでいるところ，ひとりの男の子が女の子の列に加わった。そこで，ひとりの女の子が「○○くんは男の子なのに列が違う」と言った。（2001年11月12日，Ａ園，観察ノートおよびビデオより）

99

第Ⅱ部　ジェンダー構築のエスノグラフィ

　例4-10に示したふたつのエピソードでは，その文脈において「女の子」あるいは「男の子」にふさわしいと考えられる行動ができないこと，つまり自分の性にふさわしくない活動を行ったり自分の性別と同じ列に並ばなかったりすることに対して，仲間から負のサンクションがなされている。子どもたちにとって，自分の性別にもとづく集合を行うべき場面において，異なる性の集団に入ることは「逸脱」である。それは，第3章で述べたような，園生活のなかでしばしば行われる「男女別整列」，「男女ペア」での活動，というようなジェンダー・カテゴリーが顕在化される取り扱いに照らして行われる，子どもたちによるジェンダー実践である。

2.「泣く男の子」への対応
　「男」または「女」にふさわしくない行動をとった子どもに対する，仲間たちの非難もみられた。下の例4-11には，男の子が「泣く」ことに対する，仲間たちの負のサンクションがみられる。

　　　例4-11　室内での相互作用（1998年9月30日，A園，5歳児クラス[7]）

　　【ヒロコ先生のピアノ伴奏に合わせた保育室での遊びの途中】
　　〔T，ピアノを早く演奏，ゆっくり演奏を繰り返した後，早く演奏している。〕
　　M1　　：〔早足で走っているうちに転び，大きな声で泣く〕
　　T　　　：あー　こけちゃったー

　　〔T，ふたたび演奏を始める。その間，M1泣き続ける〕
　　T　　　：〔伴奏を終えて〕大丈夫ー？　わかったわかった　たんこぶできた？

　　〔T，M1の頭をなでる。たんこぶができていないことを確認〕
　　T　　　：ああ　よかった　なんにもなかった
　　F1　　：<u>こいつ女の子みたいなよねー</u>

第4章 「二分法的なジェンダー」をめぐる子どもの交渉

　　T　　　：あら　どうしてそんなこと言うん？　そんなこと言ったらだめじゃん
【以下略】

　ここでは，ひとりの女の子が，転んで泣いた男の子を「女の子みたい」と言ったことに対し，担任教師が注意している。女の子の発言は，第1に，「涙」は，女の子につきものであること，第2に，涙を見せた男の子は「女みたい」というレッテルを貼られ，「男」から逸脱した，何らかの「劣った」特性をもった者とみなされることを示唆している。担任教師の注意は，「おともだち」に対してネガティヴなコメントをしたことに対するものである。
　「男の子が泣く」場面は，ある日の運動遊びの途中でも起こった。

例4-12　縄跳び活動中の相互作用（1998年10月14日，A園，5歳児クラス）

【前回し跳びができないタカトシ，泣きべそをかく。先生がみてやる。】
ヨウイチ　　：またタカトシ　情けないことしとる
トモカズ　　：タカトシ　ださー
タカトシ　　：〔泣く〕
T　　　　　：泣くな
コウキ　　　：タカトシ　がんばれ
T　　　　　：今日はできなくてもいい　できるようになる
【以下略】

　運動場で，年長クラス全員がなわとびをしていた時のことである。タカトシは，縄跳びの「前回し跳び」を上手に跳ぶことができなかった。担任教師は，彼のなわとびを見てやる。整列して地面に座ったまま彼がなわとびを終えるのを待っている仲間たちは，口々に「情けない」「ださー」と，彼に対し

101

第Ⅱ部　ジェンダー構築のエスノグラフィ

てネガティヴなことを言う（下線部）。タカトシは，どうしても縄跳びができず，涙する。その時，担任教師は，「泣くな」「できるようになる」と彼を励ましている（二重下線部）。

　これらの会話のなかで，クラスの数名の男の子たちのあざけりは，「男の子は身体能力がある」というディスコースにしたがったものである。現時点では「なわとびができない」男の子に対し「できるようになる」と励ます担任教師もまた，同じディスコースにしたがっている。

3．異なるジェンダー・モデルへの反応

　「常識」とは異なるジェンダーのモデルを提示された子どもたちが，自らの「二分法的なジェンダー」に即してそれを解釈し修正する場面は，時々観察された。例4-13を示す。

例4-13　サッカーをする女性をめぐる相互作用
（1998年11月26日，5歳児クラス）

【給食時間中，サッカーをすると話す担任のヒロコ先生に，エミが「男の子みたいじゃねえ」と言った。以下，その直後からのオーディオ記録より引用】

T　　　　：（）女の人のサッカーチームだってあるんよ
トシオ　　：えっ　うそー
ヨシオ　　：ほんまよ　あるよ
T　　　　：女の人の　大人の女の人の　ヒロコ先生みたいな人のサッカーチームってあるんだよ
カズキ　　：えー？　大人のー？
T　　　　：うん　あるある
ナオヤ　　：（）
カズキ　　：女ならバレーボールとか（）
ナオヤ　　：ドッチ〔＝ドッヂボール〕だったらねえ　男も女も　できるよ

第4章 「二分法的なジェンダー」をめぐる子どもの交渉

 カズキ　：先生バレーボールできるー？
 Ｔ　　　：できるよー
 【以下略】

　この場面において，担任のヒロコ先生は，自分がサッカーをしている話をした上で，「(大人の) 女の人のサッカーチーム」があることを説明した (下線部)。これに対し，ヨシオは同意したものの，何人かの男の子たちは，「うそー」と言ったり，「女ならバレーボールとか」「ドッチ (ドッジボール) だったら」という「対案」を示した (二重下線部)。そして，「先生バレーボールできるー？」という1人の男の子の問いかけにヒロコ先生が「できるよー」と答えることにより (波下線部)，話題は「女のサッカー」から離れていった。

　この会話のきっかけとなったひとりの女の子の発言を含め，会話に参加していた子どもたちは，サッカーは男の子のすることである，という前提に立っていることがうかがえる。「うそー」という感嘆語は，自らの「常識」にもとづく信念とは異なる内容が示されたことに対する驚きを示す。カズキによる「バレーボール」，ナオヤによる「ドッチ (ボール) だったらねえ」という発言は，「女なら」できる球技に関する「提案」である。かれらの発言の背景には，「サッカー」は女の競技ではない，という信念があると考えられる。

　この場面中，最後の「先生バレーボールできるー？」という問いには，「女のサッカー」をめぐる会話の文脈から，ほかの皆の注意をそらす作用がある。ヒロコ先生が「できるよー」と反応することにより，その企ては成功している。

　この相互作用は，担任が子どもたちに示した「女のサッカー」という新たなジェンダー・ディスコースが，子どもたちによって「逸脱的な活動」として黙殺され，「常識」に沿ったジェンダー・ディスコースに修正されていく過程を示している。この相互作用を通して，会話に参加した子どもたちとヒロコ先生は，「女」と「男」それぞれにふさわしい活動—ここでは球技—は何であるかを構築している。

第Ⅱ部　ジェンダー構築のエスノグラフィ

──────────────── 第4節　ジェンダーの越境

1．「異なる」ジェンダーを演じること

　ここまで検討してきたように，「二分法的なジェンダー」は子どもたちにとって「常識」である。その「常識」から逸脱することは，子どもたちにとっては容易ではなく，同時に許容されないことである。「逸脱者」に出会ったときの解釈や反応は，「二分法的なジェンダー」のマトリクスに沿っており，子どもたちが「逸脱」した場合，仲間などから，負のサンクションを受けることもある。

　一方，一部の子どもたちは，「二分法的なジェンダー」の境界線を容易に横断していた。一部の女の子は，ことばづかい，態度などについて「男の子らしく」ふるまっていた。次の例4-14には，自由遊び時間において観察された遊びの一場面を示した。

例4-14　青い樽にねそべる女の子の発言
（1998年11月24日，4歳児クラス）

　【赤・青・黄色の3色の樽を使って「お母さんごっこ」をしている4歳児の女の子が3，4名。その1人であるマキは，青い樽の上で寝そべり，足をとなりの樽にかけて，足でその樽を押す。】

　　　ユミ　　：（マキが足でけっている樽のなかから顔を出して）マキちゃん
　　　　　　　　ちょっと
　　　マキ　　：<u>なんだよ</u>
　　　ユミ　　：やめて
　　　マキ　　：<u>ボク</u>やってないよ
　　　ユミ　　：ちょっと離れて！

　　　マキ　　：<u>男の子のでー</u>

第4章 「二分法的なジェンダー」をめぐる子どもの交渉

〔樽から落ちそうになる仕草をしながら〕
ワシが落ちるワシが落ちる　ワシが落ちるんじゃ
【以下略】

　例4-14に登場するマキは，園庭に置かれていた遊具の樽を3つ並べて遊ぶ途中，青い樽の上で寝そべっている。彼女は，足で樽を押したり，「ボク」「ワシ」と男性の一人称を用いたりしている。また，「なんだよ」ということば，「男の子のでー（男の子のだぞー）」「落ちるんじゃ」のように，Ａ園の立地する地方で「男ことば」とされる言語表現を用いている。彼女は，これらの動作とことばづかいにより，「男」としての自分を体現している。

2．異性愛の維持とジェンダーの越境
　つづいて，「男性的な役割」を演じつつも「異性愛」のディスコースを引用する女の子の例を示す。例4-15には，自由遊び場面における「旅隊長」のエピソードを示した。

例4-15　隊長ごっこ（1999年3月5日，5歳児クラス）

【エミ（Ｆ），ヨシオ（Ｍ），ユキコ（Ｆ）の順に並び，歩いて「うら山」から筆者がいるふもとまで下りてくる。エミは手を腰に当てて胸を張っている。そしてもう片手にもった大きな木の枝を時々口にあてて，口からはずして息を吐く仕草をする。】

　　筆者　　：何それ
　　エミ　　：タバコ
　　ヨシオ　：オレがタバコあげたんよ　ねえ　エミ
　　エミ　　：オレ隊長
　　筆者　　：何の隊長？

105

第II部　ジェンダー構築のエスノグラフィ

```
ヨシオ　：撃ってやる〔筆者に弓矢を向けるまね〕
エミ　　：旅隊長
筆者　　：旅隊長？
ヨシオ　：じゃオレ家来
筆者　　：家来だれ？
ユキコ　：わたし（　）
エミ　　：〔ヨシオに〕お前ボクのカレだーい
　　　　　〔ヨシオを棒で指しつつ〕こいつがボクのカレなのじゃ
　　　　　〔ユキコを棒で指しつつ〕こいつは家来
```

【この後，エミが「タバコに火をつけろ」と命令するなどしばらくの間，筆者の近くにいてその遊びをする。その後，3人，去っていく】

　例4-15に示された一連の相互作用は，たとえばヨシオの「じゃオレ家来」という発言にあらわれるように，子どもたちが無邪気に演じる，即興的なせりふの連続であるようにみえる。その即興のなかに埋め込まれた「ジェンダー」にかかわる内容を，ビデオに記録された動作と重ねてみると次のようになる。

　この例に登場するエミの言動は，単に女の子が男の子の役割を演じていることを示すにとどまらない。彼女は，複合的なジェンダーを体現している。つまり，ここには，ジェンダーの越境と「異性愛」の維持が同時にみられるのである。

　第1に，エミによる「男性性」の呈示である（下線部）。彼女は，「男性」としての身体・言語表現を行い，「男性」としての「旅隊長」を演じている。ビデオに撮影された彼女は，列の先頭を歩きながら，「手に腰を当て」「胸を張」って歩いてくる。彼女が木の枝をもって行うのは，タバコを吸う動作である。彼女は，その動作によって，自らが考えている「男性」そして「リーダー」の身体イメージを誇示する。

　エミは，筆者の問いかけに「オレ隊長」と答えた。彼女は，そう発言する

第4章 「二分法的なジェンダー」をめぐる子どもの交渉

ことにより，自分が「男性」の「隊長」を演じていることを，少なくとも筆者と，遊びの当事者であるヨシオとユキコに対して明言している。

　第2に，異性愛関係における「カノジョ」としての，エミの自己呈示である（二重下線部）。「旅隊長」であるエミの，ヨシオに対する関係とユキコに対する関係は異なっている。この例の後半で，彼女は，自分のことを「家来」と言ったヨシオに対し，「お前ボクの<u>カレ</u>だーい」と言った。その一方で，彼女は，ヨシオの傍らにいるユキコについては単に「家来」と呼んでいた。

　エミは，「ボク」の一人称を名乗り，ユキコを「こいつ」と呼び家来とすることにより，「男性」の「旅隊長」であることを示す。それと同時に，ヨシオを「カレ」とすることにより，彼女は彼と「異性愛的な対」関係にあることを示している。つまり，エミは，ジェンダーの越境と，対としてのジェンダー関係を，同時に演じている。

　エミが複合的なジェンダーを演じることができた背景として，彼女のクラス内での位置にもとづく権力を考慮する必要があるだろう。彼女は，当時，クラスのなかでもっとも発言力のある子どもの1人であった（1節1.(1)参照）。彼女がクラスでの教育活動中に積極的に発言するところや，男女混合の大きな遊び集団を率いるところは，観察期間中にしばしば観察された。このような資源をもっていたからこそ，彼女は，男の子が混じった遊び集団のなかでも，たやすくジェンダーを越境することができたと考えられる。

3．越境が困難な男の子

　男の子が「二分法的なジェンダー」の境界線を越えることは，女の子がそうするよりも，かなり困難であるように思われた。「女」のようにふるまう男の子は，少なくとも調査期間中は全く観察されなかった。

　男の子による越境が全くなかったというわけではない。たとえば，第2節の例4-8に登場したアツシのように，仲間たちの間で「女の子」のものであると考えられているキャラクターをもつ男の子は観察された。しかし，彼は，同性の仲間より「それ女よ」と言われることにより，「逸脱」しているという評価を仲間より与えられていたものと思われる。

　また，先に述べたように，とりわけ，男の子が「泣く」ことについては，

107

負のサンクションに値するものとみなされていた。前節の例4-11に登場した男の子、および例4-12に登場したタカトシのように、泣くことにより「男」らしさから「逸脱」した男の子は負のサンクションの対象になり、あざけりを受け、同性あるいは異性の仲間たちによって「逸脱者」として語られた。

男の子がジェンダーの越境をしている様子がほとんど観察されなかったのは、「男」と「女」の関係性の非対称性とも関連していると思われる。女の子にとっては、「男」のようにふるまうことは許容されており、ある面では「好ましい」とすら考えられている。一方、男の子にとっては、「男」として「あるべき」姿から「逸脱」したとみなされることは、「男」としての地位からの転落を意味する、ととらえられていることが考えられる。そこから、子どもたちが構築する「女」あるいは「男」は、それぞれの性の子どもたちへの拘束力において、等しくないことが推測される。

第5節 「対」としてのジェンダーをめぐる葛藤

本章では、子どもたちの相互作用におけるジェンダー実践を分析した。結果は、次のように要約される。

第1に、子どもたちは、「女」と「男」を異なる存在として定義していた。身体に関しては「女」については容姿の美しさあるいは母としての特性への言及がみられた一方、「男」については心身の強さへの言及がみられた。また、「男」と「女」は異なる文化をもつと考えられていた。両者は、異性愛関係において「対」である、と考えられていた。

第2に、子どもたちは、「女」/「男」の定義をめぐり、日常的に起こる葛藤などを通して、相互交渉を行っていた。異質な筆者との出会いで起こる相互作用の事例の分析を通して、子どもたちによる「女」または「男」の定義づけが明らかにされた。

第3に、子どもたちは、「女」/「男」の定義にもとづいて他者を吟味し、「正しい」か「逸脱」しているかをラベル付けした。また、「ジェンダーの二分法」とは相容れないモデルについても、「二分法」に即して修正し、解釈していた。

第4章 「二分法的なジェンダー」をめぐる子どもの交渉

　第4に，子どもたちは，ある程度，「二分法的なジェンダー」を越境することができた。また，複合的なジェンダーを表現することができる子どももいた。ただし，女の子に比べ，男の子がジェンダーの越境あるいは複合的ジェンダーを表現することは，困難であるように思われた。

　以上の知見は，子どもたちは，「二分法的なジェンダー」をめぐる葛藤を通して，自ら行為者として「二分法的なジェンダー」の維持・再生産に加担することを示唆する。かれらは，「二分法的なジェンダー」の典型的なあるいは逸脱的な体現者に出会う時，それまでに自分が出会った「常識」を参照し，当該の対象者について「ジェンダー」に即した解釈を行う。かれらは，それらに対し，「ふつう」か「おかしい」か，評価しラベル付与を行う。その相互作用の積み重ねは，かれらの生活世界における常識の知を構成し，さらに今後かれらが出会うさまざまな事物を解釈するための枠組みを構成すると考えられる。

　本章での分析結果より，子どもたちは，「二分法的なジェンダー」を，かれらなりの仕方でうまく利用することができると考えられる。第1に，かれらは，「二分法的なジェンダー」を，自らにとって有意味な知を見分けるための判断基準として利用する。「女のサッカー選手」をめぐる語り（例4-13）や「口紅をつけた男の人」に関する語りの黙殺（例4-9）にあらわれるように，かれらは，未知のことがらについて，「常識」であるか否かを判別し，「常識」として分類されないものについては，「知らないもの」あるいは「存在しないもの」として棄却することができると考えられる。

　第2に，かれらは，「二分法的なジェンダー」を，自らの権力を維持する手段として利用することができる。たとえば「鉄棒ができない男の子」に対する仲間のあざけり（例4-12）や，「旅隊長」を演じる女の子（例4-15）のように，かれらは，「二分法的なジェンダー」の枠組みを用いて，仲間関係のなかでの位置取りを確認したり，維持したり，あるいは構築したりすることができると考えられる。

　以上に示したような仕方で子どもたちが構築するジェンダーは，子どもたち自身がつくりだす生活世界で，いかなるものとしてたちあらわれるか。つづく第5章および第6章では，園生活のなかでとくに自由遊び場面に注目し，

第II部　ジェンダー構築のエスノグラフィ

より詳細な分析を行う。

注
1　ヨウスケ先生は，園長の家族であり，1998年当時は事務長であった。2005年観察時には園長となっていた。サトル先生は，園の環境整備の仕事を主としていた。
2　A園が立地する地方の方言で，「ヨウスケ先生とサトル先生はいない？」の意味である。
3　ヒロシ先生は，園長の家族であり，県外の大学を卒業後に帰郷して，職員になった。
4　これらのマンガキャラクターは，発言と行動においてもジェンダー・ステレオタイプを示している。筆者は，テレビ・アニメ番組の内容分析を通してこのことを示した（藤田　1996）。
5　男女の人数が不均等である場合，少ない方の性に属する子どもたちの一部が2回撮影に参加していた。
6　たとえば，1998年9月7日，A園5歳児クラスでの観察，2001年11月14日，A園での観察，2000年12月21日，B園での観察などである。なお，A園では1998年，2000年，2001年に観察を行ったため，同じ子どもを観察することも多かったが，1年以上空くと，かれらは筆者のことをあまり覚えていないようであった。
7　この時期にはまだビデオカメラは導入されていなかったため，この記録はノートとオーディオテープ録音による。

第5章
子どもの遊びにおけるジェンダー実践

　第3章では，幼稚園・保育所における保育活動におけるジェンダー構成を検討した。第4章では，子どもたち自身によるジェンダー構築実践として，「二分法的なジェンダー」をめぐる交渉について検討した。その結果，園で生活する子どもたちや教職員，その他の大人たちが，幼稚園・保育園を「ジェンダー化された場」として構築していることがうかがえた。

　本章では，幼稚園・保育園での自由遊び場面に焦点を当て，そこで展開される子どもたちのジェンダー実践を具体的に検討する。前章で，園生活全体での子どもたち自身による主体的なジェンダー構築を明らかにしたことを踏まえ，ここでは，子どもたち自身によるジェンダー実践の多様性をより詳細に検討するため，自由遊び場面に注目する。本章での結果の記述は，1998年，2000年，2005年の各調査で観察された自由遊び場面のデータにもとづく。

第1節　遊びの集団構造

　遊びの集団構成について，年長の子どもは幼い子どもに比べ集団規模が大きいこと，女の子よりも男の子の集団規模が大きいこと，などが指摘されている（高橋・中沢・森上編　1996b, pp.40-41）。また，男の子は女の子に比べ構造化された遊びを好む傾向にある，といわれる（Lever 1978など）。

　従来の遊びに関する先行研究の知見は，一般化されうるのだろうか。ここでは，3つの園で観察された自由遊びの量的・質的分析により，検討する。

1．各園における遊びの特徴

　各園について，それぞれの調査時期による違いを踏まえながら，観察記録

III

第Ⅱ部　ジェンダー構築のエスノグラフィ

にもとづいた特徴を記述すると，次のようになる。
(1) A園
　子どもの遊び集団の構成は，年齢集団による違いがより顕著であった。それは，幼稚園であるため，保育活動において年齢集団間の区別がより顕著であったことを反映していると考えられる[1]。
　1998年調査において，5歳児クラスには性別混成集団が多く，集団規模も大きい傾向にあった。一方，4歳児クラスでは，遊び集団の性別分離が顕著であった。性別混成集団を形成する場合には，遊び場所や進行などをめぐるヘゲモニー争いが生じることがしばしば観察された。3歳児クラスでは，女の子たちが家族ごっこなどの役割構造をもつ遊びを行うことが多く，男の子たちについては，並列遊びが多く観察された。
　2000年調査では，男児の単独遊びや男児集団が多く観察された。一部の男児集団は，集団の規模も大きい傾向にあった。2000年度の4歳児クラスにおいて，その傾向が顕著であった。3歳児クラスでは，女の子たちに家族ごっこなどの構造化された遊びが観察された。男の子たちがヒーロー遊びのように役割のある遊びをしているところは，しばしば観察された。
　2005年調査では，5歳児クラスを中心に，観察日にはさまざまな行事やその準備が多く，自由遊び場面の観察は困難であった。それでも，3歳児クラスの子どもたち，4歳児クラスの女の子たちが，しばしば家族ごっこをしているところが観察された。
(2) B園
　2000年調査では，4・5歳児は合同保育が行われていたものの，すべてのクラスにおける室内・室外での自由遊びを観察することができた。3歳児クラスでは，特定の子ども数名が含まれる混成集団でのさまざまな遊びを，定点観察することができた。
　2005年調査では，冬季である1～3月の午前中に観察調査が実施されたこともあり，各組で観察された遊びの多くは室内遊びであった。このため，ブロックを使った遊びやお絵かき遊びが多く観察された。5歳児クラスでは，当時流行していた折り紙遊びも観察された。
(3) C園

第5章 子どもの遊びにおけるジェンダー実践

　2000年調査では，4歳児・5歳児における大規模な集団遊びが時々観察された。4・5歳児では，ボールやこまなどを使った遊びをよくしていた。

　2005年調査で，屋外での自由遊びにおいて，保育士の指導・参加で，園内の遊具などを用いた遊びが多く行われていた。その脇で，時々「たたかいごっこ」のような遊びが観察された。室内では，絵画製作などの指導を保育士が行っている間に「コーナー遊び」に従事していた。コーナー遊びでは，ビーズ遊び，ブロック遊び，絵本，カード遊びなどの場がつくられ，子どもたちはそれらのなかから好きな遊びを選択していた。その遊びにおいて，子どもたちの間で相互作用がみられた。とくに，「カード遊び」は，子どもたちの相互作用を伴う遊びとなった。

2．遊び集団の性別構成の量的分析

　1998年度調査において，A園で観察された自由遊び場面のビデオデータの一部を用い，遊び集団の性別構成を集計した。その結果は，表5-1に示したとおりである。

　この表において，単独での遊びは，3歳児クラスでもっとも多くみられる一方で，5歳児クラスでは最少になり，年齢による変化が示唆される。一方，集団での遊びを見ると，男児集団・女児集団と集団の性別分離がみられるのは4歳児クラスであり，5歳児クラスでは混成集団がもっとも多く出現して

表5-1　A園における遊び集団の性別構成および規模

(年齢段階による比較，1998年度調査，単位：％)

	単独での遊び		集団での遊び			合計	(実数)	平均規模(人)
	男児	女児	男児	女児	混成			
3歳児	35.0	16.3	17.1	13.0	18.7	100.0	123	2.1
4歳児	16.7	11.1	31.1	32.2	8.9	100.0	90	2.8
5歳児	16.3	7.5	21.3	10.0	45.0	100.0	80	3.2
全体	24.2	12.3	22.5	18.1	22.9	100.0	293	2.6

注1　1998年11月～1999年3月に録画した自由遊びの場面のうち，のべ9日分を対象に行った。対象とした録画時間は，1日あたり1時間40分程度，総計約15時間である。
注2　ひとつの内容をもった遊びが連続しているものを1つとみなし，数えた。つまり，メンバー構成が同一，または類似であっても，遊びの内容が変われば，遊びの種類ごとに別々の遊びとして数えた。逆に，メンバーが途中で加わったり抜けたりした場合も，その遊びが続いている間はひとつの遊びとみなした。この場合，最大規模の人数を基準として数えた。

第Ⅱ部　ジェンダー構築のエスノグラフィ

表5-2　遊びの単位：園別（2000年調査，単位：％）

	男児	女児	男児集団	女児集団	性別混成集団	合計	実数
A園	37.9	15.2	22.7	7.6	16.7	100.0	66
B園	5.6	10.0	24.4	24.4	35.6	100.0	90
C園	7.6	9.1	31.8	24.2	27.3	100.0	66
全体	15.8	11.3	26.1	19.4	27.5	100.0	222

表5-3　遊びの単位：性別構成と年齢別（2000年調査，単位：％）

	年齢	男児	女児	男児集団	女児集団	性別混成	合計	実数
同一年齢集団	～3歳クラス	13.0	5.8	27.5	14.5	39.1	100.0	69
	4歳クラス	23.3	14.0	23.3	16.3	23.3	100.0	43
	5歳クラス	21.2	15.4	17.3	26.9	19.2	100.0	52
混成年齢集団	1歳+2歳	-	-	0.0	0.0	100.0	100.0	2
	3歳+4歳	-	-	0.0	0.0	100.0	100.0	1
	5歳+年少	-	-	30.0	30.0	40.0	100.0	10
不明		11.1	15.6	37.8	20.0	15.6	100.0	45
全体		15.8	11.3	26.1	19.4	27.5	100.0	222

いる。したがって，この分析だけでは，年齢が高くなるほど性別分離が進む，と断言することはできない。

そこで，2000年調査では，各園でビデオに記録された自由遊び場面延べ229時間分について，遊び集団の男女別人数および遊び内容を記録した。各園での自由遊び集団の人数構成を，男児集団，女児集団，性別混成集団，のそれぞれの出現頻度をカウントした。その結果を，表5-2および表5-3に示した。

まず，表5-2をみると，園によって遊び集団の構成比が異なっていることがわかる。A園では，男児の単独遊びが多く観察され，次いで男児集団が観察されていた。B園では，性別混成集団が，ついで男児集団・女児集団が多く観察されていた。C園では，男児集団がもっとも多く観察されていた。

表5-3には，3つの園で観察された遊び集団を，年齢段階ごとに集計した結果を示した。3歳クラスでは，性別混成集団で遊んでいる子どもがもっと

第5章　子どもの遊びにおけるジェンダー実践

も多かった。この性別混成集団は，年齢の高いクラスではより少ない。4歳児クラスでは，男の子の単独遊びと男児集団，性別混成集団がもっとも多く観察された。5歳児クラスでは，女児集団がもっとも多く観察され，次いで男児集団，性別混成集団の順に観察された。

　表5-2と表5-3より，各園の集団構成の状況は異なっていること，年少のクラスは年長のクラスに比べ性別混成集団が多いことは明らかであったものの，必ずしも性別集団への明確な分化が見られるとは言えない。先の表5-1の結果とあわせて考えれば，少なくとも本研究からは，年齢が高いほど同性集団で遊ぶ傾向が強い，といった傾向があると断言することはできない。

第2節　空間の使用と玩具の占拠

1．各園における遊びの選択

　子どもたちの自由遊びにおいて，空間の使用や玩具の占拠はどのようになっているだろうか。まず，遊びの内容については，性別による分化の傾向は見られるだろうか。表5-4には，2000年調査で観察された遊びの内容の集計結果を示した。

　2000年調査時には，いずれの集団構成においても砂遊びが多く観察された。また，ひとり遊びでは，女の子も男の子もボール遊びがよく観察された。集団遊びに注目すると，女の子の集団ではお絵かきや縄跳び，男の子の集団ではブロックや三輪車が多く観察された。性別混成集団では，ボール遊びなどのほか，家族ごっこや店ごっこなどが観察された。

　表5-4の結果から，女の子がお絵かき，男の子がブロック遊びを好むなど，遊び内容の好みにおいて，性別分化が一部見られることが推測された。ただし，砂遊びのように，いずれの集団においても頻繁に観察された遊びについては，女の子・男の子に共通するものもみられた。

2．室内遊びの分析

　ここで，室内での自由遊び活動に注目して，園児による空間使用の特質を

第Ⅱ部　ジェンダー構築のエスノグラフィ

表 5-4　遊びの種類と選択数・人数：2000 年調査

	女児・単	選択	男児・単	選択	女児・複	選択	人数	男児・複	選択	人数	性別混成	選択	人数
1位	ボール遊び	9	ボール遊び	12	砂遊び	10	30	砂遊び	15	33	砂遊び	13	53
2位	砂遊び	3	砂遊び	5	遊具遊び	3	7	ブロック	4	24	ボール遊び	4	12
3位	滑り台	2	うんてい	3	お絵かき	2	8	三輪車	4	12	家族ごっこ	4	11
4位	三輪車	1	ジャングルジム	2	縄跳び	2	6	木登り	4	9	滑り台	3	16
5位	ジャングルジム		棒をもった遊び	2	木登り	2	5	滑り台	3	10	店ごっこ	3	12
6位	竹馬	1	攻撃	2	ブロック遊び	2	4	斜面のぼり	2	5	鉄棒	3	8
7位	吊り輪	1	虫かご観察	2	粘土遊び	1	7	ボール遊び	2	4	三輪車	2	8
8位	ドラム	1	踊り	1	先生ごっこ	1	4	丸太で遊ぶ	2	4	鳥小屋・ウサギ小屋で遊ぶ	2	6
9位	ブロック遊び	1	ジャンケン	1	鉄棒	1	4	水遊び	1	6	警察，ピストルのまね	2	6
10位	虫のぬけがらを触る	1	ブロック	1	お店屋さんごっこ	1	3	ログハウスで遊ぶ	1	4	うんてい	1	10
11位	棒で遊ぶ	1			ピストルごっこ	1	3	おいかけっこ	1	3	粘土遊び	1	10
12位	フープ	1			ままごと	1	2	竹馬	1	3	鬼ごっこ	1	8
13位					赤ちゃんごっこ	1	2	ゴミをばらまく	1	2	縄跳び	1	7
14位								鉄棒	1	2	ブロック遊び	1	6
15位								登り棒	1	2	跳び箱	1	6
16位								シーソー	1	2	絵本	1	5
17位											押し合い	1	4
18位											乗り物にのる	1	4
19位											登り棒	1	4
20位											探検	1	3
21位											走り回る	1	2

検討するため，2005年調査において保育園で観察された室内遊びのビデオ記録を分析した[2]。

(1)ビデオデータの抽出

　分析の対象は，保育園2園の室内自由遊び時間である。ビデオ記録の抽出については，次のように行った。ビデオ記録について，その遊びの始まりから，B園については20分ごと，C園については10分ごとに1分ずつ抽出し

第5章　子どもの遊びにおけるジェンダー実践

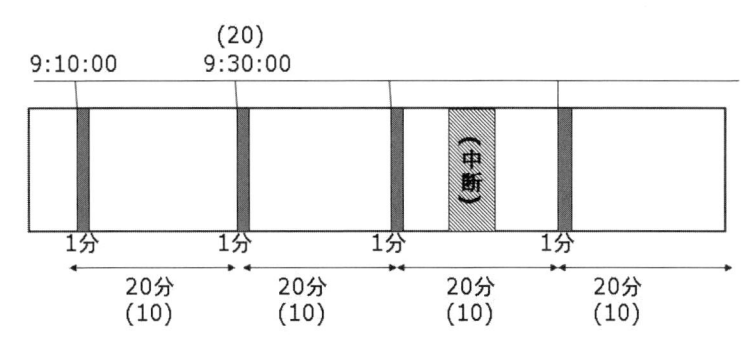

図5-1　ビデオデータ抽出の原則
（濃い色の部分を抽出した）

た。その時間帯に遊びが記録されていない場合は直近の時間帯を抽出した（図5-1）。抽出箇所について，遊び活動を，子どもの位置，遊び内容，動作，時間内での変化に注目して，方眼紙に記録を行った。方眼紙への記録は，1抽出箇所につき1枚の用紙を用いて，図に示す仕方で行った。

記録された遊びの単位について，人数・性別構成をデータベース化した。数量分析を行う場合には，延べ数として計算した。つまり，仮に長時間連続した遊びがあるために複数の抽出箇所で同じ遊びとメンバーが記録されても，それぞれカウントした。

(2) **量的分析**

人数をカウントして明らかになった遊びのジェンダーによる傾向は，表5-5および表5-6に示したとおりである。

女の子が優勢な遊びは，B園ではお絵かきや人形遊び，C園では粘土遊びであった。一方，男の子が優勢な遊びは，B園ではブロック遊びや折り紙，C園ではビーズ遊びやカード遊びであった。

なお，折り紙は，2005年調査当時，B園の5歳児クラスでブームの遊びになっていた。子どもたちは，フィギュアを集めるように折り紙作品をビニール袋に貯めていた。

(3) **質的分析**

抽出した場面で観察された遊びについて，質的な分析も行った。ここでは，

117

第II部 ジェンダー構築のエスノグラフィ

表5-5 室内での自由遊びで観察された遊び活動への参加人数：B園

	女児	男児	合計	女児割合%	男児割合%
ブロック遊び	20	39	59	33.9	66.1
絵本	3	7	10	30.0	70.0
会話（先生など）	3	0	3	100.0	0.0
人形遊び	21	11	32	65.6	34.4
お絵描き	10	1	11	90.9	9.1
ままごと	4	1	5	80.0	20.0
フープ	7	1	8	87.5	12.5
ケンケンとび	4	7	11	36.4	63.6
折り紙	3	10	13	23.1	76.9
その他	8	4	12	66.7	33.3
識別不可能	8	11	19	42.1	57.9
全体	91	92	183	49.7	50.3

注　B園にて室内での自由遊びが観察された8日間，のべ5時間32分26秒のうち，20分ごとに23の時点を各1分間抽出し，その箇所に写っていた遊び活動について，種類と集団構成を記録したものである。なお，実数は延べ人数を示したものである

表5-6 室内での自由遊びで観察された遊び活動への参加人数：C園

	女児	男児	合計	女児割合%	男児割合%
ビーズ遊び	9	28	37	24.3	75.7
カード遊び	3	15	18	16.7	83.3
粘土遊び	20	21	41	48.8	51.2
会話	4	2	6	66.7	33.3
折り紙	2	5	7	28.6	71.4
その他	7	18	25	28.0	72.0
全体	45	89	134	33.6	66.4

注　C園にて室内での自由遊びが観察された5日間，のべ2時間19分34秒のうち，10分ごとに16の時点を各1分間抽出し，その箇所に写っていた遊び活動について，種類と集団構成を記録したものである。なお，実数は延べ人数を示したものである

第5章　子どもの遊びにおけるジェンダー実践

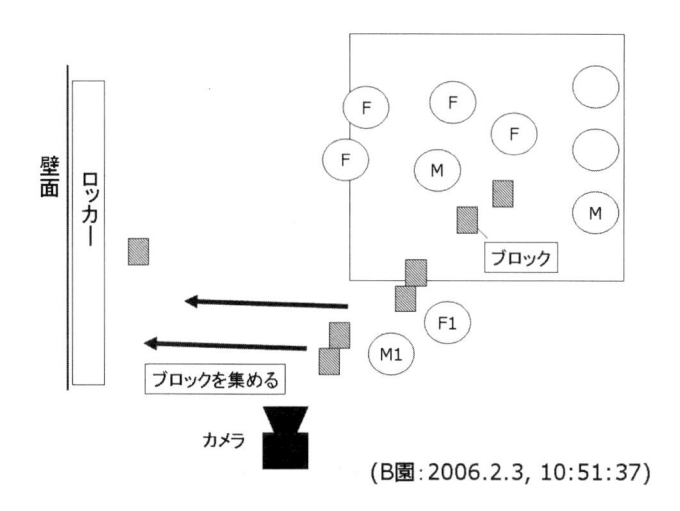

図 5-2　ブロック集め

　第1に，空間と玩具の占有，第2に，「戦う」自己の提示と空間使用，第3に，遊びの主導権と身体について述べる。
1）空間と玩具の占有
　クラスのなかで比較的発言力のある子どもたちは，玩具の多くを占有しようとして，しばしば成功していた。図5-2には，ひとりの女の子と1人の男の子が，ブロックをたくさん抱えて，保育室の片隅のスペースに貯め込んでいるところを示した。ブロックを移動させている子どもたちは，仲間とのコミュニケーションにおいて意見を明確に言うことがしばしばで，時として相手のブロック遊び中の行動にも制約を加えることがあった。
2）「戦う」自己の提示
　子どもたちが闘いごっこや戦闘ポーズを誇示する場面は，しばしば撮影された。図5-3には，ブロック遊びのひとこまを示した。ひとりの男の子は，カメラ画面を意識して剣に見立てた細長いブロックを振り回そうとしていた。
3）遊びの主導権と身体
　玩具を使った遊びでは，子どもたちによるその奪い合いが観察された。また，途中から割り込んで遊びを仕切ることは，しばしば行われていた。

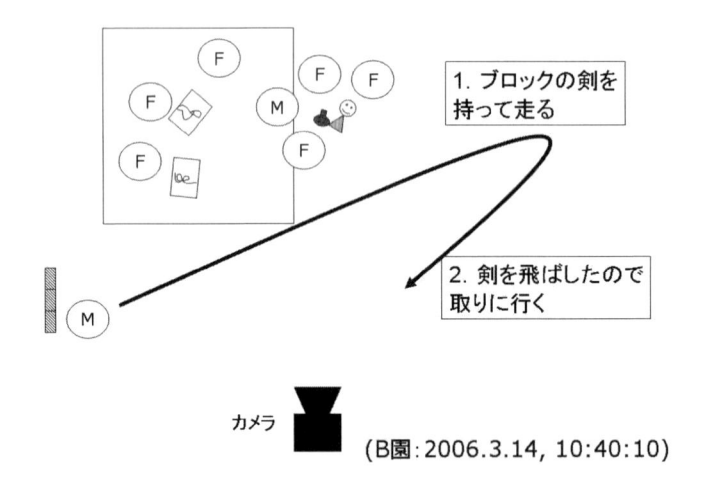

第Ⅱ部　ジェンダー構築のエスノグラフィ

(B園：2006.3.14, 10:40:10)

図5-3　剣をもって走り回る男の子

　図5-4には，カードゲームをしている男の子と，途中から出現する別の男の子の振る舞いを示した。上の2人は，カードを神経衰弱ゲームのように使って遊ぼうとしていた。M1が開始のタイミングを確認し，M2がゲーム進行の仕方について意見するなど，2人は互いに協力的に遊んでいた。一方，M3はひとりでカードを集めていた。
　そこへ，横からM4がやってくる。彼はM1とM2が広げていたカードをめくった。そして，M3がもっているカードと箱を奪い，もっていった。
　図5-5には，同様の行為を女の子が行使する例を示した。粘土遊びをしている子どもがいるテーブルで，F1は，踊りつつ何かを叫びながら，テーブルのところにやってきた。彼女の左手には緑色の粘土が握られていた。彼女は机に近づいて空いた席に着席し，2回ほど机を叩いたのち，M1がテーブルの上に転がしてしまった赤い粘土を奪い，そのままそれで遊んだ。
　保育時間において，玩具を占拠することは，子ども集団内部での人間関係のありようを反映していた。また，玩具を奪ったり遊びに割り込んだりするふるまいには，割り込む側による，割り込まれる側に対する身体的な働きか

第 5 章　子どもの遊びにおけるジェンダー実践

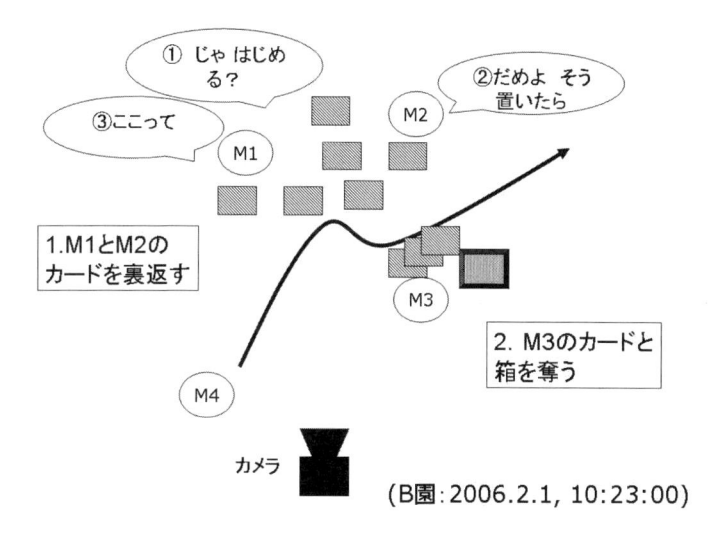

① じゃ はじめる?
② だめよ そう置いたら
③ ここって

1. M1とM2のカードを裏返す
2. M3のカードと箱を奪う

カメラ　(B園:2006.2.1, 10:23:00)

図 5-4　カード遊びへの割り込み

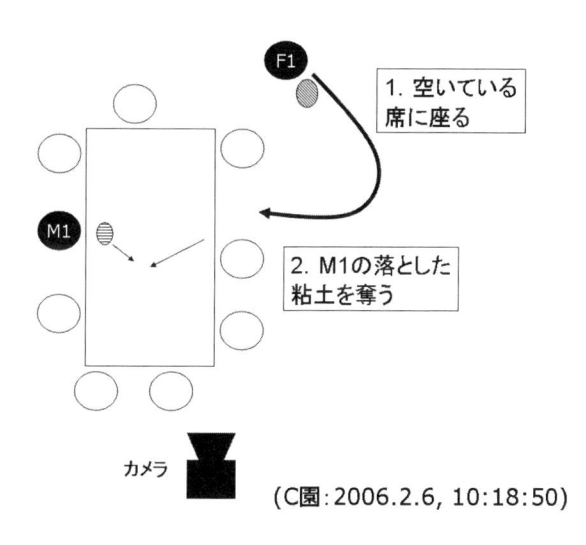

1. 空いている席に座る
2. M1の落とした粘土を奪う

カメラ　(C園:2006.2.6, 10:18:50)

図 5-5　粘土遊び

第Ⅱ部　ジェンダー構築のエスノグラフィ

けという仕方での権力行使がみられた。

第3節　「ヘゲモニックな男性性」の行使

　前節にて示したように，観察された子どもの遊びにおけるジェンダー・ポリティクスは，多様であった。闘いごっこ，自転車やボール遊びなど広い場所での遊びには男の子の参加が目立ったものの，ボール遊びに女の子が参加するケースや，人形遊びに男の子が参加しているケースなど，多様性も見られた。また，玩具の占拠は，子ども集団内部の秩序とある程度関連があるものの，必ずしも性別によって決定されているわけではないようであった。
　子どもたちの遊びにおける「ヘゲモニックな男性性」の行使は，遊びの主導権・進行権にかかわっていると考えられる。ここでは，1998年調査時に観察された「海賊ごっこ」を例に，集団で行われる遊びのなかで「ヘゲモニックな男性性」がいかに行使されるかについて，分析を行う。

1.「海賊ごっこ」の事例
　ここに示す「海賊ごっこ」は，園庭の片隅にあるジャングルジムで行われていたものである。筆者は，オーディオテープレコーダーを片手に，ノートをとっていた。ジャングルジムの上にいる子どもたちが，何かをみて笑っているところから，ノートおよびオーディオテープの記録は始まっている。

　　　　例5-1　海賊ごっこ（1998年9月14日　A園，4歳児クラス）

　　複数（F／M）：アハハハハ
　　？（F）　　　：人のこと笑っちゃいけんよー
　　ヒヨ（F）　　：()くん<u>海賊ごっこしよー</u>
　　？（F）　　　：海賊ー？
　　？（？）　　 ：海賊ごっこじゃないもん

第5章　子どもの遊びにおけるジェンダー実践

?（F）	:姫やんない（）姫
ヒヨ	:<u>ヒヨ女の海賊</u>
?（M）	:<u>ぼく姫じゃないもん</u>
?（M）	:アーッハッハッハ
?（M）	:<u>女の海賊って　さらわれたりとかねー</u>
?（?）	:＝うん
?（?）	:＝えー
アヤ（F）	:ほんじゃー<u>アヤ姫になっていいー？</u>
?（?）	:＝うん　（　　）なっとるよ
?（M）	:<u>＝アーッハッハッハッハ</u>
?（?）	:ならんって言ったじゃん
?（F）	:()

【中略】

トシ（M）	:<u>おいだれか　姫</u>
ヒヨ	:<u>()姫じゃないの！</u>
複数（M）	:アーッハッハッハッハ
	〔胸を張りジャングルジムの上で〕
マサ（M）	:<u>姫ー！　おい　（）したなー？　コラー</u>
ヒヨ	:<u>アヤちゃん捕まえる　姫じゃけー</u>
ヒヨ	:<u>姫ちょっと待て（）</u>
アヤ	:つかま　ちゃーーー
?（M）	:ねえヒヨちゃん()
ヒヨ	:<u>ろうやに決めたって言わにゃー</u>
マサ	:姫はどこじゃー　捕まえたぞー
ヒヨ	:ここが姫よ
マサ	:へへへ　おい()　()だぞ
?（?）	:()
マサ	:<u>ろうやだ</u>

123

第Ⅱ部　ジェンダー構築のエスノグラフィ

【中略】

？(M)	:	あ　こいつ逃げようとしている
マサ	:	<u>この2人　殺してやる</u>
ヒヨ	:	<u>いいよ　殺して</u>
ヒヨ	:	<u>登ったらいけんのんよ</u>
？	:	なーんでみんな( )しとるん
モモ(F)	:	もうやめちゃい( )
？	:	じゃモモちゃん遊ばんのんじゃ
マサ	:	<u>誰かほうびをもってこい！</u>
ヒヨ	:	アヤちゃんせんのん
アヤ	:	( )

【中略：筆者が話し掛けられたため聞き取れず】

？(M)	:	海賊ごっこに決まったんじゃろー
:(？)	:	( )
ヒヨ	:	<u>じゃモモちゃん女の海賊になりんさい</u>
モモ	:	だってね<u>女の海賊なんかおらん</u>( )
？(M)	:	アヤちゃん泣いてる
？(？)	:	( )くーん　アヤちゃんが
マサ	:	<u>だれか( )買って来い</u>
？	:	ね　あのね　姫おらんよ　ここ
マサ	:	アヤ！　どれどれ　どっち
マサ	:	<u>バカ！</u>

〔男の子たち，口々に叫び声〕

？(M)	:	( )じゃけ　<u>バクダン　ボン　バーン！</u>
？(M)	:	マサ( )

第5章　子どもの遊びにおけるジェンダー実践

？（M）	：<u>ババババンバンバーン　ドカーン</u>
マサ？	：<u>バクダンがないぞ　大きいバクダンだ！</u>
ヒヨ	：<u>もう海賊ごっこやめよー</u>
？（F）	：うん　だって面白くないもん
？（M）	：面白いよ
？（F）	：（）じゃ　ねー

【記録中断】

凡例（本事例の）

？	：名前もしくは性別不明
＝	：前行の発話と同時
（）	：聞き取り不可
<u>女の海賊</u>	：役割
<u>姫になっていい</u>	：役割の定義をめぐる会話
<u>海賊ごっこしよー</u>	：進行に関わる発話
<u>アーッハッハッハッハ</u>	：ヘゲモニックな男性性に関する表現

　ここに記録された「海賊ごっこ」遊びは，3人の女の子たちのうちのひとり，ヒヨが，男の子に「海賊ごっこ」をはじめようと声をかけるところから始まった。ほかのふたり，モモとアヤはあまり乗り気ではなかったが，「姫」の役として参加することを決める。

　ところが，この遊びに加わった男の子たちは，姫役の女の子を「捕まえ」て「ろうや」に入れることにより，彼女たちの行動を制限しようとした。「女の海賊」になったヒヨも，「ろうやに決めたって言わにゃー（＝言わなければ）」と言うことにより，この遊びに荷担する。モモは「やめちゃい（たい）」と言い，アヤは泣いてしまった。ヒヨは，遊びから降りようとするモモに，「女の海賊」になることを勧めた。しかしモモは，「女の海賊なんかおらん（＝いない）」と言い，彼女の申し出を拒絶した。

　この遊びは，途中から男の子たちに乗っ取られた。マサは，仲間の男の子

125

第Ⅱ部　ジェンダー構築のエスノグラフィ

に命令するなど，主導的役割を担っていた。その後，かれらは，とうとう「バクダン」を投げる動作と爆発音の口まねをはじめた。ヒヨは「もう海賊ごっこやめよー」と言い，アヤかモモの双方もしくはどちらかが同意することにより，女の子たちによる「海賊ごっこ」は終了した。

2．権力と「ヘゲモニックな男性性」

　この場面における子どもたちによって表出されるジェンダーには，権力関係を伴う非対称性があらわれている。
　第1に，「海賊」になった男の子たちが，ジャングルジムの上に登って高らかな笑いを繰り返している様子は，「海賊」であることを身体的に表現している。それらの動作は，「ヘゲモニックな男性性」の表現でもある。
　第2に，この遊びには，主体である「強い」「海賊」対「とじこめる」対象／客体としての「姫」，という対の構図がある。「姫」役のアヤは「捕まり」，ジャングルジムの内側の「ろうや」に閉じ込められていた。アヤはそれをいやがり，逃げようとする。仲間のモモは，捕まりたくないと言う。それに対し，男の子は，強い口調で「海賊ごっこ」の最中であることを主張し，彼女の役割変更を認めない。さらに，逃げ出したいという意思表示をした2人に対し「殺してやる」と，自分が「（遊びの上で）命を奪う」権利を有していることを明言することにより，「ヘゲモニックな男性性」を誇示する。なお，この会話中，役割として言及されているのは，ほとんどが「姫」であった。これも，海賊＝主体，姫＝客体であることのあらわれであると考えられる。
　第3に，この遊びは，途中で女の子から男の子へ進行権が移動している（二重下線参照）。「海賊ごっこ」を始めよう，と言い出したヒヨは，はじめのうちは，遊びでの仲間の役割を決定していた。ところが，途中から「海賊」役になった男の子たちは，マサを中心に，彼女たちに代わって遊びの進行権を握り，ゲームの「乗っ取り」に成功した。
　少なくとも，この遊びに参加していた子どもたちにとっては，「海賊」になることは男性的な身体表現が求められることを意味することが，暗黙の了解であった。会話中，ヒヨの「女の海賊」という役割表明，アヤの「女の海賊なんかおらん（＝いない）」という発言は，「海賊は男である」ことを示唆して

いる。「女の海賊」になったヒヨは，言動において「ヘゲモニックな男性性」を表現することにより，彼女自身の「海賊」イメージを誇示すると同時に，「海賊」と「ヘゲモニックな男性性」の結びつきを補強している。

　はじめは女の子が進行権をもっていた遊びを，男の子が横取りして，当初めざしていた方向性とは異なる内容や結果に変えるパターンがあることは，ソーンによっても確認されている(Thorne 1993, p.121)。例5-1の分析より，幼児期の子どもたちも，「ヘゲモニックな男性性」を行使して遊びの主導権を奪う営みを行うことができることが明らかになった。

第4節　遊びの主導権をめぐるジェンダー・ポリティクス

　前節では，「海賊ごっこ」の分析より，「ヘゲモニックな男性性」が行使される典型的なパターンを示した。しかし，「ヘゲモニックな男性性」による一方的な支配−被支配関係は，必ずしも成立するとは限らない。むしろ，子どもたちは，日々の遊びのなかで，流動的な関係性を構築している。ここでは，ある日のC園で観察された「鬼ごっこ」での葛藤場面の分析を行う。

1.「鬼ごっこ」の事例

　例5-2には，C園の園庭で観察された「鬼ごっこ」遊びをめぐる葛藤場面を示した。2000年調査時，C園には園庭があった。そこでは，さまざまな年齢の子どもたちが遊んでいた。この遊びに関わった子どもは，5歳児クラスの子どもたち8人，女の子4人と男の子4人であった。

例5-2　遊びの主導権をめぐる葛藤
(2000年10月30日　C園，5歳児クラス)

【10時42分頃，鉄棒のそばで5歳児クラスの女の子が集まって鬼ごっこの相談をしている。】

第Ⅱ部　ジェンダー構築のエスノグラフィ

　　シオリ　　：〔手を挙げて〕鬼ごっこする者
　　ケンタ　　：え？　（　）して
　〔女の子が手を挙げていたが，途中でやめる。〕
　　ケンタ　　：（　）
　　？（F）　　：えー　（　）
　　ケンタ　　：〔ほかの男の子の腕を引っ張って仲間に入れながら〕ジャンケン（　）
　　シオリ　　：〔小声で〕じゃあしようよ

【男の子5名（ケンタ，サトル，ショウ，カズヤ，ケンゴ），女児4名（シオリ，ヨウコ，ミク，アケミ）が集まる。】

　　シオリ　　：さいしょはグー　ジャンケンポイ
　〔ジャンケンを2人一組でする。〕
　　ケンタ　　：勝った人こっち！
　　ヨウコ　　：負けた人こっち
　　シオリ　　：＝負けた人こっち
　〔同様にジャンケンをする。結局ヨウコが鬼になる。みな走っていく。〕
　　ケンタ　　：（　）
　　シオリ　　：〔離れながら〕もういいよ　黄色い帽子にして　（　）
　　　　　　　　〔さらに離れる〕
　　ヨウコ　　：〔帽子を裏返して青から黄色に変える〕
　　　　　　　　　　いーち　にー　さーん　しー　ごー　ろく
　　シオリ　　：黄色い帽子が鬼さん！〔走り去る〕
　　ヨウコ　　：しーち　はーち　きゅー　じゅー
〔ほかの子どもたち，園庭の四方に走っていく。ヨウコ，数え上げると走って追いかけていく。さいしょにシオリがつかまる。シオリ，帽子を裏返す。以下，ミク，……の順につかまる。〕

【10時48分頃，ケンタ以外はみな黄色い帽子＝鬼になる。全員，集まる。】

第5章　子どもの遊びにおけるジェンダー実践

シオリ　　　　：<u>わたし　じゅう〔＝10〕数える前にね</u>〔ケンタを責めている〕
ケンタ　　　　：<u>ちがう！ちがう（）まあいいや　お前らころして（）</u>
　　　　　　　　〔立ち去りながら〕縁切った！
〔集団がばらばらになる。〕
？（F）　　　：（）　行こう
シオリ　　　　：……（）<u>ひとつぬーけたー</u>
不明（複数F）：<u>に〜ぬけたー</u>

【女の子4名，再び集まり，帽子を再び表に返す。何か相談。】

女の子全員　　：おお　いいねー
女の子全員　　：〔とびはねながら〕<u>たかおにする者この指とまれ　はーやくし</u>
　　　　　　　　<u>ないと（）きる（）ーる　１　２　３　４　５　６　７</u>
ケンタ　　　　：〔ふたたび入ってくる〕
女児全員　　　：８　９　１０　<u>えー</u>……。
？（F）　　　：えー　また（）
ケンタ　　　　：なに？
？（F）　　　：（　）
ケンタ　　　　：たかおに？
女の子全員　　：〔うなずく〕
ミク（F）　　：〔高いところにのぼる〕
ヨウコ　　　　：〔ミクの肩を軽くたたく〕（）
アケミ　　　　：<u>〔離れようとする〕</u>
ケンタ　　　　：<u>〔アケミの肩をつかむ〕</u>だめ<u>〔連れ戻す〕</u>
ヨウコ　　　　：<u>〔離れようとする〕</u>
ケンタ　　　　：<u>〔ヨウコの腕をつかむ〕</u>やろ<u>〔連れ戻す〕</u>（）
ケンタ　　　　：<u>さいしょはグー</u>
サトル　　　　：〔加わる〕
ケンタ　　　　：<u>さいしょはグー</u>

第Ⅱ部　ジェンダー構築のエスノグラフィ

アケミ・シオリ	：〔離れようとする〕
ケンタ	：（ ）〔アケミの肩をもち連れ戻す〕
ケンタ	：さいしょはグー　ジャンケンポイ
シオリ	：〔輪に戻りながら〕あれ　（ ）入れとらんじゃん 〔サトルが入っていることについて〕
ケンタ	：（ ）
ヨウコ	：〔離れる〕
ケンタ	：ヨウコ！
全員	：さいしょはグー，じゃんけんポイ
ケンタ	：勝った　（ ）いくよ
ヨウコ・ミク	：さいしょはグー　じゃんけんほい
ケンタ	：（ ）〔あいこなので〕
ヨウコ・ミク	：さいしょはグー　じゃんけんほい

〔2人一組でジャンケン。ヨウコが鬼になる〕

ショウ	：〔歩いて遊びに加わる〕
ケンタ	：（ ）
ケンタ	：〔ヨウコに向かって〕よーい　スタート　　　おい　始まったよ
ヨウコ	：〔ケンタのほうをにらんで〕（ ）
ショウ	：〔ケンタに〕ぼくも仲間入れて
ケンタ	：ショウくん仲間はいっとーよー
シオリ	：〔ヨウコに〕登ったらね
ヨウコ	：〔歩いてケンタが登ったミニ滑り台のところへ行く〕
ケンタ	：（ ）〔向かって右方向を指さしつつ〕
ヨウコ	：〔付近にとどまる〕
シオリ	：〔ヨウコに近づき，話しかける〕

【以下略】

第5章　子どもの遊びにおけるジェンダー実践

2．権力行使と抵抗

　この会話において，遊びの進行権を行使しようと試みるケンタの発言および行動は下線で示し，遊びの進行権を行使しようと試みる，またはケンタへの抵抗を試みる，シオリを中心とする女の子たちの発言および行動は二重下線で示した。この遊び場面の前半部分と後半部分では，ケンタたちに対する女の子たちの対応は異なっている。図5-6および図5-7は，それを図式化したものである。

　この場面は，シオリを中心にした女の子4人組は「鬼ごっこ」を始めることにしたところから始まった。遊び開始の合図および仲間集めの呼びかけとして，「鬼ごっこする者……」と歌い始めた時（図5-6①），ケンタが仲間入りした（同②）。女の子のなかには彼の仲間入りを歓迎しない者もいたが，ケンタがほかの男の子を仲間に入れたことにより（同③），結局あわせて男の子4人が加わった。じゃんけんの結果ヨウコが鬼になり，遊びは始まった。

　ところが，ケンタと女の子たちが，ケンタへのタッチをめぐって言い争っ

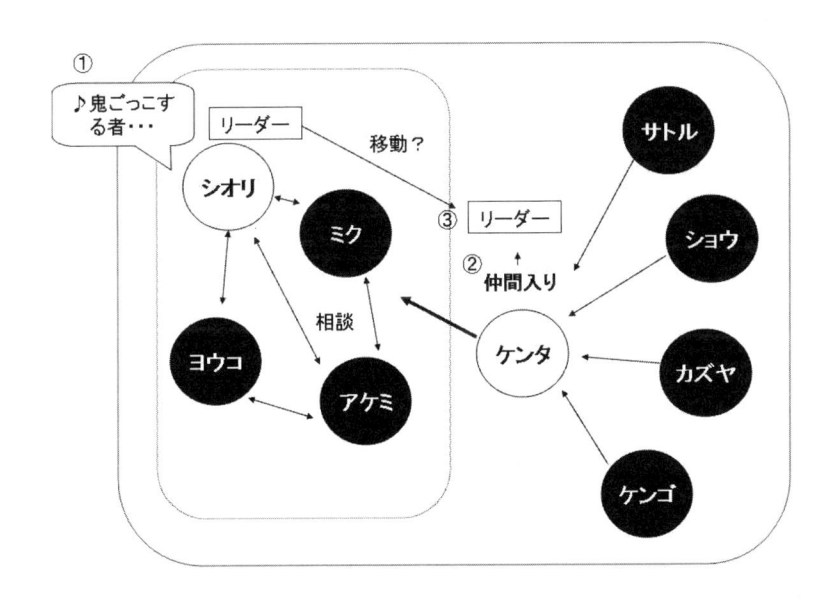

図 5-6　鬼ごっこ・前半部分

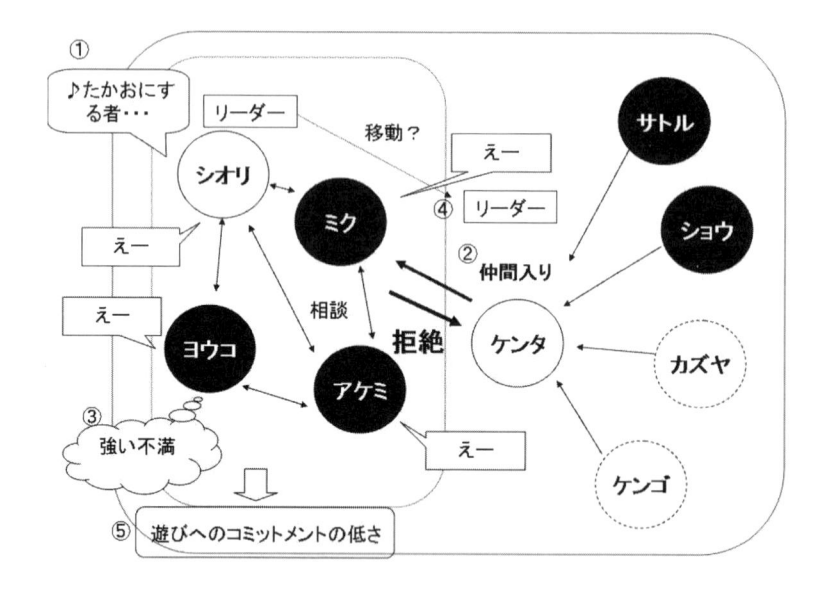

第Ⅱ部　ジェンダー構築のエスノグラフィ

図5-7　鬼ごっこ・後半部分

た。ケンタが捨て台詞を吐いて立ち去ったとき，女の子たちはいったんこの遊びから降りた。

　ほどなく，女の子たちは「たかおに」(鬼ごっこの一種で，高いところに登ると捕まらない) をすることに決めた。「たかおにする者……」と歌い (図5-7①)，10まで数え終わる間際に再びケンタが仲間入りした (同②)。女の子たちは，このときには，集団から離れようとするなど，明確に拒絶の意志を示した (同③)。しかしケンタはかまわず，男の子を仲間に入れる，じゃんけんをリードするというように，新しい遊びの進行を仕切ろうとした (同④)。

　結局，再び鬼になったヨウコは，その遊びへの意欲をあまり示さなかった (同⑤)。シオリも同調することにより，結局この遊びは完結せず，途中で消滅してしまった。

　例5-2に示した一連の遊びにおいて，シオリをはじめとする女の子たちと，ケンタは，「鬼ごっこ」あるいは「たかおに」の主導権をめぐり争っているように思われる。子どもたちは，遊びの進行権を握ることができた場合，仲間

第5章　子どもの遊びにおけるジェンダー実践

入りやルール決定において強い発言力をもつ。

　シオリたちは，前半でも後半でも，「鬼ごっこ（たかおに）する者……」と皆に呼びかける歌をうたう。この遊びに参加することができるかどうかは，シオリたちに決定権がある。この呼びかけは，同時に，自分がその遊びの進行権を有するという宣言でもある。

　ケンタは，必ずしもシオリたちの同意が得られていないにもかかわらず，仲間に入り，仲間の男の子をメンバーに加え，さらにルールを決定することにより，遊びの進行権を奪っている。そして遊びのルール運用をめぐり，女の子たちと対立する。つまり，ケンタは，シオリたちによってつくられようとした遊びを乗っ取った上，ルール違反を犯している。

　後半部分で再びケンタが入ってきた時，ヨウコを中心に，女の子たちは遊びに積極的に参加しようとしなかった。ミクを除き，彼女たちは遊びの場から離れようとした。鬼になったヨウコはケンタの方をにらみつける。

　女の子たちの行動は，明らかに，ケンタの参加を好ましく思っていないことの表明であると考えられる。それらは，先の遊びで彼が犯した「乗っ取り」とルール違反に対する負のサンクションであると同時に，彼が表出した「ヘゲモニックな男性性」に対する彼女たちの抵抗でもある，と考えられる。

第5節　子どもの遊びにおける相互作用とジェンダー

　本章の前半部分では，自由遊びの集団構成および遊び内容が，一般的にそう信じられているほどステレオタイプ的に男女分化しているとは限らず，子どもたちの集団における文化状況と関連することを示した。子どもたちは，しばしばジェンダー・ステレオタイプに沿った言動を行うものの，遊びの支配については子どもたち相互の人間関係に依存していると考えられる。

　本章の後半部分では，「海賊ごっこ」と「鬼ごっこ」で展開される葛藤を分析し，子どもたちが，自由遊びの時間も，遊び内容，遊び方，集団構成などをめぐり，さまざまな葛藤を経験していることを示した。子どもたちは，遊びの主導権をもつため，さまざまな言動を駆使していた。かれらは，遊びの

133

第II部　ジェンダー構築のエスノグラフィ

進行権を握るために,「ヘゲモニックな男性性」を行使していた。「ヘゲモニックな男性性」は,必ずしも男の子のみによって行使されているわけではなかった。第3節に登場するヒヨ,第4節に登場するシオリなど,女の子もまた,状況に応じてそれを行使することができた。

本章で示した結果より,子どもたちは,複雑な文脈のなかで,自らの居心地のよさをめぐって争うこともできることが考えられる。ここで,ジェンダーは,かれらが自らの居心地のよさを確保するための有意味な資源として利用されている。実際,かれらは,自らが作り出す遊びの世界を支配するため,しばしば「ヘゲモニックな男性性」を行使していた。

しかし,子どもたちの自由遊びにおけるジェンダー・ポリティクスは単純ではない。子どもたちによってしばしば信じられているステレオタイプよりも,より流動的である。つまり,男の子-女の子関係は,もっぱら支配-被支配関係に終始するというわけではない。第4節の「鬼ごっこ」の例からは,遊びの主導権をめぐる争いにおいては,時として,「支配される」側による,「支配しようとする」者への抵抗も発生しうることが示唆された。

このような遊びの流動性は,より「ジェンダー化」された役割構造を有する,すなわち「二分法的ジェンダー」により解釈される傾向を有すると考えられる遊びにおいてもみられるであろうか。次章では,自由遊びのなかでも「家族ごっこ」に焦点を当て,そこで子どもたちはいかにしてジェンダー実践を行っているか,分析を行う。

注
1　B園およびC園では,4歳児と5歳児がともに活動することもしばしば観察された。
2　A園については,室内遊びの観察データがほとんど得られなかったため,ここでの分析対象から除外した。

第6章
子ども自身によるジェンダー・ディスコースの戦略的利用
―― A園における「家族ごっこ」の分析より ――

　第4章および第5章で，幼児期の子どもたちもまた，ジェンダーを構築し利用する主体でありうることが示された。本章では，自由遊びのなかでも，2005年度にA園で観察された「家族ごっこ」に焦点を当て，子どもたち自身によるジェンダー・ディスコースの戦略的利用，および主体的なジェンダー構築のありようを明らかにする。

　「家族ごっこ」に注目した理由は，この遊びの主要な要素が，家庭に関連するジェンダー・ディスコースであると考えられるからである。したがって，それを分析することは，子どもたちによる家庭内部でのジェンダー秩序に関する理解を明らかにする手がかりを提供すると考えられる。そこで，「家族ごっこ」の分析を通して，子どもたちがいかにして，家庭に関するジェンダー・ディスコースを取り扱い，自らの生活世界を構築しているか，明らかにする。

　本章では，次の手順で，「家族ごっこ」のなかの子ども自身によるジェンダー実践を検討する。まず，「家族ごっこ」にみられるさまざまな役割や動作はジェンダーといかに関連するのか，観察データの分析にもとづき詳細に検討する。つづいて，ひとつの「家族ごっこ」のエピソードに注目し，そこにあらわれたジェンダー・ディスコースの内容を検討する。最後に，分析結果にもとづき，「家族ごっこ」のなかの子ども自身によるジェンダー実践について，考察を行う。

第Ⅱ部　ジェンダー構築のエスノグラフィ

──────── 第1節　幼児期の遊びにおける「家族ごっこ」の意味

1．「ごっこ遊び」とは
(1)遊びの本質および教育的機能
　遊びの本質は，その「非日常性」にある。R．カイヨワは，遊びの基本的定義を，(1)自由な活動，(2)隔離された活動，(3)未確定の活動，(4)非生産的活動，(5)規則のある活動，(6)虚構の活動，とした (Caillois 訳書　1990, p.40)。また，高橋は，遊びを，「自由性・自発性」「おもしろさ，楽しさの追求」「その活動自体が目的」「積極的なかかわり（熱中・没頭）」に加えほかの日常性から分離され，隔離された活動（「変換」を伴う活動），と定義した（高橋・中沢・森上 1996a, pp.4-8）。

　幼児教育の分野では，遊びは，子どもの発達に無視できない役割を果たすと考えられている。教育における遊びの重要性がJ．J．ルソーによって指摘されて（高橋・中沢・森上前掲書，p.2）以来，遊びは，幼児教育学における考察の対象であり続けてきた（森楙　1992）。

2）「ごっこ遊び」の意味
　幼稚園や保育園において，自由遊び時間中に，「ごっこ遊び」はしばしば観察された。2000年度に筆者が観察調査で得たビデオデータの一部を分析したところ，「家族ごっこ／赤ちゃんごっこ」，「店ごっこ」，「先生ごっこ」，「警察ごっこ」がみられた（第5章参照）。

　ピアジェは，遊びについて，「感覚運動遊び」「象徴遊び」「ルールのある遊び」の順に発達する，ととらえている。ピアジェの理論枠組みにおいて，「ごっこ遊び」は，「象徴遊び」に位置づけられていると同時に，この遊びは，暗黙にではあるが，「ルールのある遊び」としてもとらえられている（高橋・中沢・森上前掲書，p.15, 高橋・中沢・森上　1996b, pp.28-36）。

2．「家族ごっこ」のジェンダー分析の意義
　ジェンダー問題は，主に，「男」-「女」関係における権力構造を問題にする。その権力構造は，職場や学校といったいわゆる「公的領域」のみならず，一般に「私的領域」として理解されている家族や夫婦関係，恋人関係にも及ぶ。

第6章 子ども自身によるジェンダー・ディスコースの戦略的利用

　子どもの遊びのなかでも,「家族ごっこ」を分析することの意義は,以下の2点である。第1に,子どもの遊びのなかで紡ぎだされる物語における一定の構造をあぶりだし,子ども自身がジェンダーに関する物語を構築する様子を描写することにより,これまで自明視されてきた「受動的」な「ジェンダー形成」論もしくは「ジェンダーの社会化」論に対し,新たな視角を提示することである。第2に,子どものジェンダー構築の描写を通して,大人をも含めた当該社会に存在するジェンダー秩序について考察するための手がかりを提供することである。

3. 観察および記述の方法

　A園では,自由遊びは,主に園舎の裏手にある「うら山」で行われていた。観察期間中,自由遊びは,11日間のうち6日間,のべ5時間12分観察された。このうち,「家族ごっこ」を含むごっこ遊びをしているところは,5回観察された。時間はのべ1時間53分に及ぶ。

　自由遊びの時間中,筆者は,職員と一日の流れの確認など必要な話をする時以外には,可能な限り園児とともに過ごすよう心がけた。ビデオカメラを手にもち園児の遊びを撮影しながら,手のひらサイズのメモ用紙に,その場の状況など必要事項を記録した。基本的に,観察で使用する機器などに手を加えられる危険がある場合などを除き,筆者は,園児による自分への働きかけに対し,ネガティヴな反応を行わないように心がけた。園児に危険が及ぶと判断される時に口頭で注意をすることは時々あったものの[1],基本的には園児の「ただそばにいる」ことを試みた。その結果,園児は,遊びに夢中になっている時には,基本的に筆者とのかかわりをもたなかった。

　ただし,園児にとって,筆者はまったく空気のような存在であったわけではなかった。時として,一部の園児が筆者に語りかけることや,筆者が遊びのなかにいつの間にか加えられていたことがあった。

　筆者は当初,全ての子どもに注意を向けようとしていた。しかし,積極的に語りかけてくる園児は,ビデオ記録のなかに登場する機会も多かった。結果として,記録された遊びの集団やその構成員には,ある程度の偏りが生じたことは否定できない。

第Ⅱ部　ジェンダー構築のエスノグラフィ

　観察中に撮影したビデオデータは，ノート記録と照合しつつ逐語録化した。逐語録化に際しては，ビデオデータに写っていた内容に限定せず，観察時に焦点を当てていたエピソードの記述を優先した。したがって，時としてビデオ映像よりノート記録のほうが優先されることもあった。
　こうして得られた逐語録は，以下で詳述する分析の基礎データとなった。

第2節　「家族ごっこ」遊びの特質

1. 家族構成

　「家族ごっこ」においては，子どもたちはいくつもの役割を演じていた。この遊びでもっとも重要な役割は，「お母さん」であった。次に重要な役割は，「お姉ちゃん」であり，次いで，「赤ちゃん」であった。これら3者は，「家族ごっこ」の基本的な単位を構成していた。「赤ちゃん」については複数人が演じることもあったものの，とりわけ「お母さん」はひとりが演じ，「2人のお母さん」という設定はみられなかった。

　この遊びに参加する人数が多い場合，ほかの成員には別の役割が割り当てられた。女児は主として「妹」になることが多かった。また，男児が遊びに加わっている場合には，「お父さん」「お兄ちゃん」などの役割が割り当てられていた。また，調査当時には，「猫」「犬」などの動物が登場する遊びも観察された。

　役割は，参加する成員のコンセンサスによって決定されていた。例6-1には，4歳児クラスの女の子4名を中心に展開されていた「家族ごっこ」での役割決定をめぐる会話を示した。

　　　　例6-1　役割の決定（2006年2月14日．A園，4歳児クラス）

　　【13:58:50（時：分：秒。以下同様）　三角遊具のところで】
　　カナコ　：カナちゃん（）

第6章　子ども自身によるジェンダー・ディスコースの戦略的利用

アヤコ　　：<u>おかあさんはマユちゃん</u>
ナギサ　　：あ，お姉ちゃんがいる
カナコ　　：<u>お姉ちゃんがいる</u>
アヤコ　　：<u>アヤコお姉ちゃん</u>
ナギサ　　：<u>ナギサ赤ちゃん</u>
カナコ　　：じゃあ（　）
アヤコ（またはナギサ）：<u>にゃんこ（　）</u>
カナコ　　：いいよ
マユミ　　：<u>子猫だったらね　ここに（　）する</u>　〔居場所を指示〕
カナコ　　：〔三角遊具から少し離れ，右に座る〕
アヤコ　　：〔ナギサに〕あっこにおるんよ　〔三角遊具のなかを指さす〕

注：（　）は聞き取れない箇所または不明の箇所を示す（以下同様）

　会話中，カナコの提案には下線を，それに対する仲間たちの反応には二重下線を示した。この会話では，カナコが，自分の遊び中の役をめぐって仲間たちと交渉していた。
　カナコは，この会話の直前，三角遊具のところに来て，アヤコたちに仲間入りの許可をもらい，遊びに加わった。彼女は遊びに参加するとすぐ，自分が「お母さん」——聴き取り不能部分はおそらくそうであろう——や，「お姉ちゃん」になりたいと主張する。
　先にこの遊びを始めていた子どもたちは，後から参加したカナコの選択肢を制限し，彼女の役割決定に対し，方向づけを行っていた。まず，遊びの主導的役割をもつアヤコやナギサは，自らあるいは仲間の役割を宣言することにより，「お母さん」や「お姉ちゃん」になりたいというカナコの希望には沿えないことを示した。つづいて，先に遊びに参加しているナギサは，カナコより先に自分は「赤ちゃん」だと宣言した。そして，アヤコとナギサは，どうすればよいか迷うカナコに「にゃんこ（子猫）」になるように提案した。結局，カナコは2人の意見に従った[2]。

第Ⅱ部　ジェンダー構築のエスノグラフィ

　この会話より，遊びの主導的役割を担う子どもがほかの子どもの役割決定に対して意見を述べる権利をもっていること，先に遊び始めた子どもが後から参加した子どもよりも優位な立場に立つこと，子どもたちが一定のルールにしたがって遊びに参加していることがわかる。そして，「家族ごっこ」においては，「お母さん」がもっとも重要な役割であることがうかがえる。それは，カナコがまず「お母さん」役になることを希望したことからもうかがえる。

2. 家族内での役割構造

　「家族ごっこ」においてもっとも重要な役割である「お母さん」は，この遊びでの「ケア」役割の主体であった。これに対し，「赤ちゃん」および「犬」「猫」などの動物は——時として「お父さん」も——，ケアの対象となった。

　「お母さん」役の園児は，「赤ちゃん」または「動物」役の園児に対して，頭をなでる，食事を与える，などといった身体的働きかけを行なっていた。また，ケアに際して，ケアを与える者はその対象へのことばかけを行なっていた（例：「ごはんにしましょうね」など）。一方，「赤ちゃん」または「動物」の役割を演じる子どもは，泣き声のまねや動物の鳴きまね，「赤ちゃんことば」に似せた不明瞭な発話，そして時々這うような動作を行っていた。

3. ほかの「ごっこ遊び」との比較

　「家族ごっこ」の役割構造はいかなる特質をもつのか。ここで，1998年調査，2000年調査を含めA園で観察された，ほかの「ごっこ遊び」との比較を行う。

　A園で観察された自由遊びでは，「ごっこ遊び」のうち，1人の主役がほかの人物に対し「ケア」する役割は「先生ごっこ」「お医者さんごっこ」にもみられた。これらの遊びでは，「先生／お医者さん」役は，「子ども（○○さん＝園児の本名）／患者」役を「指導／診察」していた。

　ただし，「主人公」の役割の性別には違いがみられた。「お医者さんごっこ」では，女の子も男の子も「お医者さん」を演じていた。これに対し「先生ごっこ」の「先生」は女の子が演じていた。また，「家族ごっこ」では，「お父さん」は主役ではなかった。

第6章　子ども自身によるジェンダー・ディスコースの戦略的利用

このことより，少なくともA園の子どもたちは，自分自身の生活経験ばかりではなく，社会に流通しているイメージを手がかりに，「家庭」や「ケア役割」を「女のもの」であると解釈していると考えられる。

4．役割の流動性

A園で観察された「ごっこ遊び」において，遊びの成員の役割配置は，その成員の個々の企てによって流動的であった。役割の流動性は，たとえば保育室のなかなど，大勢の子どもがそこに集まっているときにしばしばみられた。

ひとつの例を示そう。子どもたちが園児用の出入り口前にある人工芝に腰掛けて「家族ごっこ」を遊んでいたとき，最初は「赤ちゃん」役を演じていたひとりの子どもは，途中から「猫」になった。さらに，筆者がこの遊びを観察している間に，途中から一部の子どもたちの間で「お医者さんごっこ」が始まった。ひとりの「受付」役の子どもが，出入り口のひさしの支柱のそばに立ち，「○○さーん」と「患者」役の子どもの名を呼びはじめた (2005年9月13日, 4歳児クラス)。

―――― 第3節　「家族ごっこ」におけるジェンダー・ディスコース

1．複合的な筋書き

ここでは，ひとつの「家族ごっこ」の場面を取り上げ，分析を行う。

この遊びは，「うら山」のなかに設けられたアスレチック遊具のひとつ，ネット状の遊具の上で展開されていた。筆者がこの場にやって来てそこを立ち去るまでの時間は，33分余りであった。そこでは，メンバーの入れ替えを伴いながら，基本的には固定された「お母さん役」と「赤ちゃん役」が存在する「家族ごっこ」の形をとり続けていた。途中，デジタルビデオカメラのバッテリー交換や操作ミスによる画像の欠落，またはほかの地点の撮影など，部分的に映像が抜けている時間帯があるものの，撮影されたデータおよび同時に行われたメモ記録より，少なくとも筆者がそばにいる時間については，ほとんどの相互作用過程を把握することができた。

第Ⅱ部　ジェンダー構築のエスノグラフィ

例6-2には，この遊びの会話場面の主要な部分の逐語録を示した。

　　　　　例6-2：ある家族ごっこ（2005年11月14日　A園，4歳児）

【10:51:21　撮影開始】
【前略】

場面①　「赤ちゃん」役の宣言
【10:54:13】
？？？〔注：個人名を特定できないことを示す。以下同様〕
　　　　：ミハルちゃん　おれも<u>バブ</u>になりたい
？？？　：なったじゃん
？？？　：なったよ　（）ショウ　：（）あー　〔両手を広げ　横になる〕
【中略】

場面②　「赤ちゃん」をあやす「お母さん」
ショウ　：（）
？？？　：ウルトラマン（）
ショウ　：<u>ウルトラマンティガになる　バブ　おれ</u>
ミハル　：コウダヒロシくん　（）

【ネットの右側にいるヒサオとショウ，互いに向かい合って会話】
ヒサオ　：<u>にゃごにゃご</u>
ショウ　：<u>にゃごにゃごにゃご</u>
ヒサオ　：<u>にゃごにゃごにゃご</u>
ショウ　：〔右の方向を指差し〕<u>（）ちゅきー</u>
ヒサオ　：〔同様に〕（）
ショウ　：（）<u>おかあちゃーん</u>　〔泣きまね〕
ミハル　：〔2人のそばにくる〕

142

第6章　子ども自身によるジェンダー・ディスコースの戦略的利用

　　ヒサオ　　：あーん　あーん
　　ショウ　　：おーかーちゃーん　おーかーちゃーん
　　？？？　　：あーん　あーん
　　ミハル　　：〔ヒサオとショウの背中をなでる〕
【中略】

場面③　死んでも生き返る「赤ちゃん」
【10:57:25　全体が映る。男の子5人，ネットに乗っている。ショウ，左側のネットに移動している。3人は寝そべり，2人は立っている。ミハル，ネットを降りて，下に落ちている何かを拾う。】
　　ショウ　　：こっちのね　こっちのバブが死んだん（）
　　？？？　　：（）
　　ショウ　　：えとね　怪獣が死んだらね　生き返るんよ
　　ヒロシ　　：（）ポケモンだよ　ぼく　ポケモンだよ
　　ショウ　　：生き返った　でも息はできんのんよ
　　？？？　　：じゃ死んどかんにゃ
　　ショウ　　：（）
【中略】

場面④　食事を与える「お母さん」
【赤ちゃん役の子どもたち，みんなネットの上を動き回っている。ひとりはネットを支えるロープをゆらしている。】
　　？？？　　：おなかがすいたじゃ　おなかがすいた
　　？？？　　：おかーちゃん
　　ミハル　　：はい　〔子どものひとりにごはんを与えるまね〕
【中略】

【4人，ネットのうえで動き回り，泣きまねをする】
　　ミハル　　：まちなさいー！

143

第Ⅱ部　ジェンダー構築のエスノグラフィ

　　　？？？　：あーん
　　　？？？　：あーん
　　　ミハル　：()あげるけーね　()
　　　？？？　：()

　　場面⑤　ヒーロー遊びをする「赤ちゃん」を制止する「お母さん」
　　【10:59:32頃　再び映像。ミハル，ひとりの子に何かかたりかける様子。ヒロシ，ネットを降りて後方のロープのところへ移動。】
　　　ショウ　：がんばれーコスモスー
　　　？？？　：おー
　　　？？？　：がんばれーコスモスー
　　　？？？　：おー
　　　？？？　：ポケモン()じゃー
　　　？？？　：おー
　　　？？？　：〔立ち上がって〕
　　　複　数　：わーーーー　あー！
　　　ミハル　：待ちなさい！〔右手を突き出し手前の立っている子を指す〕
　　　？？？　：わーい！
　　　？？？　：()
　　　複　数　：あー！
　　　ミハル　：待ちなさい！〔右手を突き出して　みんなを制する〕
　　〔一同，一瞬黙る〕
　　　複　数　：あー
　　　ヒロシ　：〔後ろにぶら下がっている〕　あーん
　　　ミハル　：〔ヒロシに〕　()ダメ
　　　ヒロシ　：〔泣きまね〕

　　【ネットの上に立っているカズヤと？？？，互いに戦うしぐさをする】
　　　？？？　：たたかうんよ
　　　？？？　：()

144

第6章　子ども自身によるジェンダー・ディスコースの戦略的利用

カズヤ　：まだ（）じゃないよね
？？？　：ほうよ
カズヤ　：（）わけじゃないよね
？？？　：（）
カズヤ　：こっちが　あっちがわるいんじゃけ　（）
ショウ　：あちゃー〔ネットから降りる〕赤ちゃん降りた
？？？　：（）入っとるん
ショウ　：〔木にしがみつき〕赤ちゃん降りた
ミハル　：まだ入っときなさい

【中略】

場面⑥　ヒーローを降りて「赤ちゃん」になる男の子
【11:00:51　再び映像。ミハル，ネットの向こうにいる。ヒロシ，泣くまね。】
ショウ　：おれもうウルトラマンやめる　おれもうティガだけ　あ　まちがえた　おれもうバブだけ
？？？　：（）
？？？　：（）
？？？　：〔泣きまね〕
ショウ　：こうしてから　おりるんよ
カズヤ　：でもたたかうんよ　ティガたたかうんよ
ショウ　：でもおれね　（）赤ちゃんじゃけ
カズヤ　：赤ちゃんと（）よね　ポケモンとティガの赤ちゃんよね　（）生まれるんよね
ショウ　：人間の赤ちゃん（）もんね
カズヤ　：（）じゃーいや？
ヒロシ　：ギャアアアー　〔泣きまね〕
ショウ　：どうやってなるのー？
ショウ　：おなかがちゅいたー
ミハル　：はい　（）
ショウ　：たべれるん

145

第Ⅱ部　ジェンダー構築のエスノグラフィ

【ショウ・ヒロシ・カズヤ・ヒサオ，ミハルのそばに集まる】
　ミハル　：はい〔食べさせるまね〕……　はい……　あんたたちが食べたの？
　？？？　：(うん)
　ミハル　：はい……　食べなさいよ……はい
　複　数　：エへへへ〔笑い〕

【中略―この間　コウジ，仲間入り。ミハル，確認をとる。別の成員，仲間入りを承認。(映像なし)】
　カズヤ　：( ) ティガよ　( ) ポケモン( ) かってきた　これ
　ショウ　：〔ネットの手前に降り立ち〕うぇっ　うぇっ
　？？？　：これ　これ
　ショウ　：( ) 食べると　赤ちゃん　になっちゃう　うぇっ　うぇっ〔吐くまね〕
　ヒロシ　：うぇー
　ショウ　：うぇー
　カズヤ　：〔ほかの子に〕ウルトラマンごっこやってるけん
　？？？　：うん
　ショウ　：おお！　うぇー
　カズヤ　：ぼく　( ) ほかに　( ) ぼく　ティガ　ティガになったんよ　カズトくん　( ) ティガになったら　寝るんよ
　ショウ　：ねむたーい
　ヒサオ　：ねむたい　ねよー　ふぁー
〔2人，横になる〕
　？？？　：〔ネットのところへやってきて〕ねえねえ　これ食べる
〔メンバーの1人，寝ている2人に何かをする〕
　ショウ？：やめて
　ヒサオ？：やるなや　バカ

第6章　子ども自身によるジェンダー・ディスコースの戦略的利用

場面⑦　再びヒーローになる「赤ちゃん」

【11:04:49】

ショウ　　：<u>おれウルトラマンコスモスの赤ちゃんよ　ジュンくん　おれウルトラマンコスモスの赤ちゃん</u>

コウジ　　：じゃ　きーまった　決まった

？？？　　：()

カズヤ　　：<u>いいよ　たたかうんよね</u>

？？？　　：()よね

？？？　　：そうよ　()

【中略】

ショウ　　：<u>赤ちゃんがここに登ろう</u>〔横に張られたネットから降りて，縦方向に張られたネットに登る〕

ミハル　　：〔ショウのシャツのすそをつかんでひっぱる〕()この降りろってよいしょ

ショウ　　：<u>やー　やーやー</u>〔ネットから離れる〕<u>あやーやーやー</u>〔泣きまね〕

？？？　　：ちゃっちゃー〔ネットにかけより　登りはじめる〕

？？？　　：() <u>たたかうんよ</u>

〔2人登り始める。3人がネットによじ登る。〕

【以下略】

【11:10:57　フェード……テープ終了】

　ここに描かれた「家族ごっこ」遊びはどのような遊びであったか。この遊びにおける各場面の筋書き(storyline)は，次に示したとおりである。

　場面①：1人の男の子がミハルに，自分が「バブ（＝赤ちゃん）」になりたいと言う。

第Ⅱ部　ジェンダー構築のエスノグラフィ

　　場面②：ミハルが演じる「お母さん」は，大勢の「赤ちゃん」役（全員男児）を世話する。「おなかがすいた」と泣き喚く「赤ちゃん」の背中をなでる。
　　場面③：ショウは，「バブ」が死んだこと，生き返るが息ができない，と言う。ここでは，怪獣や「ポケモン」と「赤ちゃん」の役割が錯綜している。
　　場面④：「お母さん」は，「赤ちゃん」たちに食事を与えるしぐさをする。
　　場面⑤：ヒーローの真似をする「赤ちゃん」を，「お母さん」が制止する。「赤ちゃん」は泣き始める。
　　場面⑥：ショウは，ヒーローをやめて「赤ちゃん」になると宣言し，「お母さん」の世話を受ける。
　　場面⑦：ショウは，ふたたび「ウルトラマンコスモスの赤ちゃん」となり，仲間より「戦う」とみなされる。高いところに上ろうとして「お母さん」に制止される。

　この筋書きにおいて顕著にあらわれているのは，「家族」の物語と「ヒーロー」の物語である。以下，それぞれについて，詳細な分析を行う。

2．「家族」に関するジェンダー・ディスコース

　この遊びの前半（場面①②④⑤）では，「お母さん」役のミハルが遊びの主導的役割を担う。逐語録中，彼女の「お母さん」としての発言を波下線で示した。
　「お母さん」としてのミハルの行動を見ると，「ケア役割」と「家族内での権力者」としての役割を演じていると思われる。彼女は，ごはんを準備し，子どもたちに与え（場面④），泣いている赤ちゃんをなでてあやしていた（場面②）。このように，彼女が演じる「お母さん」は，養育的な役割を担っている。
　同時に，彼女が演じる「お母さん」は，家族のなかの権力者でもあった。彼女は，赤ちゃんに強い口調で命令，指示をし（場面⑤），外に出ようとする「赤ちゃん」を引き戻そうとした（場面⑦）。彼女が「待ちなさい」と繰り返し強い口調で叫んだとき，ほかの子どもたちは一瞬沈黙していた（場面⑤）。
　この遊びに参加している子どもたちは，彼女の「お母さん」としてのふるまいを許しているように思われた。この遊びでは，「家族」という設定において，「お母さん」役を演じる女の子の強い権力は承認されているようであった。

第6章 子ども自身によるジェンダー・ディスコースの戦略的利用

3.「弱い赤ちゃん」と「たたかうヒーロー」

　男児たちは、この遊びの前半部分では、「赤ちゃん」役としてふるまっていた。かれらは、ケアの客体である赤ちゃんの言語的・身体的な特徴をよく表現していた（下線部を参照）。かれらは、泣き声（場面②④⑥⑦）や「赤ちゃんことば」（例：場面⑥の「おなかがちゅいたー」など）を多用していた。かれらは、仰向けの姿勢での泣きまねや、ネットの上を這うような動作を行った（場面②③④）。このような泣き声や身体動作は、ケアの主体である「お母さん」による言語的なかかわり（声かけ、制止など：場面⑤）や身体的なかかわり（なでる、食事を与えるなど：場面②⑥）を誘発していた。

　かれらは、「赤ちゃん」役を演じると同時に、「ウルトラマン」シリーズのキャラクター（場面②⑤⑥⑦）や「ポケモン」（場面③⑥）も演じていた（二重下線部を参照）。かれらは、「赤ちゃん」としての役割を維持しつつも、しばしば、お互いに「戦う」ことを確認する（場面⑤⑥⑦）ことにより、「ヒーロー」のディスコースを遊びのなかに引き入れていた。

　このようにして、かれらは、たたかう「ヒーロー」と、保護される「赤ちゃん」という、一見相容れないふたつの役割を同時に演じていた。かれらが遊びのなかでつくりだす「ポケモンとティガの赤ちゃん」などの新呼称、「バブ（＝赤ちゃん）が死んだ」という発言に対する「（怪獣が）生き返る」という応答は、かれらなりのふたつの役割の統合の試みとみなすことができるだろう。

4．遊びの主導権と内容の変化

　この遊びの後半部分では、「赤ちゃん」役を演じてきた男の子たちによる、「ウルトラマン」などのヒーローとしての行動は、より顕著になっていった（場面⑤⑥⑦）。とりわけ、場面⑤では、「お母さん」が不在になると、「赤ちゃん」たちはヒーローとしての遊びに興じ、しだいにそれがエスカレートしていった。

　場面⑦では、ネットの上にとどまるべき「赤ちゃん」の行動から逸脱して、高いところに昇る「赤ちゃん」が続出し、「お母さん」はかれらのコントロールをあきらめた。ここで、「家族ごっこ」の役割構造は解体された。

第II部　ジェンダー構築のエスノグラフィ

第4節　ジェンダー構築の「主体」としての子ども

　例6-2に示した「家族ごっこ」については，さまざまな解釈が可能である。まず，この遊びには，「家族」の物語と「ヒーロー」の物語が同時進行で存在している，と解釈することができる。そこでは，子どもたちはステレオタイプ的なジェンダーをそれぞれ表現していた，と考えられる。

　一方，この遊びは，当初「家族ごっこ」として始まったが，その後「ヒーローごっこ」のディスコースとの錯綜により変化した，と解釈することもできる。この場合，子どもたちは，自分たちが理解している「女らしさ」／「男らしさ」に関する知，つまりジェンダー知（江原　2001, pp.307-371参照）を参照し利用して，自らの遊びの場で「主役」になろうと葛藤している，と考えられる。「家族ごっこ」について，ジェンダー知，権力ゲーム，ジェンダー構築の3点に焦点を当て，考察を行う。

　第1に，幼児の生活世界におけるジェンダー知についてである。子どもたちは，遊びのなかで，自らに，あるいは相互に，「赤ちゃん」（あるいは「ウルトラマン」「ポケモン」），「お母ちゃん（お母さん）」を割り当てている。その役割およびそれに伴う行為は，「二分法的なジェンダー」から逸脱しないものである。

　また，子どもたちが演じる「家族ごっこ」のなかのケア役割は，かれらによる「二分法的なジェンダー」に関する知と強固に結びついていると考えられる。「お母さん」はケア役割を担い，もっぱら女の子によって演じられていた。また，後に述べる子どもたちを対象にしたインタビュー調査の結果（第7章）からも，「ままごと」＝「女の子の遊び」，というように，遊び内容とその遊びにふさわしい性別との関連の自明視がうかがえた。

　子どもたちは，「女の子」はケア役割，「男の子」はそれ以外の役割と，ふたつの性はそれぞれ異なり，それにふさわしい何らかの行動の割り当てがあることを自明視している，と考えられる。子どもたちが「二分法的なジェンダー」を自明視することは，かれらの社会とのかかわりによるジェンダー知の獲得も関連している。かれらは，他者やメディアなどを通してさまざまな

第6章 子ども自身によるジェンダー・ディスコースの戦略的利用

情報に接することにより，たとえば「『ウルトラマン』シリーズは男の子のもの」，「お母さんは赤ちゃんの世話をする」などのジェンダー知を，「当たり前」のものとして身につけていったと考えられる。

その一方で，例6-2は，「二分法的なジェンダー」が子どもたちの世界で自明視され，より強固にされると同時に，かれらの生活世界には「二分法」とは異なるジェンダー・ディスコースが存在しうること，つまり複合的なジェンダー・ディスコースが錯綜しうることを示している。「弱者」である「赤ちゃん」は，同時に「たたかうヒーロー」としての「ウルトラマン」でもあった。また，かれらは，「ティガの赤ちゃん」など，矛盾するふたつのカテゴリーを統合した新たなカテゴリーをつくりだしていた。こういった例からも，子どもたちには，ジェンダー・カテゴリーをも操作しうる能力があると考えられる。

第2に，権力をめぐるゲームとしての「家族ごっこ」についてである。以前筆者は，一見他愛のない子どもたちの遊びは，かれらの「権力」をめぐる葛藤の場でもある，と指摘した（藤田　2004, p.344）。本章でとりあげた「家族ごっこ」の例でも，子どもたちは，しばしばジェンダー知を頼りに，それぞれに，自らの遊び世界を，より居心地のよいものにしようと，権力ゲームを演じていた，と考えられる。

たとえば，例6-1のカナコは，「お母さん」役をはじめ自分にとってより居心地のよい役を得ようとしていた。また，例6-2のミハルは，女の子に用意される主役である「お母さん」を演じることで遊びのリーダーになり，遊び集団に対する彼女の影響力を維持していた。一方，ショウをはじめとする男の子たちは，遊びのフォロワーである「赤ちゃん」とヒーロー物語の主人公である「ウルトラマン」や「ポケモン」の役割を融合することにより，フォロワーでありながらも，リーダーである「お母さん」の不在時には，「こっそりと」遊びの「主役」になることができた。

例6-2にみられた「お母さん」－「赤ちゃん」関係は，「赤ちゃん」役であった男の子たちの「ヒーロー」としての自己呈示が顕著になったときに解体した。それは，この遊びの当事者にとって，「家族」関係が相互に居心地のよいものではなくなったことを意味するように思われる。

子どもたちは，「居心地のよい遊びの場」追求のために，子どもにとって

第II部　ジェンダー構築のエスノグラフィ

身近な「家族」「ヒーロー」のディスコースを用いる。それは，結果として，子どもたちの世界のなかで「二分法的なジェンダー」を再生産する営みのひとつとなる，と推測される。

　第3に，子どもたちによる主体的なジェンダー構築についてである。子どもたちは，ジェンダー関係の一形態としての「家族」の物語について，相互に構築する力をもつと考えられる。例6-1で女の子たちが行っていた役割決定のプロセスや，例6-2に示した，男の子たちが演じる「赤ちゃん」とミハルが演じる「お母さん」の相互作用の分析で示したように，子どもたちは，一定の遊び空間のなかで，ミクロな社会的文脈（人間関係），周囲の環境の複雑な文脈（家族構成，テレビなどの情報）を読み取りつつ，何らかの存在として自らを提示し，演じていた。

　たとえば，例6-2において，男の子たちは，自分たちがいる場（ネットの上），成員の人数および性構成などに応じて，自分が想起可能な場面，すなわち「赤ちゃん」としてごはんを食べさせてもらう場面や「ヒーロー」としてたたかう場面などで，自らが居心地よく感じる役割を，言語的・非言語的相互作用を通してつくりあげていた。また，女の子は，置かれた状況のなかで自らが主役として演技可能な役割として「お母さん」を選び取り，それを演じていた。

　このようにして，子どもたちは，「家族」の物語を，時折「ヒーロー」のディスコースを織り交ぜつつ，その場その場での相互作用を通して「主体的」に紡いでいる，と考えられる。それは，自らにとって「居心地のよい」時間と空間を得るための，一見「他愛のない」営みである。それは，子どもたちによる「ジェンダー」の演技であるとともに，その構築と再生産の営みでもある。

　次章では，ここまでの観察結果より浮かび上がった，子どもたちによるジェンダー構築を踏まえ，それについて，子どもたち自身はどのように言語化するのか，インタビュー結果にもとづき検討を行う。

注
1　実際には，園児は身体活動にかなり熟達しており，ほとんどの場合安全上問題なく，筆者の杞憂であることが多かった。

第6章　子ども自身によるジェンダー・ディスコースの戦略的利用

2　この場合，カナコには，自分の主張を押し通すか，アヤコやナギサの意見に従うか，あるいは遊び集団から離れるか，という3つの選択肢が用意されている。

第7章
子ども自身によるジェンダーの解釈
――インタビューを手がかりに――

　これまでの章においては，幼児の生活の場のひとつである幼稚園・保育園での生活における子どもたちのジェンダー構築の状況を，観察調査の分析より明らかにすることを試みてきた。第3章では園の保育活動にあらわれたジェンダーを，第4章では子どもたちのジェンダーを，第5章では子どもたちの遊び活動におけるジェンダー秩序を，そして第6章では子どもたちの遊びにおけるジェンダー・ディスコースの錯綜を，それぞれ分析してきた。

　各章で見てきたように，子どもたちは，園生活において，「ジェンダー」に関する一定の観念を構築し，それを応用していた。このジェンダー構築およびその応用は，身体と言語を駆使して行われていた。

　果たして，子どもたちは，自らのジェンダー構築とその応用について，どのようにとらえているか。それを明らかにするためには，「何（どれ）を選ぶ（好む）か」「なぜそれを選ぶ（好む）か」について，一定の条件を設定した上で子どもたちに語ってもらうことを試みることにより，子どもたち自身の選好およびその根拠に関する，かれら自身による語りのデータを得る必要があると考えられる。

　そこで，本章では，これまでの章で明らかにした子どもたちのジェンダー実践について，子どもたちの視点より分析を行う。子どもたちはいかに自らのジェンダー実践をとらえているのか，筆者があらかじめ設定した構造的インタビューで得られたかれらの語りを手がかりに，検討を行う。

第7章　子ども自身によるジェンダーの解釈

第1節　子どもの語りを分析することの意義

　湯川純幸によれば，言語とジェンダーに関する研究は，約30年の間に，言語と性差研究から構築主義的アプローチへと展開を遂げたという（湯川1997）。このことは，子どもに関する研究でも同様である。この20年ほどの間に，子どもたちの言語使用はかれらの社会的活動と関連し，かれらの主観的世界の表明である，と説明されるようになり，子ども自身による言語を通しての社会構築が注目されるようになってきた（Kyratzis 2001）。

　近年，社会言語学の分野では，たとえば，子どもたちのごっこ遊びで生じた葛藤の分析（Sheldon 1990）など，子ども自身の社会的活動との関連において，かれらの語りを分析した研究が行われている。また，幼児教育を対象にした研究としては，参与観察などの方法を用いた子ども自身の語りに注目した質的調査研究（Hatch 1995など）や，フェミニストポスト構造主義の立場からの，子どものジェンダー構築を明らかにしようとする質的調査研究（Davies 2003, Blaise 2005）が挙げられる。

　子どもたちのジェンダーに関する語りは，私たちの社会に流布するジェンダー・ディスコースと関連している。かれらの語りにあらわれるジェンダー・ディスコースは，社会的世界の自らによる解釈の表明であると同時に，ジェンダー化された社会的世界を構築する言説実践である，と考えられる。本章では，上記を踏まえ，子どもたちの語りを，インタビューを通して析出することを試みる。

　本研究では，子どもたちの語りのデータを得るために，刺激絵（第2章第3節2.(3)で詳述）を用いた構造的なインタビューを実施した。刺激絵を用いる方法は，従来の発達研究における実験研究と類似している（Albers 1998など）。しかし，本インタビューでは，刺激絵を，あくまでも子どもの語りを引き出すための道具として位置づけた。

　ここで，語り手と聞き手の関係についても整理しておこう。本インタビューでは，聞き手＝筆者は，子どもの語りを黙って聞き，それを書き取っていく，単なる媒体ではない。筆者は，子どものジェンダー構築実践に，ともにかかわる存在である。たとえば，筆者がジェンダーをめぐる語りの場を設定

第Ⅱ部　ジェンダー構築のエスノグラフィ

すること自体，ひとつのジェンダー実践である。また，筆者は，意図の有無にかかわらず，インタビュー中の対話を通して，子どもたちとともにジェンダーのディスコースの生産・再生産にかかわっている。

したがって，本インタビューの分析では，子ども自身による本質的な語りが存在すると仮定して，かれらの語りを分析することを意図するのではない。むしろ，ここでは，〈いま-ここ〉における子どもと筆者の相互作用のなかでたえず行われているジェンダー構築実践を分析しようとしているのである。

第2節　ジェンダー化された好み
―― 服装・玩具・色彩・メディアキャラクタ ――

1．服装と「二分法的なジェンダー」

インタビューでは，はじめに，服装の好みについて尋ねた。子どもたちに線描きの子ども服2種類（半ズボン，スカート）の絵を示し，その服が好きであるか，それを着用するか，を尋ねた。

その結果，女の子の96.8％がスカートを好み，87.1％がスカートをはく一方で，半ズボンを好まない者は58.1％であり，はかない者は48.4％であった。男の子は，86.1％が半ズボンを好み，80.6％が半ズボンをはく一方で，スカートを好まない者は57.1％，はかない者は61.1％であった。また，スカートと半ズボンのどちらを好むか選択してもらった結果，女の子の90.3％がスカートを，男の子の83.3％が半ズボンを好んでいた。

観察期間を通して，子どもたちは，園内での生活では丈の短いパンツをはくことが多かった。そうであるにもかかわらず，女の子は，スカートを好む者が9割強であったのに対し，半ズボンを好まない者は過半数に達した。女の子については，観察された服装に比べ，服装の好みに関しては，よりされている傾向にあるといえる。

つづいて，その服を身に着けた子どもの絵を示し，その子どもが着ている服が「似合うか」を尋ねた。その結果は，表7-1に示した。この表より，「女の子が半ズボンをはいている」絵については，女の子は「似合う」と答えた

第7章　子ども自身によるジェンダーの解釈

表7-1　服装に対する評価

		実数 女児	実数 男児	実数 全体	% 女児	% 男児	% 全体	検
半ズボンをはく女の子	似合う	25	15	40	83.3	41.7	60.6	**
	どちらでもない	3	1	4	10.0	2.8	6.1	
	似合わない	2	20	22	6.7	55.6	33.3	
合計		30	36	66	100.0	100.0	100.0	
半ズボンをはく男の子	似合う	27	35	62	87.1	97.2	92.5	
	どちらでもない	4	0	4	12.9	0.0	6.0	
	似合わない	0	1	1	0.0	2.8	1.5	
合計		31	36	67	100.0	100.0	100.0	
スカートをはく女の子	似合う	30	32	62	100.0	88.9	93.9	
	どちらでもない	0	0	0	0.0	0.0	0.0	
	似合わない	0	4	4	0.0	11.1	6.1	
合計		30	36	66	100.0	100.0	100.0	
スカートをはく男の子	似合う	12	15	27	40.0	42.9	41.5	
	どちらでもない	1	0	1	3.3	0.0	1.5	
	似合わない	17	20	37	56.7	57.1	56.9	
合計		30	35	65	100.0	100.0	100.0	

注：表中の印は，カイ2乗検定の結果有意であったことを示す（以下同様）
** $p<.01$,　* $p<.05$

割合が83.3％に達したのに対し，男の子は，過半数が「似合わない」と回答していた。実際の園内での遊び着や体操服が男女共通の丈の短いパンツであるにもかかわらず，「女の子の半ズボン」の絵を見せられた時，女の子よりも男の子の方が，違和感を表明する割合が高かった。

「男の子がスカートをはいている」絵については，女の子も男の子も過半数の子どもが「似合わない」と答えていた。「男の子のスカート」に違和感を示す子どもは，女の子・男の子ともに多いことがわかる。

ここから，子どもたちは，服装について「ジェンダー化」されていると考えられる。かれらは，それについてどのように考えているのだろうか。ここで，子どもたちのインタビューでの語りについて，質的分析を行う。

子どもたちは，自分が属する性別に適切な服と言われているかどうかによって，服装の好みを判断し，その結果について，「自分が属する性別の服である／ないから」と理由づけていた。たとえば，例7-1のマコは，「男の子の

第Ⅱ部　ジェンダー構築のエスノグラフィ

服だから」という理由で，半ズボンを好きではない，と回答している。

例7-1　マコ　C園　5歳児（観察当時4歳児）　5歳5ヶ月

Ｉ：〔前略〕では　マコちゃんはこの服が好きですか
Ｃ：好きです
Ｉ：好き　うん　　着て　こういうお洋服は　は　はきたいと思ってる
Ｃ：〔うなずく〕
Ｉ：じゃあこの洋服は好きですか
Ｃ：〔首をかしげる〕
Ｉ：この服はあまり好きじゃない　　どうして
Ｃ：<u>男の子の服だから</u>
Ｉ：男の子の服だから　　うん　なる（）　じゃあ穿きたいと思いますか
Ｃ：思いません
Ｉ：思わない　本当

　注1　本章では，Ｉ：筆者，Ｃ：子どもを指す（以下同様）
　注2　本章における会話中の記号は，次のとおり（以下同様）
　　　（）　聴き取りできなかった箇所
　　　〔〕　動作などの記述
　　　（2秒）空白の時間
　注3　子どもの年齢は，2006年4月1日現在（以下同様）

　インタビューでの会話より，子どもたちは，自分が属する性別の服と考えられているかどうかによって，服装の好みを判断しているようであった。ここで，例7-2の，コウジの会話を見てみよう。

第7章　子ども自身によるジェンダーの解釈

例7-2　コウジ　B園　3歳児　3歳10ヶ月

Ｉ：じゃあ　次の質問に移ります　　コウジさんはこのお洋服好きですか
　　コウジさん　好きですか
Ｃ：〔うなずく〕
Ｉ：好き？
Ｃ：〔うなずく〕
Ｉ：ほんと　　このお洋服着たいと思う？
Ｃ：<u>女やから</u>
Ｉ：<u>女やから着たいと思わん？</u>
Ｃ：〔うなずく〕
Ｉ：ほんと
Ｃ：<u>嫌です　　恥ずかしい</u>
Ｉ：恥ずかしい？
Ｃ：〔うなずく〕
Ｉ：このお洋服は着たいと思う？
Ｃ：〔うなずく〕
Ｉ：ほんと？　好きですか？
Ｃ：好き
Ｉ：あ，ほんと？　じゃあ左のお洋服と右のお洋服どっちを着たいと思う？
Ｃ：〔右側＝半ズボンの絵を指さす〕
Ｉ：これ？　右側のお洋服ねー　どうして　どうして着たいかな？
Ｃ：分からん
Ｉ：分からん　ほんと？
Ｃ：〔うなずく〕
Ｉ：じゃあ　コウジさん聞いてください　　お友達が同じ形のお洋服を着てます　　左のお友達はこのお洋服は似合うと思いますか
Ｃ：似合わん
Ｉ：似合わん？　どうして
Ｃ：<u>あんね　女の子はズボンやないから</u>

159

第Ⅱ部　ジェンダー構築のエスノグラフィ

Ｉ：あーほんと？
Ｃ：スカート
Ｉ：じゃあ　右のお友達はどうですか
Ｃ：いいと
Ｉ：いいと思う？
Ｃ：〔うなずく〕
Ｉ：じゃあこのお洋服　同じお洋服着てるね　左のお友達は似合うと思いますか
Ｃ：似合う
Ｉ：似合う？　どうして
Ｃ：だって女の子やっちゃかい
Ｉ：じゃあ右のお友達はどうですか　似合うと思いますか
Ｃ：似合わん
Ｉ：似合わん？　ほんと　どうして
Ｃ：だって　男はスカートはかんもん
Ｉ：ほんと
Ｃ：恥ずかしい　恥ずかしい

　前半部分で，コウジは，「女（のもの）やから」「恥ずかしい」のでスカートをはきたくない，と語っている。続いて，「半ズボンをはいた女の子」と「半ズボンをはいた男の子」の絵を示されたとき，彼は，半ズボンをはいた女の子について「似合わない」と回答した後，「女の子はズボンやないから（ズボンではないから）」と語る。「スカートをはいた女の子」と「スカートをはいた男の子」の絵を同時に示されたとき，「女の子」については「女の子やっちゃかい（女の子だから）」似合う，「男の子」については，「男はスカート（を）はかん（はかない）」から似合わない，と語っている。
　コウジは，「自分がスカートをはくこと」や「男の子がスカートをはくこと」に対する態度を問うために用意された，スカートをはきたいかという問いに対し，そして，男の子がスカートをはいている絵を見た時，「恥ずかしい」と

第7章　子ども自身によるジェンダーの解釈

発言している。「恥ずかしい」ということばは，とりわけ，男の子がスカートをはいている絵についての語りのなかで，彼の口から繰り返し出てきた。このことより，彼が，男の子がスカートをはくことについて強いタブー意識をもっていることが推測される。

　コウジが示した，「男の子がスカートをはいている」絵に対する強い違和感は，子どもの生物学的性にかかわりなく，多くの子どもによって発言されていた。例7-3のナギサ，例7-4のヒロシは，「男の子がスカートをはいている絵」を見て，似合わない，と答えている。

　　例7-3　ナギサ　B園　4歳児（観察当時3歳児）　4歳8ヶ月

　Ｉ：〔スカートの方が好き，という反応に〕こっち？
　Ｃ：（）〔うなずく〕
　Ｉ：じゃあね　お友達が同じお洋服を着てます　左のお友達はこのお洋服を着て似合うと思いますか
　Ｃ：（）〔うなずく〕
　Ｉ：似合う？　右のお友達はこのお洋服似合うと思いますか
　Ｃ：（）〔うなずく〕
　Ｉ：じゃあ　このお洋服を見てください　左のお友達はこのお洋服は似合うと思いますか
　Ｃ：（）〔うなずく〕
　Ｉ：右のお友達はこのお洋服似合うと思いますか
　Ｃ：（）〔<u>首を横に振る</u>〕
　Ｉ：似合わない？
　Ｃ：<u>ズボンが</u>
　Ｉ：うん？
　Ｃ：<u>ズボンの</u>
　Ｉ：あーなるほどね　ズボンじゃないか　うーん
　Ｃ：<u>女の子はスカートとかはくから</u>　今日スカートはいてきた

161

第Ⅱ部　ジェンダー構築のエスノグラフィ

Ｉ：あ　ほんと　　今日スカートはいてきたんだ　　ふーん
Ｃ：着替えの

　　　　例7-4　ヒロシ　Ｃ園　5歳児（観察当時4歳児）　5歳9ヶ月

Ｉ：じゃあ同じお洋服を着ているお友達がいます　<u>左のお友達はこのお洋服は似合うと思いますか</u>
Ｃ：〔<u>首を振る</u>〕
Ｉ：似合わない　　どうしてですか
Ｃ：<u>ズボンだから</u>
Ｉ：ズボンだからか　　じゃあ右のお友達は似合うと思いますか
Ｃ：似合う
Ｉ：似合う　　じゃあ　同じお洋服着てるね　　左のお友達は似合うと思いますか
Ｃ：〔うなずく〕
Ｉ：似合うと思う　　じゃあ右のお友達は似合うと思う
Ｃ：〔<u>首を振る</u>〕
Ｉ：思わない
Ｃ：〔うなずく〕
Ｉ：うん　どうしてかな
Ｃ：<u>スカート</u>
Ｉ：スカートやからか　　じゃあ遊びを4つ見ます　　この遊びは何の遊びかわかるよね　　絵があんまり上手じゃないからさ　　聞いてるんだけどな
Ｃ：縄跳び
Ｉ：縄跳びしよるよね　　あー　よかった　　縄跳びに見えて　　でこの縄跳びでよく遊ぶ
Ｃ：〔うなずく〕
Ｉ：よく遊ぶ　うん　ど　どこで遊ぶ
Ｃ：おうち

162

第7章　子ども自身によるジェンダーの解釈

Ｉ：ん？〔聞き返す〕
Ｃ：おうち
Ｉ：おうちで遊ぶか　うん　そうか　好きですか　この遊び
Ｃ：〔うなずく〕
Ｉ：うん　じゃあ　左のお友達と右のお友達　左のお友達はこの遊びをしてもいいと思いますか
Ｃ：<u>だめ</u>
Ｉ：だめ　本当　ええ　右のお友達は
Ｃ：遊んでいい
Ｉ：遊んでいい　じゃあどうして左のお友達はこの遊びをしてはだめなのかな
Ｃ：<u>ズボンだから</u>
Ｉ：ズボンだから　あ　ズボンをはいてるから　そうか　じゃあこの子は何をはいとったらいいのかな
Ｃ：<u>スカート</u>
Ｉ：そっか　スカートをはいとったらいいのか
Ｃ１（別の子ども）：スカート
Ｉ：わかりました

　これらふたつの例で，ナギサとヒロシは，女の子が半ズボンをはいている姿についても，違和感を示しているようであった。さらに，ヒロシは，「半ズボンとはいている女の子が縄跳びをしている絵」に対しても，「ズボンだから」似合わない，と発言し，遊び活動の評価についても子どもの性別にふさわしい服装と関連づけていた。なお，遊び活動に関するジェンダーに関する子どもたちの反応については，後述する。

2. 二分法的な玩具・色彩・キャラクター選好
　玩具や色彩，およびキャラクターの好みに関しても，子どもたちの多くが「二分法的なジェンダー」にもとづき発言していた。

第II部　ジェンダー構築のエスノグラフィ

(1)玩具および色彩

　まず，玩具4種類（車，ぬいぐるみ，ブロック，ままごとセット）のそれぞれについて，好き嫌いを尋ねた。その結果，車は男の子の91.4％に好まれ，ぬいぐるみは女の子の90.3％に好まれていた。つまり，玩具の好みは子どもの性によって異なる結果であった。

　つづいて，4つの色（赤，青，緑，桃）のうち，もっとも好きな色を選択してもらった。その結果を，表7-2に示した。もっとも多く好まれた色は，女の子では桃色，男の子では青色であった。ここから，色彩の好みも性別によって異なると考えられる。

　一方，必ずしも「二分法」で傾向を説明できない色彩選好もみられた。赤色は，女の子にも男の子にも，比較的多く好まれていた。女の子の29.0％が，男の子の27.8％は赤色を好むと発言した[1]。なお，青色を好む女の子も22.6％いた。

　1998年調査時には，子どもたちの間では「赤は女の色」「青は男の色」ということばがしばしば聞かれた[2]。しかし，約8年後の2006年夏に行ったインタビューおよび前年度の観察調査より，少なくとも調査園の子どもたちの間では，色彩の好みが多様化しているように思われる。

　ここで，玩具と色彩の選好に関する，インタビューでの子どもの語りを分析してみよう。まず，例7-5には，シンジとの会話のうち，玩具と色彩に関する部分を示した。

表7-2　色彩の選択（単位：％）

	女児	男児	全体	検
赤	29.0	27.8	28.4	*
青	22.6	<u>38.9</u>	31.3	
緑	3.2	16.7	10.4	
桃	<u>45.2</u>	16.7	29.9	
合計	100.0	100.0	100.0	
(実数)	31	36	67	

第7章　子ども自身によるジェンダーの解釈

例7-5　シンジ　C園　5歳児（観察当時4歳児）　5歳11ヶ月

I：このおもちゃ　どうして好きですか　ど　どれ　どうして選んだ
C：車が入ってるから
I：ん？
C：<u>車が入ってるから</u>
I：うん　車が入ってるから　うん　車のおもちゃ好き
C：うん
I：じゃあこの色〔赤〕は好きですか
C：〔うなずく〕
I：好き　うん　じゃあこの色〔青〕は好きですか
C：〔うなずく〕
I：じゃあこの色〔緑〕は好きですか
C：（　）
I：この色〔桃〕は好きですか
C：〔あいまいな動作〕
I：これはねピンクなんだけどさ　好き
C：桃色〔<u>首を振る</u>〕
I：桃色　好きじゃない　本当　どうして
C：<u>ピンクやから</u>
I：ん？
C：ピンクだから
I：ピンクやから嫌い　本当　じゃあ〔4つの色を同時に示す〕この4つの色のうちどれかひとつを選んでって言われたら　このなか押さないでね　ここね　この色ね　うん　どうしてこの色を選んだかな
C：<u>赤が強いから</u>
I：ん？
C：<u>赤が強いから</u>
I：あ　赤が強い　ええ　たとえばど　どんなのが強いの　赤　赤赤赤で　赤で強いのとかある

165

第Ⅱ部　ジェンダー構築のエスノグラフィ

C：()
I：そうか　じゃあその　え　じゃあ4つのマンガについて聞きます〔ハローキティを示す〕このマンガは好きですか　このマンガ
C：()
I：好き　うん　どうして好き
C：かわいい
I：ん？
C：<u>かわいい</u>
I：ん　じゃあこのマンガは好きですか〔ボウケンジャーを示す〕
C：好き
I：うん　どうして好きですか
C：<u>かっこいいから</u>
I：かっこいいからか　じゃあこのマンガは好きですか〔プリキュアを示す〕
C：()
I：ん？　好き　うん　どうして好きですか
C：<u>かわいいから</u>
I：かわいいから　かわいいから
【以下略】

　シンジは，車のおもちゃを選んだ理由について「車が入っているから」と述べている。また，彼は，色彩を選ぶとき，「ピンク」であることを理由に桃色を好まず，「強いから」という理由で赤色を好む，と語っている。
　シンジが赤色を「強い」というイメージで語った背景には，戦隊ヒーローのリーダー格のキャラクターが赤色であることとも関係があると考えられる。表7-1で赤を好む男の子が27.8％もいたことは，赤色が，ヒーロー番組を好む子どもたちにとってはリーダーの色ととらえられていたことを反映している可能性もある。

第7章　子ども自身によるジェンダーの解釈

表7-3　キャラクターの選好（単位：%）

		女児	男児	全体	検
ハローキティ	好き	87.1	47.2	65.7	**
	嫌い	12.9	52.8	32.8	
合計		100.0	100.0	100.0	
(実数)		31	36	67	
ボウケンジャー	好き	54.8	97.2	77.6	**
	嫌い	45.2	2.8	20.9	
合計		100.0	100.0	100.0	
(実数)		31	36	67	
プリキュア	好き	90.3	42.9	65.2	**
	嫌い	9.7	57.1	33.3	
合計		100.0	100.0	100.0	
(実数)		31	35	66	
ピカチュウ	好き	67.7	97.1	83.3	**
	嫌い	32.3	2.9	16.7	
合計		100.0	100.0	100.0	
(実数)		31	35	66	

(2)キャラクターの選好

　つづいて，子どもたちに，4種類のキャラクター（ハローキティ，ボウケンジャー，プリキュア，ピカチュウ[3]）のうち好きなものを尋ねた。その結果は表7-3に示したとおりである。

　表7-3より，キャラクターの選好が女の子と男の子で異なることがうかがえる。女の子の87.1％はハローキティを，90.3％はプリキュアを好んだ。その一方で，45.2％はボウケンジャーを「嫌い」と答えた。男の子の97.2％はボウケンジャーを，97.1％はピカチュウを好んだ。その一方で，かれらの57.1％がプリキュアを「嫌い」と答え，52.8％がハローキティを「嫌い」と答えた。

　キャラクター選好について，子どもたちはどのように語っているか，以下，具体的に会話例を示しつつ分析を行う。

　子どもたちは，自分があるキャラクターを好む理由について，「かわいい」「強い」「かっこいい」などと語っていた。たとえば，例7-6のキョウコは，

第Ⅱ部　ジェンダー構築のエスノグラフィ

プリキュアを「かわいい」と言っている。また，例7-7のユウジは，ボウケンジャーを「かっこいい」と説明している。

　　　　例7-6　キョウコ　A園　4歳児（観察当時3歳児）　4歳8ヶ月

Ｉ：じゃあ　みんな好きなこの4つの色のなかで　どれが一番好きですか
Ｃ：<u>ピンク</u>
Ｉ：ピンクが好き　本当　ピンクはどうして一番好きなのかな
Ｃ：<u>薄くて綺麗だから</u>
【中略】
Ｉ：じゃあ　この4つのなかではどれが一番好きですか
Ｃ：<u>プリキュア</u>
Ｉ：これプリキュアが一番好き　プリキュアはテレビでいつも見てる
Ｃ：〔うなずく〕
Ｉ：本当
Ｃ：ボウケンジャーも
Ｉ：あ　ボウケン　ボウケンジャーも見るのね　でもプリキュアが好きなのは　どうしてかな　どうしてプリキュアが好きですか
Ｃ：<u>かわいいけん</u>
【以下略】

　　　　例7-7　ユウジ　B園　4歳児（観察当時3歳児）　4歳2ヶ月

Ｉ：このマンガは好きですか
Ｃ：〔首を振る〕
Ｉ：そのマンガ？好きじゃない？
Ｃ：<u>男のキティちゃんは好き</u>
Ｉ：あっ男のキティちゃんているの
Ｃ：〔うなずく〕

第7章　子ども自身によるジェンダーの解釈

Ｉ：ほんとー　ふーん　じゃあ　女のキティちゃんて好きじゃない
Ｃ：〔うなずく〕
Ｉ：ほんとー　じゃあ　この絵は女のキティちゃんだから好きじゃない？
Ｃ：〔うなずく〕
Ｉ：本当　じゃあ
Ｃ：<u>ボウケンジャー好き</u>
Ｉ：ボウケンジャー好き？　本当
Ｃ：見てる　　見てる
Ｉ：よく見てる？
Ｃ：<u>かっこいい</u>
Ｉ：カッコイイ？
Ｃ：これ
Ｉ：ボウケンブルー？
Ｃ：<u>後　これとこれ　なりた</u>
Ｉ：なりたい？　本当　すごいね
Ｃ：この洋服もってる　　この洋服
Ｉ：んー本当　ボウケンレッドの服をもっているんだ　ほんとー

ただし，「かっこいい」「かわいい」は，かならずしも一方の性に属するものとしては解釈されていないようであった。たとえば，例7-8のユウスケは，ピカチュウについて「かわいい」と述べていた。なお，プリキュアについては，「面白い」「かっこいい」などと述べている女の子もいた。

例7-8　ユウスケ　Ａ園　５歳児（観察当時４歳児）５歳９ヶ月

Ｉ：好き　じゃあ　４つのなかでどれが一番好きですか
Ｃ：これ〔ピカチュウを指す〕
Ｉ：これが好き　本当　どうしてこのマンガが一番好き？

169

第Ⅱ部　ジェンダー構築のエスノグラフィ

　　C：だってかわいいから
　　I：かわいいから好きなのね
　　C：〔うなずく〕
　　I：〔ボウケンジャーを指す〕このマンガはどうして好きじゃない？
　　C：ちょっとはかっこいいけど　なんか……
　　I：なんか好きじゃない　本当　〔プリキュアを指して〕じゃあどうしてこ
　　　　のマンガは嫌い？
　　C：女の子だから
【以下略】

　一部の子どもたちは，大人やきょうだい・仲間が好むことを理由に挙げていた。その回答の多くは，同性の大人などを挙げていた。再び，ユウスケの語りをみてみよう。

例7-9　ユウスケ（前出）

　　I：……分かりました　じゃあね　今度は色を見てもらいます〔1色ずつ4
　　　　枚のパネルを示しながら〕この色〔赤〕は好きですか
　　C：嫌い
　　I：じゃあ　この色〔青〕は
　　C：大好き
　　I：じゃあ　この色〔緑〕は
　　C：大好き
　　I：じゃあ　この色〔桃〕は
　　C：大嫌い
　　I：大嫌い　じゃあ〔4色を同時に示す〕4つのなかでどれが一番好きですか
　　C：これ〔青を指差す〕
　　I：これが好き　どうしてこの色が一番好きですか

C：お父さんが好きだから
　I：あ　本当　お父さんがこの色が好きなんだ

　例7-9で，ユウスケは，青が好きな理由として，父親がその色を好きであることを挙げている。この語りは，発達論の視点からは，彼が同性の親への「同一視」を行っているために同じものを好む，と解釈することができるだろう。一方，構築主義の視点に立てば，彼は父親の好みに関する情報を利用して，自らの好みを表明し，さらに，それにより彼自身の好みを構築している，と解釈することもできるだろう。

──────── 第3節　ジェンダー化された活動　─活動性と家庭性─

　子どもたちは，さまざまな遊び活動についてどのようにとらえているだろうか。それを検討するために，「なわとび」「ボール蹴り」「『うんてい』遊び」「ままごと」の4つの活動を選び，その選好について尋ねた。
　調査では，子どもたちに，「なわとびをする1人の子ども」「ボールを蹴る2人の子ども」「『うんてい』で遊ぶ1人の子ども」「『ままごと』をする2人の子ども」の4枚の絵[4]を示し，それぞれについて，その遊びをするか，その遊びを好きか，尋ねた。さらに，それぞれの遊びを行っている女の子の絵を左に，男の子の絵を右に（いずれも半ズボン着用）配置したパネルを示した上で，それぞれの人物はその遊びをしてもよいかについて尋ねた。
　以下，ジェンダーに関する語りがより明確に見られた「ボール蹴り」「ままごと」「『うんてい』遊び」について，子どもたちの回答を分析した結果を述べる[5]。

1．「ボール蹴り」にみる活動性
　まず，子どもたちには，「ボール蹴り」について，好き嫌い，およびそれで遊ぶかどうかを尋ねた。その結果，この遊びは，女の子よりは男の子に遊び

第Ⅱ部　ジェンダー構築のエスノグラフィ

表7-4　「ボール蹴り」の適切性に関する評価（単位：％）

		女児	男児	全体	検
ボールを蹴る女の子	よい	80.6	63.9	71.6	
	どちらでもない	3.2	2.8	3.0	
	よくない	16.1	33.3	25.4	
	合計	100.0	100.0	100.0	
	(実数)	31	36	67	
ボールを蹴る男の子	よい	90.3	100.0	95.5	
	どちらでもない	0.0	0.0	0.0	
	よくない	9.7	0.0	4.5	
	合計	100.0	100.0	100.0	
	(実数)	31	35	66	

として選択され，好まれていることがわかった。男の子の94.4％は，「ボール蹴り」をしていると回答し，97.2％が「好き」と回答していた。一方，女の子でこの遊びをしている者や好んでいる者の割合は6割を超えているものの，彼女たちの35.5％は「嫌い」と回答していた。

「ボール蹴り」を行っている子どもの絵を見せて，その子どもの性別によりこの遊びが適しているかどうか，尋ねた。その結果は，表7-4に示したとおりである。

この表に示した結果より，多くの子どもたちがこの遊びを「男のすること」と認識していることが推測された。すなわち，ほとんどの子どもが，男の子が「ボール蹴り」をしている絵を見て，その子がこの遊びをしてよいと回答していた一方，女の子がこの遊びをしている絵を見て，その子がこの遊びをしては「よくない」と述べた子どもの割合は全体で約1/4 (25.4％) もあり，男の子では1/3 (33.3％) を占めていた。

この選択の背景を探るため，子どもたちの語りの質的分析を行った。「ボール蹴り」または「サッカー」について，「男のすること」あるいは「女はしない」ものである，と述べる子どもたちは，その子どもの性別を問わずみられた。以下，例7-10から例7-13まで，4つの会話例を見てみよう。

第7章　子ども自身によるジェンダーの解釈

　　例7-10　マキ　A園　5歳児（観察当時4歳児）　5歳6ヶ月

I：じゃあね　マキちゃんこの遊びは好きですか　これなんの遊びしているとこだか分かる
C：サッカー
I：ああ　サッカーだねうん　サッカーはしますか
C：〔首を振る〕
I：しない
C：〔うなずく〕
I：好きですか
C：嫌い
I：嫌い　ほんとあまり好きじゃない　ほんと　じゃあね　左のお友達と右のお友達がサッカーをしています　左のお友達はサッカーをしてもいいと思いますか
C：思わん
I：思わん，どうして思わないのかな
C：女の子はあまりサッカー好きじゃないから
I：ほんと　右のお友達はこの遊びしてもいいと思いますか
C：思う
I：ほんと　どうしてかな
C：男の子はね　サッカーがね　好きじゃけん

　　例7-11　カツヒコ　A園　5歳児（観察当時4歳児）5歳4ヶ月

I：うん　分かりました　そしたら　ええ　同じようにね　ボールを蹴って遊んでいるお友達がいます　これは左の絵と右の絵は別の絵だと思ってくださいね
　　左のお友達は　サッカーをして遊んでもいいと思いますか
C：だめ

173

第Ⅱ部　ジェンダー構築のエスノグラフィ

Ｉ：だめ　　どうして
Ｃ：<u>だってね　サッカーは男がするもの（ ）</u>
Ｉ：サッカーは男がするものなの
Ｃ：〔うなずく〕
Ｉ：〔ボール蹴りをする男の子の絵を指す〕じゃあ右のお友達はどうですか
Ｃ：<u>マル</u>
Ｉ：マル　　してもいいと思いますか
Ｃ：うん

　　　例7-12　タツキ　Ｂ園　4歳児（観察当時3歳児）　4歳8ヶ月

Ｉ：あ　パパとするのね　　ごめん　ごめん　　聞き間違えちゃった
　　パパとよくするんだ
Ｃ：〔うなずく〕
Ｉ：じゃあ　2人のお友達がサッカーをしてるところです　　左のお友達はこ
　　のサッカーをしてもいいと思いますか
Ｃ：<u>〔首を振る〕</u>
Ｉ：ほんとに？
Ｃ：〔うなずく〕
Ｉ：右のお友達はサッカーをしてもいいと思いますか
Ｃ：〔うなずく〕
Ｉ：どうして左のお友達はサッカーをしてはだめなのかな？
Ｃ：<u>だって　怒られるから</u>
Ｉ：うん？　怒られる？　ほんと　　どうして怒られるのかな？
Ｃ：だってね　<u>へんな遊び</u>するから

　　　例7-13　タロウ　Ａ園　4歳児（観察当時3歳児）4歳11ヶ月

174

第7章　子ども自身によるジェンダーの解釈

I：公園でよくする　好きですか
C：〔うなずく〕
I：サッカー好き
C：〔うなずく〕
I：じゃあ左のお友達と右のお友達がサッカーしてるね　左のお友達から見てみよう　左のお友達はサッカーをしてもいいと思いますか
C：<u>思わん</u>
I：思わない
C：〔うなずく〕
I：右のお友達はサッカーしてもいいと思いますか
C：<u>思う</u>
I：思う　じゃあどうして左のお友達はサッカーしてはいけないと思いますか
C：うん　うん　だってね　サッカー　テレビでサッカーしてるときにね　<u>女はやってないけえ</u>

　何人かの子どもたちは，自らの性別にかかわらず，「サッカー」について，「男がするもの」であることを「当たり前」と考えているため，女の子が「ボール蹴り」をしているところを「(遊んでは)だめ」と回答していることがうかがえた。たとえば，例7-10のマキは，「女の子はあまりサッカー好きじゃないから」と，彼女が知り得た周りの女の子の遊び選好をその根拠に挙げていた。また，例7-11のカツヒコは，「サッカーは男がするもの」と，彼がそう信じる「当たり前」の知識をその根拠に挙げていた。

　「逸脱」に対する，他者による負のサンクションの可能性への言及もみられた。例7-12のタツキは，男の子が「ボール蹴り」をすることについては肯定的な反応を行う一方で，女の子がこの遊びをすることについては否定的反応を行っていた。その理由について尋ねたところ，彼は「(女の子がそれをすると)怒られるから」と回答した[6]。そこで，なぜ怒られるかについて尋ねたところ，彼は「(その子が)へんな遊び(を)するから」と，その理由を述べた。

175

第II部　ジェンダー構築のエスノグラフィ

　タツキの語りより，子どもたちの世界において，「二分法的なジェンダー」より逸脱した活動をすることは「へん（なこと）」であるととらえられる。そして，それは，「怒られる」など，他者による罰の対象となりうる活動であることがうかがえる。

　なお，A園では，サッカーのワールドカップ直後に調査が実施されたこともあり，ワールドカップのテレビ中継への言及がみられた。テレビ中継に登場していた選手たちが全員男性であることは，子どもたちの語りのなかで言及されていた。たとえば，例7-13のタロウは，テレビ番組のサッカー中継で「女はやってない」ために，女の子はサッカーをしてはいけない，と語っている[7]。

2.「ままごと」にみる家庭性

　つづいて，「ままごと」について，子どもたちによる選好と子どもの性別による適切性の評価を尋ねた。その結果は以下のとおりである。

　まず，「ままごと」については，回答より，多くの子どもたちが遊んでいることがうかがえた。すなわち，女の子の80.6％，男の子の66.7％が「ままごと」を遊んでいると回答していた。女の子の方が，男の子よりやや多い傾向であった。

　一方，この遊びを好むかどうかについては，子どもの性別による差がさら

表7-5　「ままごと」の適切性に関する評価（単位：％）

		女児	男児	全体	検
ままごとで遊ぶ女の子	よい	100.0	91.4	95.5	
	どちらでもない	0.0	0.0	0.0	
	よくない	0.0	8.6	4.5	
	合計	100.0	100.0	100.0	
	(実数)	31	35	66	
ままごとで遊ぶ男の子	よい	77.4	85.3	81.5	
	どちらでもない	3.2	0.0	1.5	
	よくない	19.4	14.7	16.9	
	合計	100.0	100.0	100.0	
	(実数)	31	34	65	

第 7 章　子ども自身によるジェンダーの解釈

に顕著であった。女の子は全員，この遊びを好きであると回答していた。これに対し，男の子では，26.5％がそれを好まないと回答していた。
「ままごと」をする女の子と男の子の絵を見せ，それぞれがこの遊びをしてもよいかどうかについて尋ねた。表7-5には，その結果を示した。

　この表より，女の子についても男の子についても「遊んでよい」と答えた子どもが多かったことがわかる。ただし，女の子よりも男の子の方がその割合は低かった。さらに，男の子がこの遊びを行うことを「よくない」と考える子どもの割合は，女の子の19.4％，男の子の14.7％にのぼった。回答より，かれらは，「ままごと」を「女の子の遊び」と考えているために，男の子がそれをすることは適切でない，と答えているのではないかと考えられる。

　子どもたちによる語りのなかから，「ままごとは女の子の遊び」という考えが浮かび上がってきた。いくつかの回答例を，例7-14から例7-18に示した。

例7-14　マミ　B園　5歳児（観察当時4歳児）　5歳4ヶ月

Ｉ：じゃあ　最後にこの遊びを見てください　ままごと遊びしてるところです　ままごと遊びはよくしますか
Ｃ：うん　お友達とする
Ｉ：お友達とする？　ほんと　お家でする？
Ｃ：お家では ( ) お友達と隣行った時する
Ｉ：あーほんと　うーん　好きですか
Ｃ：うん
Ｉ：じゃあ　左のお友達はこの遊びをしてもいいと思いますか　右のお友達はこの遊びをしてもいいと思いますか
Ｃ：<u>あんまり</u>
Ｉ：あんまり　ほんと　どうしてかな？
Ｃ：( ) じゃないから
Ｉ：うん？
Ｃ：<u>女の子じゃないから</u>

第Ⅱ部　ジェンダー構築のエスノグラフィ

　　　　　　　　　例7-15　タロウ（前出）

I：これはおままごと遊びをしてるところです　ままごと遊び　ままごと遊びはよくしますか
C：〔首を振る〕
I：しない　　ままごと遊びは好きですか
C：()〔首を振る〕
I：好きじゃない　　じゃあままごと遊びについて　左のお友達はままごと遊びをしていいと思いますか
C：()〔うなずく〕
I：いいと思う　　右のお友達はままごと遊びをしてもいいと思いますか
C：()〔首を振る〕
I：だめ　　どうして右のお友達はままごと遊びをしてはいけないと思いますか
C：うん　だって　うん　うん　<u>呼ぶときにママって名前が付くけえ</u>　うん　<u>じゃけえ　女しかだめ</u>

　　　　　例7-16　マリ　A園　5歳児（観察当時4歳児）　5歳10ヶ月

I：じゃあね　この遊びをしている2人のお友達がいます　　左のお友達はこの遊びをしてもいいと思いますか
C：いいと思う
I：いいと思う　　右のお友達はこの遊びをしてもいいと思いますか
C：<u>いいと思わん</u>
I：いいと思わない　　どうしていいと思わない
C：<u>だってね男じゃしね　女がおらんけ</u>
I：あ　女がおらんけん　　おままごとは女の子が一緒におる遊び
C：うん

178

第7章　子ども自身によるジェンダーの解釈

例7-17　クミ　B園　5歳児（観察当時　4歳児）　5歳5ヶ月

I：じゃあね　この遊びはままごと遊びをしてるところです　この遊びはよくしますか
C：〔うなずく〕
I：どこでしますか
C：家
I：お家でするのね　この遊びは好きですか
C：( )〔うなずく〕
I：じゃあ　左のお友達はこの遊びをしてもいいと思いますか
C：( )〔うなずく〕
I：右のお友達はこの遊びをしてもいいと思いますか
C：( )〔首を振る〕
I：どうしてかな？
C：女の子しかせん　だから

例7-18　ヨシアキ　A園　5歳児（観察当時4歳）5歳3ヶ月

I：食事　ままごと遊びだね　ご飯作りごっこしてるね　この遊びはよくしますか
C：しません
I：しない　この遊びは好きですか
C：好きじゃない
I：好きじゃない　じゃあ　この遊びをしている2人のお友達がいます左のお友達はこの遊びはしてもいいと思いますか
C：してもいい
I：右のお友達はこの遊びはしてもいいと思いますか
C：してはいけない

179

I：してはいけない？　いけない？
C：〔2回うなずく〕
I：本当　どうしてしてはいけないの？
C：<u>男だから</u>

　上記の各例が示すように，「ままごとは女の子の遊び」という考えは，女の子にも男の子にも語られている。ただし，かれらによって語られた「ままごとは女の子の遊び」の根拠はさまざまである。例7-14のマミは，「女の子じゃないから」，男の子はこの遊びをしてはいけない，と語っている。例7-15のタロウは，遊びの名称に「ママ」がついていることを根拠に，この遊びは「女しかだめ」，と語っている。例7-16のマリは，「女がおらん（いない）」状況で男の子がこの遊びをすることは適切ではない，と語っている。例7-17のクミは，男の子が「ままごと」をしてはいけない理由として，この遊びは「女の子しかせん（＝しない）」ことを挙げている。そして，例7-18のヨシアキは，絵に示された男の子は「男だから」この遊びをしてはいけない，と語っている。

　子どもたちの「ままごとは女の子の遊び」という語りは，ジェンダー・ステレオタイプに関する発言であるが，それは実際にかれらがしている遊びとはややかけ離れているようであった。観察調査中，男の子も女の子もこの遊びに参加している様子が観察されたためである。

　ただ，第6章で述べたように，この遊びは，観察しえた限りでは，女の子が演じる「お母さん」が主役になっていた。子どもたちは，それにもとづき，この遊びを「女の子の遊び」であると語ったのではないか，という推測も可能である。

3．「うんてい」遊びのジェンダー化された解釈

　各園の子どもたちは，園生活での運動遊びや自由遊び，または公園その他での遊びを通して，「うんてい」という遊具に親しんでいた。ただし，実際に遊んでいる子どもは，女の子よりも男の子に多い傾向にあった。

第7章　子ども自身によるジェンダーの解釈

表7-6　「うんてい」遊びの適切性に関する評価（単位：％）

		女児	男児	全体	検
うんていをする女の子	よい	96.6	77.1	85.9	
	どちらでもない	0.0	2.9	1.6	
	よくない	3.4	20.0	12.5	
	合計	100.0	100.0	100.0	
	(実数)	29	35	64	
うんていをする男の子	よい	83.9	91.4	87.9	
	どちらでもない	0.0	2.9	1.5	
	よくない	16.1	5.7	10.6	
	合計	100.0	100.0	100.0	
	(実数)	31	35	66	

　インタビューの回答より，男の子の79.4％が「うんてい」で遊ぶと回答していたのに対し，女の子でこの遊びをしていると回答した割合は48.4％に過ぎなかった。また，男の子の90.6％がこの遊びを好んだのに対し，女の子でこの遊びを好む者は72.0％にとどまっていた。

　女の子と男の子のそれぞれについて「うんてい」遊びをしてもよいかどうか尋ねた結果は，表7-6に示したとおりである。この表には統計上有意差はみられないものの，自分の生物学的性と異なる子どもがその遊びをしている絵について，「よくない」と回答する割合が，それぞれ約20％いた。とりわけ，女の子が「うんてい」遊びをしても「よい」と答える男の子の割合は，女の子による回答の割合よりも少なく，その差は約20％であった。

　子どもたちは，「うんてい」を，女の子と男の子のそれぞれについて適切な遊びと考えているか，それを明らかにするためにかれらの語りの質的分析を行った。下に，ふたつの会話例，例7-19および例7-20を示す。

　　例7-19　リョウスケ　B園5歳児（観察当時4歳児）5歳9ヶ月

　　Ｉ：じゃあ〔うんていで遊ぶ女の子の絵を指す〕左のお友達はこの遊びをしてもいいと思いますか。

第Ⅱ部　ジェンダー構築のエスノグラフィ

　　Ｃ：()〔首を振る〕
　　Ｉ：〔うんていで遊ぶ男の子の絵を指す〕右のお友達はこの遊びをしてもいいと
　　　　思いますか
　　Ｃ：()〔うなずく〕
　　Ｉ：どうして左のお友達はこの遊びをしては()
　　Ｃ：怪我するから
　　Ｉ：怪我するからか

　　　　　　　　　　　　　例7-20　タロウ（前出）

　　Ｉ：じゃあね　同じ遊びをしている２人のお友達がいます　　左のお友達はこ
　　　　の遊びをしてもいいと思いますか
　　Ｃ：<u>思わん</u>
　　Ｉ：思わない
　　Ｃ：〔うなずく〕
　　Ｉ：右のお友達はこの遊びをしていいと思いますか
　　Ｃ：いいと思う
　　Ｉ：いいと思う
　　Ｃ：〔うなずく〕
　　Ｉ：どうして左のお友達はこの遊びをしてはいけないと思いますか
　　Ｃ：<u>落ちるけえ</u>
　　Ｉ：落ちるけえ　落ちるけえ〔確認〕　　右のお友達は落ちないのかな
　　Ｃ：<u>男じゃけえ落ちても大丈夫じゃけえ</u>
　　Ｉ：あ　男じゃけえ　落ちても大丈夫なのね
　　Ｃ：うん

　　Ａ園とＢ園の子どもたちのなかには，この遊びを，高いところにぶらさが
るために「危ない」あるいは「注意を要する」遊びであると認識していると思

182

第7章　子ども自身によるジェンダーの解釈

われる回答がみられた。一部の子どもたちは、この「危険」のために、女の子がこの遊ぶことについて適切だと「思わない」と回答していた。例7-19のリョウスケは、女の子は「怪我するから」この遊びをしてはいけない、と語った。例7-20のタロウは、この遊具には「落ちる」危険があることを理由に、女の子はこの遊びをしてはいけない、と語った。

しかし、その「危ない」遊びをすることは、男の子には許容されていた。タロウは、筆者が「右のお友達は落ちないのかな」と尋ねた時、「男じゃけえ（＝男だから）落ちても大丈夫」と回答している。

このような回答の傾向、「うんてい」遊びの適切性をめぐる解釈より、女性は弱い、そして男性は強い、というジェンダー特性に関する観念を、少なくない人数の子どもたちがもっており、それをインタビューの刺激絵の解釈や筆者による質問への回答に適用していることがうかがえる。

ただし、A園では、実際には多くの女の子が木登りや「うんてい」遊びをしていた。子どもたちの語りと実際の行動の間には、ギャップがあることにも注意する必要がある。この点については、後に考察を行う。

第4節　子どもの語りにみるジェンダーの越境

インタビューの結果より、子どもたちは、服装、玩具、キャラクター、遊び活動のいずれについても、「ジェンダー」に言及していた。子どもたちの語りから、かれらは「二分法的なジェンダー」に準拠してさまざまな事物の意味を解釈していることがうかがえた。

一方で、インタビューの結果は、子どもたちが必ずしも「二分法」にとらわれていない側面もあることも示していた。何人かの子どもたちは、必ずしも「二分法的なジェンダー」にとらわれていないと思われる選択を行っていた。また何人かの子どもたちは、それに「とらわれる」こととと「とらわれない」ことの間を、行き来しているように思われた。これらについて、以下、事例を示しつつ述べる。

第Ⅱ部　ジェンダー構築のエスノグラフィ

1.「二分法」にとらわれない語り
　前節で述べたように,「ままごと」については,「女の子の遊び」ととらえる子どもが多く,また,「ボール蹴り」や「うんてい」については,「男の子の遊び」と答える子どもが多かった。その一方で,これらの遊び活動について,「女の子・男の子のどちらもその遊びをしてもよい」と考える子どもたちが何人かいた。
　観察調査時,Ｃ園では,園内に備え付けられている「うんてい」でみんなが遊んでいる光景が,しばしば観察されていた。この園の5歳児クラスに在籍するタツヤの語りをみてみよう(例7-21)。彼は,この会話の後半,園内の活動でみんな一緒に行っている「うんてい」について,女の子・男の子のどちらも,それをしてよい,と語っている。

　　　例7-21　タツヤ　Ｃ園　5歳児(観察当時4歳児)　5歳6ヶ月

　　Ｉ：〔「ボール蹴り」をする女の子と男の子の絵を示す〕じゃあ左のお友達と　右
　　　　のお友達　同じように　同じ遊びをしているけれど　左のお友達はこの
　　　　遊びをしていいと思いますか
　　Ｃ：<u>だめ</u>
　　Ｉ：え　なんで　なんでだめなの
　　Ｃ：<u>女の子だから</u>
　　Ｉ：女の子だからだめなのか
　　Ｃ：〔うなずく〕
　　Ｉ：じゃあ　右の　ちょっと待ってね〔先に進んでしまったスライドを元に戻
　　　　す〕ええ　この右のお友達はどう思いますか
　　Ｃ：いいと思う
　　Ｉ：いいと思う　どうして
　　Ｃ：<u>男だから</u>
　　Ｉ：ああ　本当
　　Ｃ：〔うなずく〕

第7章　子ども自身によるジェンダーの解釈

I：うん　うん　わかりました　じゃあ　この〔「うんてい」をしている男の子の絵を示す〕これどういう遊びしてるところだかわかる

C：お外

I：お外　ほら屋上にあるでしょ　こういうおもちゃが　あ　こういうおっきなのが

C：うん

I：うんていっていいます

C：ああ　うんてい

I：うん　うんてい　うんていはよくしますか

C：する　する　する

I：本当　好きですか

C：好き

I：本当　え　屋上　屋上とかでよくしてる

C：する

I：本当

C：時々してる

I：時々してる

C：〔うなずく〕

I：あ　本当　うん　〔「うんてい」をしている女の子と男の子の絵を示す〕じゃあ左のお友達と右のお友達　ええ　同じ遊びをしています　左のお友達はこういう遊びをしていいと思いますか

C：いい

I：右のお友達はどうですか

C：いい

I：本当

C：<u>どっちともいい</u>

I：どっちともいいんやね

C：<u>だって屋上でみんなしよるもん</u>

I：みんなしよるもんね　うん

第Ⅱ部　ジェンダー構築のエスノグラフィ

「男の子の遊び」と多くの子どもたちに考えられていた「ボール蹴り」についても，ごく少数ではあるが，それを好む女の子の語りがみられた。例7-22のチヅルは，年上のきょうだい（お兄ちゃんとお姉ちゃん）と一緒にしたエピソードを語った上で，筆者が女の子も男の子もこの遊びをしてもいいか尋ねた時に「はい」と答えている。

例7-22　チヅル　A園　5歳児（観察当時4歳児）5歳0ヶ月

Ｉ：うん　ボールで遊んでるね　これ蹴って遊ぶやつ　こういう遊びはよくしますか
Ｃ：はい
Ｉ：どういうところでしますか
Ｃ：昨日運動場でしよった　お兄ちゃんとお姉ちゃんと
Ｉ：うーん　本当　お兄ちゃんとお姉ちゃんとするんだ　この遊びは好き？
Ｃ：()〔うなずく〕
Ｉ：じゃあ同じ遊びをしている2人のお友達がいます　左のお友達はこの遊びをしてもいいと思いますか
Ｃ：はい
Ｉ：右のお友達はこの遊びをしてもいいと思いますか
Ｃ：はい

ただし，子どもたちの語りには，「二分法」にとらわれている面ととらわれない面の並存も時としてみられた。例7-21のタツヤは，「うんてい」について男の子も女の子もしてよい，と「二分法」にとらわれない回答をしていた。その一方で，この会話例の前半において，彼は，「ボール蹴り」については「二分法」にとらわれている。つまり，女の子に対しては「女の子だから」その遊びをしては「だめ」と断言し，男の子に対しては「男だから」その遊びをして「いいと思う」と語っている。

第7章　子ども自身によるジェンダーの解釈

　これら語りの分析より，子どもたちが「二分法的なジェンダー」にとらわれずにある遊びについて語るかどうかは，その遊びが，回答した子どもの日常生活のなかで「子どもの性を問わずに」行われているかどうかによる，と考えられる。タツヤにとって，「ボール蹴り」は，通常男の子によって遊ばれている遊びである。これに対し，「うんてい」は園での運動遊びのなかで「みんなしよる(=みんながしている)」遊びである。そのため，彼は「うんてい」については「性別に関係ない遊び」と解釈している。また，チヅルにとって，「ボール蹴り」は，自分が年上のきょうだいとしている遊びであり，自分にとって身近であるため，男の子も女の子もしてよい遊びである。つまり，子どもたちの普段の活動のなかで行っている遊びであるかどうかにより，その遊びが「誰のもの」であるか，についての理解は異なってくるのではないかと考えられる。

2．「二分法」への「修正」

　ここで，「二分法的なジェンダー」にとらわれない語りの途中でそれを修正した１人の女の子の語りに注目し，分析する。

　例7-23は，ひとりの女の子に「ボール蹴り」をしている２人の子どもの絵を見せたところから始まる，「ボール蹴り」に関する一連の会話の逐語録である。ここに登場するアユミは，当時A園の４歳児クラスに在籍していた女の子である。なお，彼女は，前年度の観察調査時にも在園しており，２歳年上の姉も前年度に在園していた。

　　　例7-23　アユミ　A園　４歳児(観察当時３歳児)　４歳９ヶ月

　Ｉ：じゃあ　これはねサッカーをしてるところです　アユミちゃんはサッカーはしますか
　Ｃ：大人になってサッカー選手になる　なりたいです　てね　笹の葉にね紙に書いて笹の葉に飾った
　Ｉ：あー　本当　サッカー選手になりたいって　短冊に書いた

187

第Ⅱ部　ジェンダー構築のエスノグラフィ

C：〔うなずく〕
I：本当　よかったね　じゃあサッカーは好き
C：()〔うなずく〕
I：あ　本当
C：やおいボールしかね
I：うん
C：やおいボールしか好きじゃない　サッカーするとき
I：本当　うん
C：大人になっても　ね　あのね　こうやってね足蹴られたりするんだって　硬い靴で
I：うん　硬い靴でね蹴られるね　うんうん
C：やおいボールしか嫌
I：うん
C：それにね　胸ね　頭でパーンってされたらもう出れんくなる
I：〔笑って〕そうじゃねおったね　そういう　胸ねバーンってね　頭で胸をゴーンってした人がおったね
C：それ見た
I：見た
C：お母さんと
I：あ，お母さんと見たんだ　びっくりした
C：()〔うなずく〕
I：ふーん　本当　ふうん　そうなんだ
C：あのね　こうやって人が言いよった　サッカー選手って頭って　で胸をターンってしたらもう出れなくなりましたって
I：うん　そうだね　出られなくなってたね　うん　言ってたねー
C：でも外国人だった
I：うん　そうだった　外国人だったね　うん　じゃあサッカーをしているお友達の絵です　これ別の絵だと思ってね　このお友達はサッカーをしてもいいと思う
C：うん

188

第7章　子ども自身によるジェンダーの解釈

　Ｉ：ん　じゃあこのお友達はサッカーしてもいいと思う
　Ｃ：でも男の人しかやらんけ　やっぱこっちしかだめ
　Ｉ：え　本当　男しかやらない　サッカーは
　Ｃ：うん
　Ｉ：本当
　Ｃ：あのね　男しかね　サッカー選手出てなかった
　Ｉ：あ　本当　男しか出てなかったね　そういえばそうだね　うん
　Ｃ：うん　　じゃけんね　男しかやりよらん

　アユミは,「ボール蹴り」の絵について筆者が「サッカーはしますか」と問いかけたとき,「大人になって……サッカー選手になりたい」と語りはじめる。彼女は, その願いを七夕の短冊に書いた, と語る(下線部)。その後, ワールドカップの決勝戦での選手の退場シーンをテレビで母親と見たことを語る(波下線部)。

　ところが, 筆者が「ボールを蹴っている女の子」の絵を見せて「このお友達はサッカーをしてもいいと思う」と尋ねた時,「でも男の人しかやらんけ(＝しないから)　やっぱこっちしかだめ」と言う。筆者が急な回答の変化に戸惑い, 彼女に確認したところ, 彼女は男性しかテレビに出なかったことに繰り返し言及する(二重下線部)。

　一連の語りのなかで, アユミは, いかに「サッカー」を「ジェンダー」と関連づけているのか。会話の前半部分, 彼女は, サッカー選手になりたいという願いを七夕の短冊に書いたこと, 家族とともにサッカーのワールドカップのテレビ中継を見たことを語っている。これらより, 少なくともこの会話の前半部分では, 彼女は「サッカー」を見たりしたりすること自体に関しては,「二分法的なジェンダー」にとらわれていなかったと思われる[8]。

　その後, 彼女は, テレビ中継内容に言及した(波下線部)。テレビである外国人選手が退場になった場面を語った後, 彼女はテレビに登場するサッカー選手が男性ばかりであることを思い出している(二重下線部)。この時, テレビのなかのサッカー選手の性別など, メディア情報を参照することにより,

彼女は自らの考えを，彼女自身がそれまでに知っていた「常識」に即して「修正」したのではないか，と考えられる。

彼女の「修正」には，筆者との相互作用も関連していると考えられる。彼女の回答に対する筆者の反応の特異性[9]や，意図されない表情の変化などは，彼女の語りへの筆者の特別な興味を示すことになったかもしれない。それらが彼女に，自らの回答が，彼女が知りえた「常識」に照らせば「イレギュラー」であることを悟らせた可能性を，否定することはできない。

第5節　子どもによって語られたジェンダー構築

1. 「二分法的なジェンダー」と子ども

本章で明らかになった，子どもの語りにおけるジェンダー構築のありようは，次の3点にまとめられる。第1に，服装や玩具などの選好において，多くの子どもたちは自らのジェンダーに適していると考えられている選択を行っていた。第2に，かれらは，遊び活動についての語りにおいても，自らのジェンダーに適しているかどうかに即して，選択を行っていた。第3に，かれらの一部は，「ジェンダー」にとらわれない選好を行っていた。

これらの結果を踏まえ，「常識知」としてのジェンダー，子どもたちのジェンダー構築の2点について，考察を行う。

第1に，「常識知」としてのジェンダーについてである。本章で得られた分析結果は，「男の子のもの」「女の子のもの」という考えが，多くの子どもたちによって共有されていることを示唆する。その考えは，一種の「常識」として言及されていた。

この「常識」としてのジェンダーに関する知は，「ジェンダー」という二元論的で非対称的なシステムの強固さを示している。私たちは，言語を用いて，私たち自身を「対」としての「女」か「男」のいずれか一方に配分しようとする。この点は，先行研究の知見とも対応しているように思われる (Davies 2003)。

それでは，これらのジェンダーに関する知は，どのようにして子どもたち

第7章　子ども自身によるジェンダーの解釈

にもたらされるのか。何人かの子どもたちは，インタビュー中，大人や仲間集団とのかかわり，マス・メディアでのスポーツの取り扱いに言及していた。ここから，かれらが，他者との相互作用やマス・メディアとのかかわりをはじめ，さまざまな事物を通して「二分法的なジェンダー」に関するメッセージを受け取っていることが推測される。

　第2に，子どもたち自身のジェンダー構築についてである。子どもたちは，語りのなかで，「女だから」「男だから」などと，刺激絵について，ジェンダー・カテゴリーを用いて分類し解釈していた。したがって，かれらは，外界からの「二分法的なジェンダー」に関するメッセージを受動的に受け止めるだけではなく，主体的に，ジェンダーに関する知を活用して，生活世界を解釈することもできるのではないだろうか。

　なお，第4節で述べたように，子どもたちの一部は，「二分法的なジェンダー」にとらわれない語りをしていた。かれらは，たとえばC園での「うんてい」のように，園の保育活動で「二分法的なジェンダー」にとらわれない遊具での遊びや日々の生活での経験を通して，服装・玩具や活動などに関する多様性があることを理解し，それを解釈に適用していると考えられる。

　一般に，子どもたちは，大人の価値観を受動的に教え込まれる存在としてとらえられがちである。しかし，子どもたちは，大人の価値をただ内面化するばかりではない。先行研究においても，子どもたちは，大人たちや仲間集団とのかかわりを通して社会的世界の構築に寄与する，という知見が示されていた。本章で行ったインタビューの分析結果より，子どもたちは，単なる客体としてではなく，自ら主体として「二分法的なジェンダー」について解釈し，ジェンダー構築を行うことができる，ということが示唆される。

　一方，子どもたちの解釈および語りの内容は，質問を行った筆者との相互作用の結果としてあらわれてきた可能性があることにも留意する必要がある。資料7-23のアユミは，筆者との会話の途中で，自分の見解を「修正」した。彼女の発言の変化から，彼女が筆者との相互作用のなかで「テレビのサッカー中継」にあらわれているジェンダーに関する情報，つまりサッカー中継には男性しか登場していなかったことを思い出し，その「常識」を参照して自らの考えを修正したことが考えられる。

191

第Ⅱ部　ジェンダー構築のエスノグラフィ

2．共同解釈者としての子どもへのアプローチ

　本章では，幼児を対象にしたインタビューの語りを分析することにより，子どもたちが「二分法的なジェンダー」を理解し，解釈し，応用していることを明らかにした。ここでは，子どもたちが「主体的」にジェンダーを語り，さらにそれに関する知を操作できることを，かれら自身の語りの分析によって示した。

　子どもたちは，インタビューにおいて，筆者より一方的に考えを引き出されていたわけではない。かれらは，質問者である筆者が意図的・無意図的に提示したジェンダーに関するメッセージを受信する存在であると同時に，筆者との交渉を通して自らのジェンダー概念を構築し表明することができる存在でもあった。インタビューの会話の分析結果より，子どもたちは，ジェンダー形成において単なる受容的な客体ではなく，主体的な構築の一端を担うことができることが示唆された。したがって，かれらは，非対称な関係性によって結ばれている大人である筆者と，共同して解釈作業を行うことができる，と考えられる。

　次章では，第Ⅱ部の締めくくりとして，子どもたちに日頃接している保育者たちは子どもによるジェンダー構築をいかにとらえているか，インタビューの分析を行う。

注
1　2005年調査当時，B園の5歳児クラスでは，女の子たちによって青色が好まれていた。
2　第4章第2節の例4-6，および同第4節の例4-14を参照。
3　「ボウケンジャー」とは「轟轟戦隊ボウケンジャー」，「プリキュア」とは「ふたりはプリキュア　Splash Star」の略であり，「ピカチュウ」は「ポケットモンスター」の主要キャラクターである。
4　絵に描かれた子どもの性別は，回答者と同じにした。
5　「なわとび」は，子どもたちの日常の身体活動である。しかし，インタビューの回答からは，それがジェンダー化された活動としてとらえられているとは言えないようであった。
6　ただし，誰に怒られるかについては確認できなかった。ここで彼の語りを十分に

第7章　子ども自身によるジェンダーの解釈

引き出せなかったことは，反省すべき点である。
7　後述の例7-23も参照のこと。
8　ただし，サッカーをする場合も，「やおい（＝柔らかい）ボールしかダメ」などと発言している。その意味では，必ずしも「男の人がするような」サッカーをしよう，とは考えていないとも解釈できる。
9　彼女にとって，「本当ー」「よかったね」という反応は，それまでの筆者の反応と比較すれば，過度に思われる賞賛を含むもの，特別なものに思われたかもしれない。

第8章
子どものジェンダー構築に対する保育者の解釈

　ここまでの各章では，子どものジェンダー構築のありようを，幼稚園・保育園における子どもたちの生活の観察調査，および子どもへのジェンダーに関するインタビューをもとに検討してきた。
　本章では，これまでの各章とは異なる角度より，子どもたちのジェンダー構築を検討する。すなわち，保育者によって語られた，幼稚園・保育園での子どもたちのジェンダー構築実践を，インタビューを手がかりに明らかにすることを試みる。すなわち，かれらのジェンダー構築について，保育者たちはいかなる解釈を行うのか，そして，その解釈は保育実践にいかに結びつけられているのか，検討を行う。
　ここでは，子どもたちの活動やインタビューにおけるジェンダー実践に関する，保育者へのインタビュー結果について，次の2点に注目して検討を行う。第1に，かれらは，子どもたちのジェンダー実践をどのように解釈しているか。第2に，その解釈はかれら自身の保育実践にどのような影響を及ぼしているか。

第1節　保育者の解釈を検討することの意義

　保育者たちは，幼稚園・保育園で子どもたちが過ごす時間の大半を，かれらとともに過ごす。このため，かれらのふるまいやことばかけは，子どもたちのジェンダー構築実践において重要な役割を果たすものと考えられる。
　また，発達・社会化モデルにおいて，保育者は，社会化のエージェントのひとつとみなされる。保育者たちは，子どもたちにとっての役割モデルとしてふるまい，子どもたちはそれらを学習している，と考えられている。

第8章　子どものジェンダー構築に対する保育者の解釈

　構築主義的アプローチにおいても，保育者自身が提示するジェンダー表象や言語は，子どもたちによるジェンダー構築実践の材料となりうる，ととらえることができる。ただ，構築主義的アプローチは，保育者も子どもも，ジェンダーという一種の知の体系を，日々の相互作用のなかでともに構築することができる，ととらえる点で，発達・社会化モデルとは異なる。

　そこで，保育者はいかに子どものふるまいを解釈するか，に注目することの必要性が浮かび上がる。子どものふるまいにあらわれたジェンダーに関する保育者の解釈は，保育者による保育実践へと導かれるものである。したがって，保育者もまた，幼稚園・保育園におけるジェンダー構築の一端を担うと考えられる。

　したがって，保育者のインタビュー回答は，かれら自身のジェンダー構築の一端をあらわすものであると考えられる。それは，かれらが所有する「一定の」考えの表出としてのみではとらえられない。それは，筆者との相互行為を通して産出された，保育実践および園児によるジェンダー構築をめぐる解釈である，ととらえられる。

　本章では，次の手順で分析を行う。第1に，子どもたちの活動やインタビューにあらわれたジェンダー実践に対する，保育者の解釈構造を検討し，保育者が幼児のジェンダー構築をどのようにとらえているか，明らかにする。保育者による子どもの活動の解釈のありようを明らかにすることにより，保育者自身による子どもとの共同解釈の一端を明らかにすることができると考えられる。

　ここでは，子どものジェンダー構築に関する保育者のインタビュー回答について，かれらが子どものジェンダー実践についてどう解釈しているか，つまりかれらは子どもがいかにジェンダー化されていると解釈しているのか，かれらは子どもの行為をどのように意味づけるのか，に注目して分析を行う。保育者は，子どもたちが既存のジェンダーにかかわる「知」，つまり「ジェンダー知」を受動的に獲得することに注目するのだろうか。それとも，保護者，保育者などの大人とともに，社会における秩序のひとつであるジェンダーを主体的に解釈し，演じ，構築していくことに注目するのだろうか。

　第2に，保育者たちが，自らの解釈をどのように保育に取り入れようとし

第Ⅱ部　ジェンダー構築のエスノグラフィ

ているかに注目する。保育者の解釈が保育実践に取り入れられることもまた，幼稚園・保育園におけるジェンダー構築の一端であるためである。

　保育者自身による解釈はどのようにかれらの保育実践に関連しているかの分析においては，第1に，保育に関する「ジェンダー知」をめぐるかれら自身の構え，第2に，かれら自身の経験と子どもの自己呈示との出合いによる葛藤とそれらが保育実践にもたらす影響，の2点に注目する。後者については，かれら自身の過去の経験も考慮に入れて，分析を行う。

　本章では，2005年調査で行った2回のインタビューを，主な分析データとする。なお，保育の状況に関する解釈，子どものジェンダー実践に関する解釈については，1998年調査，2000年調査でのインタビューもあわせて参照する。

　以下，登場する保育者は，すべて仮名とした。各会話の末尾には，保育者の仮名，在籍園，担任クラス，保育年数，および必要に応じて調査時期を掲げた。保育年数は，インタビューを行った時点（2005年調査については第1回調査時点）での，教諭または保育士としての経験年数とした（1年未満は切り捨て）。

第2節　子どもの「ジェンダー化」「ジェンダー構築」に対する解釈

　インタビューの回答をみると，保育者たちは，子どもたちが園生活のなかで「ジェンダー化」されていることに気づいているようであった。ひとつは，子どもたちの好みがその子自身の生物学的性によって異なることに関して，もうひとつは，子どもたちがその知識を活用して仲間と相互作用を行っていることに関してである。以下，保育者の語りを引用しつつ，詳細に述べる。

1．子どもの「ジェンダー化」

　1998年調査では，「女の子」「男の子」の違いについて，しばしば，行動についての言及がなされていた。例8-1においては，成熟度の違いについて，保育者の解釈が行われていることがうかがえる。

第8章　子どものジェンダー構築に対する保育者の解釈

例8-1　女の子の成熟への言及

<u>女の子の方が育ちが早いっていうのか，おませさん</u>……特にこのクラスは女の子が強いです。しっかりしている。〔中略〕
　全体的にも平均して，どちらかというと男の子より女の子の方がしっかりしている。やっぱり，<u>お母さんの手伝いをしている</u>，というような生活をしているなかでですからね。すごく，やっぱり，しっかりしているところがある。甘えん坊じゃない。

(ヒロコ先生：A園，5歳児担任，3年，1998年調査)

　ヒロコ先生の発言より，女の子の方が男の子に比べ成熟が早く，しっかりしている，と考えていること，その背景には，母親の手伝いなどがある，と考えていること，が読み取れる（下線部）。
　このような男女の「違い」に関する認識は，2005年調査においてはほとんど言及されていない。保育者のなかには，子どもたちについては「ジェンダー」は関係ない，と考えている者もいた。
　次の例8-2をみてみよう。

例8-2　性別分化の有無

〔遊び集団の男女での分化の有無を問われて〕
　T：わかれて…うーん。そっ，でも，だい…たい一緒に遊んでるのは遊んでるとは思うんですけど，ま，でも，いっつも遊んでる女の子のグループは，だいたいいつも，そのグループで遊んでるかなあってのは，ありますけどね。
　I：うん，うん，うん。
　T：子どもたちのなかで遊ぶ，グループとまた，先生と関わったとき，
　I：あー，あー，あー。

第Ⅱ部　ジェンダー構築のエスノグラフィ

　　T：に，集まるのはやっぱ，違うのは，違いますね。

　　　　　　　　　　（T＝ダイスケ先生：A園，4歳児担任，1年；

　　　　　　　　　　　I＝筆者（以下同様），2005年第1回）

　上記の語りでは，ダイスケ先生は，いったん「(男女は) 一緒に遊んでいる」と回答しようとしている。しかし，筆者の問いかけに対し，「別々に遊ぶ」例を思い出し，「いっつも遊んでる女の子のグループ」について語る。
　この語りより，園の保育活動において，保育者たちは，「ジェンダー」は関係ないと，あえてジェンダー・カテゴリーを意識化していないこと，一方，筆者自身による「男女での遊び集団の分化」への意識化を読み取り，それに合わせるよう自らの語りを修正すること，のふたつが考えられる。

2．選好とジェンダー
　インタビューの回答において共通していたのは，保育者たちは，子どもたちが生物学的性によって異なる好みをもっている，ととらえていたことである。そこで，園での観察調査や園児へのインタビュー結果にあらわれた子どもたちの選好について，保育者の解釈を検討することにする。
　保育者たちに，子どもたちの選好がジェンダーによって異なるかどうかについて尋ねたところ，かれらの多くは，子どもたちは「性によって異なる」好みをもつ傾向にある，と語っていた (例8-3：下線部)。

　　　　　　　　例8-3　子どもの選好の性別分化

①〔男の子が，別の男の子のシャツをみて「お前女だー」と言っていたくだりについて〕それ，色とかですね。……赤い色だと，女の子っていう感じですね。まあ，私なんか，こういうの〔＝お誕生会でお誕生日の子がテーブルの上に敷く色画用紙製の敷物〕作っても，やっぱり男の子は男の子の色ていうか，水色とか，青とか，緑とか……にしてしまいますね。やっぱり，こうい

第8章　子どものジェンダー構築に対する保育者の解釈

う感じで，画用紙に……男の子はそういう色になるし，女の子はピンクとか黄色とか，……。

（マチコ先生：Ａ園，４歳児担任，４年，1998年調査）

②あとは，あの，<u>テレビの，あの，ヒーローものというか，そういうのになぞらえて遊んでる</u>。あの，そこへいったらやっぱり<u>男の子は，その，なんとかレンジャー</u>とか，そういうのには女の子が２，３人加わっているとかで<u>女の子は，なんかどれみちゃん</u>とかいうキャラクターものですか，になって遊んでたりとかしますね。

（ユウコ先生：Ｂ園，５歳児担任，９年，2000年調査）

　2005年調査の第２回インタビューでは，子どもインタビューの集計結果およびビデオクリップを示して，保育者の解釈について語ってもらった。ここでも，子どもたちによるジェンダー化されたふるまいの背景に関する解釈がみられた。例8-4に，その一部を示した。
　①のナツ先生は，子どもへのインタビューで女の子の多くがスカートを好んでいたことについて，女の子がスカートをうれしそうに見せる様子を語る。また，②のサユリ先生は，筆者が，ヒーローごっこをしている子どもたちの様子を撮影したビデオクリップの一部分を示したときに，そこに女の子がひとり映っていたことを確認しつつも，男の子がヒーローごっこを好むことが多いことに言及している。

例8-4　選好の背景

①〔女の子がスカートを好むことについて〕……でも必ず<u>女の子はやっぱスカートの，憧れじゃないけど，はいて，うれしそうに，先生ほら，って，買ったー，とか，ほら，って見せるから……。

（ナツ先生：Ｃ園，５歳児担任，６年）

199

第Ⅱ部　ジェンダー構築のエスノグラフィ

②〔ヒーローごっこについて〕どうしてもやっぱり。特に男の子なんですけどね。そういうやっぱりヒーローごっこに，憧れてそういうことをする。まあ今の子〔ビデオ内容について〕1人女の子がおったけど。男の子女の子って，もし，したときにやっぱり，うん，断然男の子のほうがやっぱり。

(サユリ先生：C園，3～5歳児統括，30年)

　2005年第2回インタビューにおいて，子どもの好みが生物学的性によって異なることは，ある種の「常識」として理解されていると考えられる語りがみられた。2人の保育者の語りにあらわれていた「やっぱ（り）」「特に」(傍点部)といった表現には，女の子がスカートを好むこと，あるいはヒーローごっこ遊びを男の子が好むことは，少なくとも彼女たちにとっては「常識」である，ということがほのめかされている。

　また，彼女たちは，女の子や男の子が特定の服を着ることや遊びをすることの背景には，かれらによるその事物への「憧れ」(波下線部)がある，と分析している。つまり，子どもたちは自らの「ジェンダー」に適合した存在になることへの「憧れ」を動機として，性別によって異なる嗜好をもつのではないか，ととらえている。

　ただし，保育者のなかには，子どもの選好における多様性に言及する者もいた。かれらは，保育活動のなかで，一般的に考えられている選好とは異なる選択をしたケースがあると，しばしば述べていた。例8-5には，少し長いが，2005年第1回インタビューにおけるA園のアズサ先生との会話の一部を引用する。

例8-5　多様性への言及

T：そうですね，何か時々私のエプロンして，したらなんかスカート（ ）になりますよね。そしたら何か女になっとる，まあ男の子がそれをやってたら，

第8章　子どものジェンダー構築に対する保育者の解釈

　　　あ，女になっとるみたいな感じで言ってるときもありますね。どうなんで
　　　しょうか，特にそこまでスカートズボンはない（）ないですね。
　【中略】
　　T：そうですね，男の子はピンクが好きって言うのはま，あんまり。でも今は
　　　あのコマ作ったんですよ。
　　I：ああ，コマ。
　　T：コマ作って，コマ，画用紙に自分たちで絵を描いて，真ん中に糸を通して
　　　こうグルグル回すコマ。
　　I：なるほど，糸を使ったコマの方ですね。
　　T：はい，でそれをやってる，ま，黒とピンクを私がたまたま用意してたんで
　　　すよ。
　　I：なるほど，あ，紙をですね。
　　T：あ，あの糸です。
　　I：糸，糸ですね。
　　T：はい。でそしたら男の子がほとんど黒を選ぶかなと思ったら何人かこっち
　　　のピンクの方がいいって言ってピンクもって行ったりしてたんで別にもう
　　　ピンクもそこまで，赤だったら抵抗ないのかな，とも思ったんですけど。
　　　　　　　　　　　　（T＝アズサ先生：A園，3歳児担任，3年）

　この例の冒頭部分で，アズサ先生は，エプロンを着用している男の子のこ
とを「女になっとる（なっている）」と発言する子どもがいることに言及して
いる（下線部）。一方で，彼女は，「そこまでスカートズボンはない」（二重下線
部）と語っていることから，明確な「差異」の存在には懐疑的であると考えら
れる。

　その後語られる工作の時間のエピソードは，子どもたちによる選択の多様
性を示している。アズサ先生は，「男の子がほとんど黒を選ぶ」という発言か
らも，おそらく，色彩の好みにはジェンダーによる差異がある，という前提
で，黒とピンクの2色の糸を用意したと思われる（下線部）。しかし，実際には，
何人かの男の子がピンクを選択した（二重下線部）。アズサ先生によるそので

201

第Ⅱ部　ジェンダー構築のエスノグラフィ

きごとの語りは，一部の男の子の行為が，彼女にとって予想外であったことを示す一方で，色彩の好みが必ずしも性による固定的パターンになるとは限らないという，彼女の気づきに至るきっかけとなった可能性も示唆している。

3. 背景としてのメディア情報

何人かの保育者は，子どもたちの性別によって異なる選択は，環境とかかわりがあることに言及していた。例8-6には，2005年第2回インタビューにおける，それに関する保育者の語りの例を示した。

例8-6　環境とのかかわり

①〔子どもによる「ボール蹴り」選好の結果を見ての会話〕

T：そうでもないと思うんですけど。やっぱり，テレビとかに出るのは男の人が多いから，そういうイメージがあるんじゃないですかね。

I：そうですね。うーん。何か，えっと，その，ある子に関しては，え，サッカーの話は好きだけど，でも男の人しかしない，ていうふうな感じのことを言ってたのは，まあ言ってたんですけど。

T：だから，あの，私たちでもやっぱりワールドカップになでしこジャパンが出たから，ああ，女の人たちのプロもあるんだっていうのを知ったていうのは多分多いと思うんですね。だからやっぱりテレビの影響が多いっちゃないかなとは思いますね。

（T＝ショウコ先生：B園　3歳児担任，13年）

②女の子自体の服装とか色んなものに，ほいで商品に関しても，ほぼピンクじゃないですか。それ，ピンクイコール女の子っていうので，そういうふうに売り出せば，子どももそのまま素直に受け取るんで，それはまあ，それがもし青だったらたぶん女の子は青を好きになると思うんですよね。

（ダイスケ先生）

第8章　子どものジェンダー構築に対する保育者の解釈

③〔色彩選好について〕だから色んな選択を，もう小さい頃からしてると多分，好きな色って〔中略〕いろんなのに分かれるんじゃないかなと思うんですけど，5歳児でも，ピンクが好きって男の子でも取る子もいるので。

(ヨシエ先生：B園　3歳児担任，18年)

　子どもの選好における生物学的性による偏りの背景のひとつとして，多くの保育者たちは，メディア情報の偏りを挙げていた。たとえば，先述のサユリ先生（例8-4）は，子どもたちが，テレビあるいはヒーロー番組の影響を受けて「ごっこ遊び」をしていることに言及していた。
　例8-6においては，他者の影響に言及されている。まず，①のショウコ先生との会話は，「ボール遊び」を男の子が好むことが多い，という子どもインタビューの結果[1]を筆者が示したときのものである。彼女は，子どもたちによって「サッカーは男のもの」という回答が多く行われた要因のひとつとして，サッカーに関するメディアの取り扱いが考えられる，と語っている。この回答より，テレビでサッカーをしているのは「男の人」に多いことも，「サッカー」を「男の競技」とする解釈につながっているのではないか，と彼女が考えていることがうかがえる（下線部）。
　つづいて，②のダイスケ先生は，子どもたちの色彩の好みに関して，大人たちによるイメージ提示が影響を及ぼしているのではないか，と推測を行っている。ダイスケ先生によれば，女の子がピンクを好むことも，「ピンクイコール女の子」で売り出されたものを子どもが「そのまま素直に受け取る」ことによりつくられたのではないか，たとえば売り出す色が青であれば，女の子は青を好きになるのではないか，ということである（波下線部）。つまり，子どもたちの選好は，大人たちの商品販売，イメージに影響されている，という。
　ダイスケ先生の語りには，子どもの生物学的性による選好の偏りは生得的なものではない，という考えが背景にあると思われる。その一方で，この語りには，子どもはメディアの従順な受け手である，といったメディアと子どもの関係をめぐる言説が反映されていると考えられる。

203

第Ⅱ部　ジェンダー構築のエスノグラフィ

　一方，保育者のなかには，子どもたちは，選択肢さえ用意されれば多様な選択をできる，という考えをもつ者もいた。③のヨシエ先生は，色彩選好に関して，園内で多様な選択肢が用意されていると，子どもの選択も多様になるのではないか，と分析している（二重下線部）。この語りから，子どもは単なる受動的な存在ではない，という保育者の子ども理解がうかびあがる。

──────────── 第3節　保育実践におけるジェンダーの解釈

　先に，第3章で，幼稚園・保育園での観察調査から明らかになった，保育活動におけるジェンダーについて検討した。本節では，保育者が，園の保育実践についてどのように考えているか，インタビューでの回答を手がかりに検討することにしよう。

1.「二分法的なジェンダー」の不可視性　—「男の子女の子関係なく」—
　第3章において，各園での保育活動では子どもの生物学的性にもとづかない処遇が少なからず見られた一方，子ども集団を扱う場面でジェンダー・カテゴリーが使用されていることを明らかにした。このことについて，保育者はどのように考えているのだろうか。
　インタビューの回答を見る限り，保育者もまた，自らの保育実践において，ジェンダーにもとづく処遇を意識的に行っていない，と考えているようであった。例8-7には，2005年第1回インタビューのなかで「性別にもとづく処遇を行っているか」という質問とそれに対する回答を含む会話の例を，ふたつ示した。

例8-7　子どもの性別にもとづく扱い

①
　T：いや，特別男の子も女の子も変わりなく。男の子だからあれをしないとい

第8章　子どものジェンダー構築に対する保育者の解釈

けないとか，女の子だからこうしないといけないっていうのはないですね。
I：うーん，なるほど。えっと，むしろそのまあ気にかけるとしたら，ま，まあ，ジェンダー以外のことでいえば，どういった所，子どもさんの何に気を，配るでしょうか。
T：何でしょうね。うーん，その子，やっぱりその子の，精神状態，体の状態，そういうのに一番気は遣いますね。
I：ああ，なるほど。精神状態や体の，
T：体の調子。
I：うんうん。
T：あと，やっぱり友達との関係，その辺はやっぱ気を遣ってるつもりです。

　　　　　　　　　　　　　　　　　　　　　　（T＝ショウコ先生）

②
T：ああ，そうですね。1回当てた子は，ちょっと次に，またの機会に，ていう感じに，なるんですけど。ま，まあ，ほかに挙がってない，まっちょっとこんな，まあちょっとしっかり手を挙げるようにってのは，声かけはしてるんですけど，あ，ほかに，その子以外にいなかった場合は，また当てますかね。
I：なるほど。例えば，その，ええ。まあ，うん，今日はまあ，だ，こう，女の子，男の子　だいたい同じぐらいの数当てようとか，そういうなんか特別意識されている（）
T：あーあー，<u>特には考えてない</u>ですね。
I：それはもう，挙がった子のなかで，あ，あのーこの子は初めてだっていう風な感じで当てられるーゆう感じですかね。
T：はい。

　　　　　　　　　　　　　　　　　　　　　　（T＝アズサ先生）

　①のショウコ先生と②のアズサ先生はともに，子どもの扱いにあたり性別を意識するかどうかを尋ねられたとき，「変わりなく」「特には考えてない」と

205

第Ⅱ部　ジェンダー構築のエスノグラフィ

答えている。ふたりの保育者は，むしろ，子どもの扱いはほかの基準，たとえば，「元気があるかないか」「まだ指名していないか」などにもとづいて，子どもたちへの働きかけを行っている，とのことである。ふたりの語りにおいては，普段の保育活動での働きかけは，とくにジェンダーを意識したものでないことが強調されている。

2．「二分法的なジェンダー」にもとづく統制
　幼稚園・保育園においては，しばしば「二分法的なジェンダー」にもとづく統制が行われていた。これについて，保育者はどのように考えているであろうか。インタビューでは，男女別整列，活動の割り当て，子どものしつけに注目し，それぞれについてどのようにとらえているかを尋ねた。
(1)男女別整列
　「男女別整列」は，保育活動のなかでしばしば行われていた。1998年調査時に「男女別整列」が観察された時，インタビューでそのことを尋ねたところ，保育者は，男女別整列を，園生活に慣れればできるようになるべき，子どもたちにとっての「課題」としてとらえていた。例8-8には，2000年調査，2005年調査でのインタビューの語りを示した。

例8-8　男女別整列についての語り

①
　T：はい，ですね。整列の時は，あのー，「はい，こちらは男の子，こちらは女の子」ていう感じで。それこそ4月当初は，あの，班別にしてなかったんですよ。今は，あの，班を決めてるんで，男の子女の子あれになってるんですけど。はじめはやっぱり男の子女の子で，並ぶときがですね，やってますね，そういえば，はい。
　I：今は班別で。
　T：はい。だいたい班別です。
　I：班別てのは，え，男女混合で。

第8章　子どものジェンダー構築に対する保育者の解釈

T：はい，もう混合です。はい。

（T＝ヨシエ先生，2000年調査，当時4・5歳児担任）

②
T：まず，並ばせるときには，男の子と女の子でうちは幼稚園は並べてるんですよ。体操順番。男の子を並べてる。そこでももちろん分けてますね。
I：（　）
T：んで，あと，たとえば，給食つぐときにも，今日はなになにちゃんなになにちゃんっていうふうに呼んだんですけど，で，たまに私も，男の子先，女の子先，ていうふうにして，こう，何かをやらせるときに，順番に私のところに来なきゃいけないときは，女の子がじゃこれやって，男の子やって，とかいうふうに。ものつくる，とか，いっぱい，全員じゃ，私1人じゃ大変だから，半分ずつやるってときに，先男の子やるから，女の子は外で遊んでて，男の子が先やるから，というようなことをしていますね。
I：〔あいづち〕
T：何かをやる整理ひとつで，整理整頓，私の頭のなかの整理整頓のするために，分けるひとつの手段，
I：頭のなかを整理するための手段として，
T：手段として，使ってます。何かをする，活動するときの。

（T＝ヒロコ先生，2000年調査，当時4歳児担任）

③もう並（ぶ），着いたときは出席番号，ていうかまあ，男の子女の子に分かれて並んでるんですよ。で，そうやって行った方があの，記録付けをするので，（　）ちょっと見やすいように。

（アズサ先生）

④……男の子と女の子とまあ，お集まりの時とかは，こう並ぶとか，ですね。で，そうなってったときにこう，一列でそういうふうに並んでいったら，こう，分かれる時と，隣同士で組めば男と女の子で，ペアーが必ずできる。

（ミキ先生，B園，4歳児担任，14年）

207

第Ⅱ部　ジェンダー構築のエスノグラフィ

　前半ふたつの語り（①②）は，2000年調査で得られた語りである。これらより，「男女別整列」は当たり前のものとしてとらえられていたと考えられる。①のヨシエ先生の語りからは，「男女別整列」をごく自然なあたりまえのものであることがうかがえる。また，②のヒロコ先生は，「整理整頓」という目的に言及して，「男女別整列」の意味を説明している。
　後半ふたつの語り（③④）は，2005年調査の第2回インタビューで，観察ビデオに記録された「男女別整列」の様子を保育者に示した時に得られたものである。これらの語りより，「男女別整列」は，保育者にとっては性別処遇とは異なる目的で用いられるものであることがうかがえる。③のアズサ先生によれば，「男女別整列」は，クラス全員で行う知的活動である積み木の時間に担任教師が行う「記録」に便利であるという，一定の「根拠」にもとづいて行われるとのことである。また，④のミキ先生は，「ペアー作り」というほかの目的を達成する際に便利である，という「根拠」を挙げている。
　ここから，ふたりの保育者にとっては，「男女別整列」という「性」を参照する処遇には「二分法的なジェンダー」による差異化の意図があるわけではないことがわかる。かれらにとって，「男女別整列」は，むしろ記録や集団統制などを目的とし，ある種の「合理性」にもとづくものである。

(2)活動の割り当て

　子どもたちに対するさまざまな活動の割り当てにおいて，ジェンダーはどのようにあらわれているか。例8-9では，発表会の踊りの割り当てを「男女別」に分けることについて語られている。

例8-9　活動の男女別割り当て

　〔発表会の踊りの割当てについて〕どの曲がいいってこう，決めた時にですね，〔中略〕ひとつは「チビッ子銃士」っていってその，まあ，言わば役柄が男の子ていうか……〔中略〕もうひとつのココナッツ，「南の島のココナッツ」，<u>これはも</u>

第8章　子どものジェンダー構築に対する保育者の解釈

う別に男女でもよかったんですけど，それが，別。だからそれで男女を分けて，あともう1曲，日本舞踊のがあるんですけどそれを男女一緒。

(ヨシエ先生)

　ここでは，「チビッ子銃士」という踊りが「役柄が男の子」という特徴であったことから，その踊りを「男の子」に割り当てたこと，そこから，順次ほかの踊りのメンバー構成を定めていったこと，その結果として，3つの踊りのうちふたつについて，男女別のグループによる構成となったことが語られている。この語りからは，ひとつの踊りが「男の子」的，つまり男性的であることが，「二分法的なジェンダー」にもとづく子どものグループ分けの「合理的」根拠のひとつとして採用されていることがうかがえる。
　これらの語りより，保育者は，必ずしも性によって異なる処遇を意図しているわけではないものの，保育実践のなかで，しばしば「常識」の「知」として「二分法的なジェンダー」の枠組みを参照し，それを保育実践に利用していることが推測される。

(3) しつけ

　「男女別整列」および活動の割り当てにおいて，保育者たちは，必ずしも意図的に差異化をめざしているとは限らない。これに対し，子どもたちへのしつけで性別を意識する側面が見られるか，分析を行う。
　例8-10には，1998年調査，2000年調査，2005年調査のインタビュー回答のうち，しつけの性による区別への言及があったものを掲げた。

例8-10　しつけにみるジェンダー

①幼稚園での，お母さん役，お父さん役，お姉さん役，妹役をイメージしている。それぞれ，意識的に使い分けている。お父さん役のときはビシッと叱り，お母さん的に叱るときにはやさしく。……ヨウスケ先生やサトル先生[2]が叱ると言うことを聞くみたいですね。怒ると怖いと思っているみたいです。

(ヒロコ先生，1998年調査)

209

第Ⅱ部　ジェンダー構築のエスノグラフィ

②
T：つい言ってしまうのは男の子だけ。男の子じゃけん，ずっと泣いてたら，男の子じゃけ頑張らなきゃ，とかていうのは言ってしまいますね。やっぱ女の子見ると，かわいいね，とか（）
I：（）これは，これは，つい，こう，口ついてしまう，みたいな。
T：うーん，そうですね。うん，男の子だからって言っても，かわいそうだなっていう子も，いますよね。それを言って。
I：ああ，がんばらないとって言って，逆にかわいそうじゃないかと。
T：ありますね。別に男の子でも女の子でも，おんなじかなってのはありますね。

（T＝カズミ先生，A園，3歳児担任，2年，2000年調査）

③
T：ああ，そうですね。ちょっと，気になるのはことばづかいが気になりますね。
I：ああ，ことばづかい。
T：男の子は特に，オレとか言ってるので，オレじゃなくてボクでしょう。ということ。オレってことばを聞いたらすぐに，オレじゃないでしょうっていうことは言ってますね。
I：はい。
T：はい。男の子はボクで，で，女の子にはワタシ，ていう風に声をかけてます。
I：うんうんうん。まあ，男の子でオレって言う子が，まあたまにいるというのは，今伺ったんですけど，女の子で，ワタシ以外のことをことばを言う子とかいます？
T：ワタシ以外で，男の子と同じようにオレって言う子はいます。
I：ああ，そうですか。
T：で，その子は，ま，きょうだい児が男の子が多かったりする場合が多いですね。
I：うんうんうん
T：で，でその子には何回か声をかけてたら，もうそれは，ことばづかいはだ

第8章　子どものジェンダー構築に対する保育者の解釈

　　んだん直ってきてますよね。はい。
　Ｉ：ああ，なるほど。
　Ｔ：あ，やっぱり仕草とかもちょっと気になりますね。
　Ｉ：ええ。ああ仕草ですか。
　Ｔ：まあ，なんか幼稚園の子どもには，そういうあの男の子，女の子関係なく，ま，足をねえ，ちゃんと姿勢，幼稚園では，特にもう姿勢とか，足を揃えるとか，背中を伸ばすってことで，みんなに同じように言ってますけど。
　　　　　　　　　（Ｔ＝サトミ先生，Ａ園，保育主任，18年，2005年第1回）

　1998年調査，2000年調査においては，保育者の語りにおいてジェンダー役割が明確に意識されている傾向がうかがえた。①のヒロコ先生の語りには，担任教師による父親役と母親役の意識的な使用がうかがえる。②のカズミ先生の語りには，男の子に対する「ガンバリズム」の奨励がうかがえる。
　ただし，カズミ先生は，この会話の後半で，「別に男の子でも女の子でも，おんなじかな」というように，個人による違いが大きい，という考えを示している。「ジェンダー」よりは，むしろ，「個性」への意識化も，保育活動では顕著であることが考えられる[3]。
　このような，ジェンダーによる差異を意識した子どもへの働きかけは，2005年調査においては，あまり言及されていない。姿勢に関する指導の対象は、必ずしも「女の子」「男の子」のどちらかに限定されているわけではない（③）。
　ただし，1人称については，男女別の指導がみられる。サトミ先生は，子どもたちには，たとえば，自分のことを「オレ」ではなく「ボク」と呼ぶなど，丁寧なことばづかいをするよう指導している，と語っている。
このことから，少なくとも保育者による「しつけ」に関しては，ことばづかいにおける1人称の使用は別として，必ずしも「男の子」「女の子」という区別にしたがって行われているわけではないことが推測される。

第Ⅱ部　ジェンダー構築のエスノグラフィ

第4節　保育実践の再定義

　保育者たちは，先に述べたように，子どもたちを性別によって区別せず平等に取り扱うことを考えているようであった。その一方で，必ずしも意図的ではないにせよ，ジェンダー・カテゴリーにもとづく処遇を行うことがあった。

　意図せずしてあらわれる「二分法的なジェンダー」にもとづく取り扱いは，保育の場では「常識」に属するものであった。しかし，保育者のなかには，そのことを意識化するに至った経験を有する者もいた。本節では，保育実践のなかの「ジェンダー」に気づいた経験をもつ保育者について，その背景を探ることにする。

　「ジェンダー」問題に気づく機会をもった何人かの保育者は，自身の保育実践について，ジェンダーの視点より再定義を行うことができた。そこで，本節では，保育者たちによる，ジェンダー化された視点への気づきについての語りを分析することによって，保育者たちはいかにして自らの保育実践における「ジェンダー」を問い直すのか，明らかにしたい。

1．学校教育での経験との関連

　少なくとも本研究でのインタビュー回答者のほとんどにとって，学校教育は，ジェンダー問題を意識する場ではないようであった。多くの保育者は，学校では特に「女だから」という区別はなかった，と記憶していた。

　しかし，その語りが，学校がジェンダーの平等を実現していることをあらわしている，とは必ずしも言い切れない。一部，経験年数の長い保育者のなかには，特別活動などで「力仕事は男の子がする」など，活動のジェンダーによる振り分けがあった，と回想する者もいた[4]。

　一方，若い保育者たちは，保育者としての養成教育で，ジェンダーを問い直す視点について学ぶ機会をもった経験を語った。たとえば，新任保育者は，次のように語っていた。

第8章　子どものジェンダー構築に対する保育者の解釈

例8-11　養成教育での経験（その1）：授業

①
T：ええ。そういうのは，そういうのは，結構嫌う先生が多かったんですよ。ていうか，ほとんどていうか全員。〔笑〕
I：おんな，女らしくとかいう。
T：<u>「なんとからしさていうことばがすごい嫌いな先生で，ほとんどの先生がそうで，なんとからしく，なになにらしく，とか，あと，なんとかだから，だとか，そういうの嫌いな先生が，先生で，みんな。</u>
I：（　）だったと。たとえばそういうふうに言われるということも，経験的にはなかったと。
T：ええ。あの，なんか，やるにしても，出来る人がすすんでやるみたいな。なんとからしく，とかなんていうかね。なんとからしくしなさい，なんとかだから，<u>男だからやりなさい，だとか，女だからやりなさい，とか。</u>
I：ではなく，
T：<u>そういうのはなかったですね。</u>
I：ではなく，あなたがやれることを，あなたがやれることはやりなさい。
T：できることをやりなさい，て感じで。
I：なるほど。
〔中略：保育実践への影響について尋ねられ〕
T：うーん，やっぱり私も，先生にそういうふうにいわれてきたから，そういうふうな子どもの呼び方をするのは好きじゃないし，なるべくこう，なるべく言わないようにはしてるんですけど，やっぱり，言った日には，ちょっと。ええ，私自身すごい反省をしている。

（ユキエ先生，A園，5歳児担任，0年，2000年調査）

②
I：なるほど，ええとまあ，そういったことに関して，ええ，まあ，まあ，え

213

っとその先生のなかでその働きかけのなかで，まあ女の子だけって言っているのに対して男の子もそうするわ，という働きかけがあるっていうお話でしたけれど，そういった働きかけの考え方というか，ていうのは，どこかで学ばれたということはご経験ありますか。

T：学校でも少し，男の子だから何色とかそういうのが，今までは多かったていう。持ち物とか，色で分けていたって聞いて，今はだから，色で分けるのはおかしいみたいに習ってきたので。

I：ちなみにその，どの段階の学校ですか。

T：えっと，短大，短期大学。

I：ああ，短大，ああ，そうですか。短大でそのジェンダーに関するその，まあその色分けは，もう関係ないんだよっていうふうなことを。

T：おかしい，はい。

I：ああなるほど。そうですか。〔2秒〕まあ，そういったその短大で学ばれた経験っていうものも，が，少しは関係していると思いますかね。

T：はい。

（ミヨ先生，C園，3歳児担任，0年，2005年第1回）

③

T：無意識にしてしまうことも，やっぱ自分も，保育園時代とか，女の子は赤とかやっぱ分かれてたり，シューズとか，あの　小学校の頃

I：あ，ご自身がですね？

T：まだあのランドセルの色もあんな，今みたいにたくさんないし，やっぱ，なんか，無意識にそういうのは，あったかもしれないので，やっぱり授業で，今は男の子，女の子とか，分けないんだよってやっぱ習ったことによって，考えなくなったのかなと，思う（）。

I：なるほど。

T：やっぱり，こう，意識的に分けないようにしようっていうのはあるかもしれない。

（ミヨ先生，2005年第2回）

第8章　子どものジェンダー構築に対する保育者の解釈

　①に示した，2000年調査でのユキエ先生の語りより，彼女が学生時代に出会った教員が，ジェンダーに敏感であったこと，彼女がその影響により，何でもできる人がすすんで行う，という考えを身につけた，と考えていることがうかがえる。彼女は，学生時代に身につけた考えが今の自分の保育実践にも影響を及ぼしていることを，自覚しているようであった。
　同様の語りは，2005年調査でもみられた。②③には，第1回インタビュー時新任保育者であったミヨ先生との会話を示した。2005年に保育士1年目であったミヨ先生には，短大時代，男の子だから，女の子だから，と色を区別するのはよくない，と学んだ経験があった（①）。第1回インタビューでの内容を踏まえ，そのことについてさらに尋ねた第2回インタビューでの語りより，彼女が，その経験より，男の子の色，女の子の色，などのように，区別してとらえないように気をつけていることが推測される（②）。
　「ジェンダー」の問題に気づく機会は，学校での授業だけではなく，教育実習や保育実習にもあるようであった。ダイスケ先生は，学生時代の実習で自分が体験したことを次のように語っている。

例8-12　養成教育での経験（その2）：実習

T：意識。んー。そう…ですね。んー，ま，実習の，僕が実習のときなんですけど，最初のころはやっぱり，ま，客観的っていうか，ぱっと子どもを見て，あ，この子はこうなんだ，この子はこうなんだって，勝手に自分で判断してしまってる時とがあって。
I：はい。あ，勝手に判断する，て。
T：勝手に判断する，て，ま，この子はこうゆう子なんだみたいな。
I：あー。
T：その時接しただけのイメージで。
I：うんうんうん。
T：そう思ってしまって，まあ，たまに言われる人もいるんですけど，<u>男の子</u>

215

第Ⅱ部　ジェンダー構築のエスノグラフィ

　　　より女の子の方が，しっかりしてるし発達が早いよね，みたいな感じで。
　　　僕も実際，実習行ったときにやっぱ，たまたまなのかもしれないですけど，
　　　実際，女の子の方が，しっかりしてて，っていうのもあって，そんなこと
　　　を実習日誌にも書いてたら，指導をいただいた先生に，ほんとにそうなん
　　　だろうかー，みたいな，既成概念だけで子どもはこうだって思うのは，ど
　　　うなのかなー，て。で，もしそうだったとしたら，なぜそうなのかなって
　　　いうことを考えて，ていうのを教えていただいて。それ，すごい，勉強に
　　　なって，心に残ってるんですけど。
　Ｉ：うんうんうん。
　Ｔ：だから，やっぱ男の子のだから女の子だからは，今はそんなに，特に意識
　　　はしていませんし，ま，同じ子どもだし，同じ人間なんだから，別に。そ
　　　りゃ，遅い生まれと早い生まれは，そりゃ，間違いなくあるとは思うんで
　　　すけど。でも，その子にしかできないこと，ていうのがやっぱりあるんで，
　　　そこを見つけて，悪いことを直すんじゃなくて，いい方を伸ばしてあげた
　　　いなあ，とは，思ってるんですけど。ま，それが実際，できるかどうかは
　　　ちょっとまだわからないんですけど，はい。

　　　　　　　　　　　　　　　　　　　　　（Ｔ＝ダイスケ先生，2005年第1回）

　ダイスケ先生は，教育実習中，当初は，子どもについて，「女の子の方が
しっかりして」いるなど，一般的なジェンダー知に即して理解しようとして
いた（下線部）。そのことを実習録に書いて，実習指導教員に，既成概念だけ
で子どもをとらえていることを指摘された（二重下線部）。それにより，彼が
それまでにもっていた「男の子」「女の子」に関する「常識」にはゆさぶりが
かけられた。
　彼にとって，「常識」へのゆさぶりは，「すごい，勉強になって，心に残」り，
その場限りのものとはならなかった。彼自身のジェンダー知を問い直す姿勢
は，現在勤務している園での保育実践[5]，そして例8-2での彼の語りの後半
にあらわれる，保育活動で「女の子・男の子」にこだわらない態度（波下線部）
と関連していることが推測される。

第8章　子どものジェンダー構築に対する保育者の解釈

2．保育実践のなかでの気づき

　何人かの保育者は，保育実践のなかで，時として「二分法的なジェンダー」を自明視しない処遇を意識化する経験をもっていた。たとえば，下記の例8-13では，性別により一定の特性があるわけではなく，ひとりひとりの個性がむしろ顕著であることへの気づきが語られている。

　　　　　　　　　例8-13　保育実践のなかでの気づき

T：(3秒)でもまあ，自分としては，まあ，折り紙とかそういうのするのは，やっぱり女の子が上手じゃないんかなという気持ちがあったような，そのー，保育園に入る前はですね。で，運動できるのはやっぱ男の子かなっていう気がしてましたけど。ま実際に働いてみたら，男の子のなかにも手が器用な子もいるし，女の子のなかでも活発にボール遊びとかが好きな子もいるしってのがわか，わかりましたけど，やっぱそんな思いがあった気がしますね。そういえば，はい。

I：就職前と就職後では印象が変わったと。

T：はい。

I：印象が変わった。〔メモ〕(5秒)えーと，その，就職前の印象ってどうしてすぐ，ま，抱いたかってのが，何かありますか。思いが。どうしてこう思ったかということは( )。

T：ねえ，なんででしょうかね。なんかこう，うーん……(3秒)やっぱりメディアとかそういうのから影響があったんですかね。それか自分の体験。うーん，これがってのはちょっと，影響してるってのはわからないですけど，なんかそういうふうに思ってましたね。はい。

　　　　　　　　　　　　　　　　（T＝ヨシエ先生，2000年調査）

　ヨシエ先生は，就職する前には，メディアなどの影響や自分自身の子ども

第II部　ジェンダー構築のエスノグラフィ

時代の体験より，女の子と男の子では好みなどが異なるものだ，と考えていたという（下線部）。しかし，実際に子どもに接することにより，子どもたちには，好みなど，必ずしも「女の子」「男の子」の二分法に分類しきれない多様性があることに気がつくようになった，と語っている（二重下線部）。

2005年第1回インタビューでは，経験年数の長い保育者により，「トイレ指導」の変化に関する語りがみられた。「トイレ指導」は，とりわけ年少の園児にとっては重要で，保育活動の途中でトイレに行かせる時，「男女別」に指示を行う場面がしばしば見られた。

経験年数の長い保育者たちは，「トイレ指導」に関して，自らが保育者になった頃とは異なる考えをもつ必要性を認識していた。例8-14を見てみよう。

例8-14　トイレのしつけをめぐる語り

①その，ヒロシ先生[6]から指摘を受けるのが，「男の子，ちょっと先におしっこ行ってきて」って。男の子ってほら，おトイレ楽じゃないですか。女の子より。で「次(つぎ)女の子行ってね」って言うと，それをよく言われるんですよ。……「どっちが先に行っていいじゃん」って。……「保育をしやすいようにしてるのは，保育士の指導がたじゃ」って。

（サユリ先生）

②前はね，男の子は立ってしましょう，女の子は，こう座ってしましょう，てことを，……子どもたちにも指導してきたんですけど，……でも今，洋式のトイレがおうち，家庭でもね，主流なので，もうそういったことはあえて，子どもが座ってしたかったら，そちらのほうでするようにさせてます。

（サトミ先生）

C園のベテラン保育者であるサユリ先生の語り（①）は，男の子を「先にト

第8章　子どものジェンダー構築に対する保育者の解釈

イレに行かせる」ことは男の子の「体の構造」上「合理的」である，という保育実践上の「常識」があることを示唆している（下線部）。その「常識」は，ヒロシ先生によってジェンダー・フリー保育の知識が導入され，トイレの指導で男の子を先に行かせることは保育士の指導上の都合である，と彼に言われた（二重下線部）ことにより，ゆさぶりをかけられた。

また，A園のベテラン保育者であるサトミ先生の語り（②）は，生活様式の変化によっても，「トイレ」指導のあり方が変わることを示している。彼女によれば，かつては，「男の子は立って」「女の子は座って」というように，異なるトイレ指導が行われていた（下線部）が，近年は，洋式トイレの普及を背景に「座ってしたかったら……させ」るという指導に変化しているという（二重下線部）。

「トイレ」の指導をめぐるこれらの語りより，次の2点を指摘することができる。第1に，保育の場では，「体の構造」にもとづく「男女の差異」は本質的なものとみなされていることが推測される。「男の子」の体の構造，あるいは男女の体の構造の違いは自明であり，そのことは，サユリ先生の語りにおいては「男の子を先に」トイレに行かせる根拠となっており，サトミ先生の語りにおいては「異なる姿勢」での排泄を指導する根拠となっている。

第2に，生物学的な「本質」と見なされる「トイレ」行為は，社会的に「構築された」ものであると考えられる。サユリ先生の語りからは保育者自身が「気づく」あるいは「気づかされる」体験が，サトミ先生の語りからは洋式便器の普及にともなう生活様式の変化という外的要因が，「トイレ」指導という保育実践をも変化させることにつながっていることが推測される。上記の語りより，もっとも生物学的な行為であると見なされがちな「トイレ（排泄）」もまた，社会的に構築された身体技法であることが，明らかにされる。

3．生活経験のなかでの気づき

このほか，結婚など人生の節目となる出来事をきっかけに，それまでの自分の経験を振り返り，自分のなかでの「ジェンダー」への気づきを得た保育者もいた。たとえば，2000年調査におけるキヨミ先生の語りは，学校時代よりは結婚後の生活で，「ジェンダー」の問題に気づいたことを示している。

第Ⅱ部　ジェンダー構築のエスノグラフィ

例8-15　生活経験での気づき

T：損したって言い方はおかしいんですけど，やっぱり，男の人は外で働くだけ，ていう。女の人は外で働いても家でも働かなきゃいけない。男の人は帰ってきて寝ころんでればいい。やっぱりそういうところの，ぐちっていうか，そういうのは，もう今はもう慣れ，ですけど，最初のころはほんと言えばそのへんで，こう，あれなのかなーって思いますね。〔中略〕男女平等かっていったときに，そのやっぱ，その不満がなかったというのはないですね。やっぱ不満がどうしてもそこへんで。そのやっぱ，男の人は，帰ってきて料理をして，手伝ってくれたらいいのに〔笑〕，ってそういうのはありましたね。また，主人も年齢と共に手伝ってくれるようにはなってきたんですよ。やっぱ，あの，若いうちは，向こうは結婚して「ああ，ほっとしたー」じゃないんですけど〔笑〕そういうのはあったみたい，か知らないんですけど。女で損したっていうか，損じゃないと思うんけど，平等でないかな，というのを感じたのはそんな感じですね。

I：学校時代，というよりは，結婚して。

T：そうですね。むしろ結婚してからですねー。学校時代で，あなたは男の子だから女の子だからっていうふうな，差別，差別ていうかそういうあれはあんまり印象に残ってないってことはあんまりなかったんでしょうね。もしあったら，衝撃的なことがあったら覚えてると思うんですけど。

（T＝キヨミ先生，B園，当時3・4歳児担任，14年）

　キヨミ先生は，結婚後に配偶者が家事を手伝ってくれないことに不満を感じ，「男女は平等でない」，という気づきに至ったという。この語りは，学校生活ばかりでなく卒業後の社会経験が，ジェンダー問題に気づくきっかけを与える可能性をもつことを示す（波下線部）。

　キヨミ先生以外にも，自らの家庭生活とのかかわりでジェンダーに気づい

第8章　子どものジェンダー構築に対する保育者の解釈

た，と語った保育者は数名いた。たとえば，就職してから，講演を聴いて「ジェンダー」ということばをはじめて知った経験について語った保育者もいた[7]。先のサユリ先生の語り（例8-14）も，職場にもたらされたジェンダーに関する情報の影響を示すものであるといえよう。

第5節　媒介者／共同解釈者としての保育者

　本章では，保育者による子どもの活動や自らの保育活動についての解釈について，インタビューの回答を適宜紹介しつつ検討を行った。ここでは，子どもの身体形成をめぐる保育者の保育実践における「ジェンダー」の可視性について，考察を行う。

　インタビューに回答した保育者の多くは，保育活動において「ジェンダーにもとづく処遇」があることについては明確に言及していなかった。かれらは，「ジェンダー」を準拠枠としない場合，しばしば「個人差」ということばをしばしば用いていた。かれらは，「ジェンダー」よりは，ひとりひとりの子どもの能力やリーダーシップや達成など，「個人」の発達の諸側面に関心を強く向けているようであった。

　ただし，保育者が「ジェンダーにもとづく処遇」があることについて言及しないことは，必ずしも，保育者にとっては社会的カテゴリーとしての「ジェンダー」にとらわれない平等な処遇を意識化しようとするということを意味しているわけではない。むしろ，保育の場は，社会的カテゴリーとしての「ジェンダー」をあえて意識化することはあまり多くない，「ジェンダー・ブラインド」の状態にある可能性もある。

　保育活動においては，生物学的なレベルでの「男と女」の違いの存在は「自明」視されていた。それは，トイレの指導や，「記録」などの「合理性」にもとづく「男女別」取り扱いにあらわれていた。

　図8-1および図8-2は，それを図式化したものである。図8-1のように，保育者は通常，保育活動において，しばしば「性」や「ジェンダー」ではなくほかの準拠枠を参照しようとする。しかし，時として，保育者は，図8-2の

第Ⅱ部　ジェンダー構築のエスノグラフィ

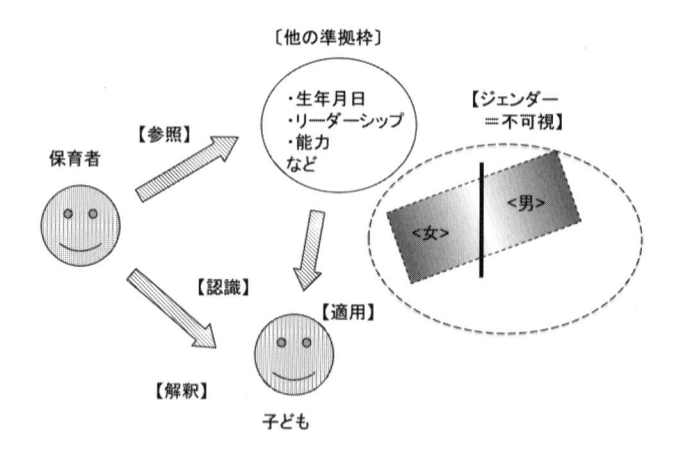

図 8-1　保育者による解釈①（「性」に準拠しない場合）

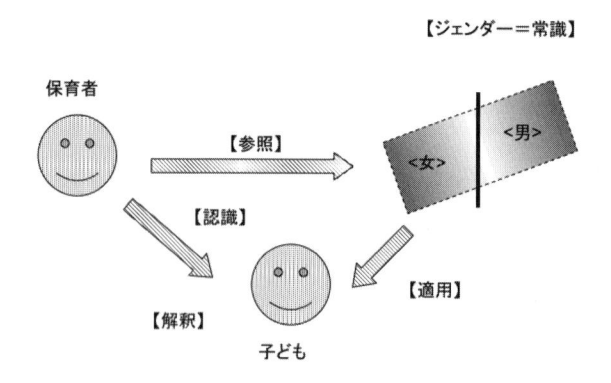

図 8-2　保育者による解釈②（「性」に準拠する場合）

第8章　子どものジェンダー構築に対する保育者の解釈

ように，子どもの行為の統制に便利な枠組みとして「生物学的」な「性」カテゴリーを参照している。このような実践を通して，「生物学的」な「性」は「自然」とみなされ続ける。

　ただし，「ジェンダー」および「セックス」をめぐる実践は変更不可能である，というわけでは決してない。日常の保育実践のなかで「不可視」なものとされる「ジェンダー」は，同時に保育実践のなかで，あるいは子ども時代の教育など保育者自身の個人的な経験のなかで可視化される可能性もある。時として，一般に「本質」であり「変更不可能」とみなされている「セックス」もまた，「社会的構築物」として可視化されうる。たとえば，先述のサユリ先生（例8-14①）が言及していたように，男の子を「先に」トイレに行かせることの「合理性」は，ほかの保育者によって，「保育上の都合」であることがあらわにされた。また，サトミ先生が語ったように，トイレの洋式化は，排泄の姿勢に関する指導にも変化をもたらした（例8-14②）。このようにして，保育者は，しばしば，これまで自分が信じてきた保育実践の「常識」にゆさぶりをかけられる。

　本章は，次のように結論づけることができる。

　第1に，保育者たちは，子どものジェンダー構築実践を目の当たりにし，「二分法的なジェンダー」に関する材料を提供すると同時に，それを組み替える働きをも担う存在であることが推測される。かれらは，幼稚園・保育園でくりひろげられる子どものジェンダー形成において，一方では「二分法」への収斂を，他方では「多様性」への拡張をもたらすための媒介者たりうる存在である。

　第2に，園における保育活動でのジェンダーは，保育者と子どもたちがともに構築する，と考えられる。保育者たちは，子どもたちのジェンダー実践との出会いによって，自らの「ジェンダー知」をたえず組み替えていた。このことは，保育者のみが一方的に「ジェンダー知」を伝達するのではなく，子どもたちもまた，保育者の「ジェンダー知」に働きかけ，それを組み替えることができることを示唆している。

　本章では，幼稚園・保育園で筆者が観察した子どもたちのジェンダー実践は，保育実践を行う保育者たちに認識され，解釈されていることを示した。

第Ⅱ部　ジェンダー構築のエスノグラフィ

　本章の結果は同時に，保育者は子どものジェンダー構築実践において単なる影響因にとどまらず，かれらとの相互作用を通してともにジェンダーを構築している媒介者あるいは共同解釈者でもあることを示唆していた。

　終章では，本研究の結論として，子どもたちは，幼稚園および保育園でいかなるジェンダー構築を行っているか，そして，その含意はどのようなものであるか，考察を行う。

注
1　第7章第3節1．を参照。
2　第4章第1節2．を参照。
3　たとえば，柴野編（1989）において，幼児教育にはかくれたカリキュラムとして「児童中心主義」がみられることが示されている。
4　この回想は，当時感じたものではない可能性もある。仮にその時になんらかの「不満」を感じていたとしても，本インタビューでの発言は，むしろ，その後の経験を振り返り，インタビューのなかで筆者との間で相互作用，相互解釈を行った結果でもある，と考えられる。
5　調査期間中，彼のクラスを観察した機会はわずか4回であった。しかし，A園でしばしばみられた朝のあいさつ後の「男の子・女の子」という呼びかけも，彼の担当クラスではほとんど観察されなかった。
6　ヒロシ先生については，第4章注3を参照。
7　サチコ先生，B園3歳児担任，0年，2000年調査の回答より。

終章
結論および考察

──────────────────────────── 第1節　要約

　本研究では，序章で示した問題意識にもとづき，幼稚園・保育園における子どものジェンダー構築についての理論・方法論の枠組みを示したのち，幼稚園・保育園での子どもの生活世界を描くエスノグラフィを中心に，幼児期における子どものジェンダー構築を検討した。本研究の要約は，以下のとおりである。
　第1章では，幼児期におけるジェンダー形成理論における「構築主義的アプローチ」について論じた。まず，発達論における議論を踏まえ，幼児期の子どもを対象にしたジェンダー形成研究における「社会化」論の見直しの必要性を示した。つづいて，「構築主義的アプローチ」の理論的源流を概観した上で，ジェンダー構築へのアプローチにはフェミニストポスト構造主義およびクィア理論が貢献していることを示した。本研究では，このアプローチは，幼児期を対象にした研究においても有用であると考えた。
　第2章では，まず，幼児期を対象にしたジェンダー構築の研究方法論について論じた。構築主義的アプローチにより，社会成員の主体的なジェンダー構築やミクロな社会での権力関係を描き出すため，「アクティヴ・インタビュー」の考えを取り入れ，調査者と被調査者の相互作用も考慮に入れたエスノグラフィが有効であると考えた。そこで，本研究では，幼稚園・保育園における観察調査，そして，その知見を多面的に検討するために子どもおよび保育者へのインタビューを実施した。調査にあたっては，限られた条件の下で有効なデータ収集をはかるため，ノート記録とビデオ撮影を併用し，子どもの会話や行動を記述するよう努めた。解釈にあたっては，子どもたちの「関係的な出会い」と「〈いま－ここ〉における社会的世界」を明らかにするこ

とに主眼を置いた。

　第3章では，幼稚園・保育園におけるジェンダー構成を明らかにするため，保育環境および保育者による子どもたちへの働きかけのジェンダー分析を行った。各園においては，指定の持ち物のジェンダー差はほとんど見られなかった。ただし，子どもおよびその家庭が自由に選べる持ち物については，バッグやシャツの絵柄に至るまでジェンダー化されていた。保育者たちは，出席確認の呼びかけや役割分担などについて子どもの性別による区別をすることはあまりみられなかったが，整列などを男女別に行わせたり，絵画や工作などの教材配布において性別による色彩の区別をある程度意識していた。ここから，保育の場では明確な男女別処遇が意識されているわけではないものの，「常識の知」としての「二分法的なジェンダー」が自明のものとされていることがうかがえた。

　第4章では，子どもたちの世界における「二分法的なジェンダー」について，観察調査結果にもとづき明らかにした。子どもたちは，人間には「女」と「男」の2種類があり，自分や他者はそのどちらかに属する，と考えていた。かれらは，「女」は「かわいい」，「男」は「強い」というように，両者は異なる特性・文化を有し，異性愛的な対となるものであるととらえていた。かれらは，「女」「男」の定義づけをめぐり，たえず交渉していた。そのなかで，「二分法」にあてはまらない仲間を，しばしば「逸脱」として解釈し，それを修正しようとしていた。ただし，一部の子どもたちは，その境界線を越えることができた。中には，複合的なジェンダーを演じる子どももいた。

　第5章では，子どもたちの遊びにジェンダー・ポリティクスはどのようにあらわれているか，検討した。遊びの集団構造について性および年齢による比較を行ったところ，年齢集団による違いはみられるものの，園や観察年度によっても一定ではなく，そのクラスの構成員によっても大きく異なっていた。遊び空間や玩具の占拠は，そのクラスのなかでの発言力がある者によって行われるなど，クラスのなかでの人間関係のダイナミクスによって決定されていた。遊びの支配は，「ヘゲモニックな男性性」を行使することによって行われていたが，行使された相手による抵抗もみられた。

　第6章では，子どもの遊びのなかでも「家族ごっこ」に注目し，そこにあ

終章　結論および考察

らわれたジェンダー・ディスコースの特質を分析した。「家族ごっこ」を分析することにより，子どもたちが紡ぎ出す物語における一定の構造および子どもたちのジェンダーに関する物語を構築する様子を明らかにした。「家族ごっこ」では，ほかの「ごっこ遊び」とは異なり，もっぱら女の子が演じる「お母さん」が主人公であった。「お母さん」は，ケア役割を担い，「母親としての権力」を有していた。ある「家族ごっこ」場面を分析した結果，この遊びのなかで「赤ちゃん」役となった男の子たちは，「お母さん」が不在の時には「ヒーロー」を演じ，自らの権力を得ようとした。子どもたちは，自らにとって「居心地のよい場」を得るために，大人社会および自らの日常世界で流通している「二分法的なジェンダー」についての知を利用しているようであった。

　第7章では，子どもたちを対象にしたインタビューを手がかりに，子どもにとっての「二分法的なジェンダー」はいかなるものであるかを検討した。子どもたちは，服装でスカートと半ズボンの好みや玩具や色彩，キャラクターの好みにおいて，自らの生物学的な性にもとづいて適切であるかどうかの判断を行っていた。遊び活動についても，女の子は男の子に比べ「ままごと」が適している，男の子は「うんてい」や「ボール蹴り」など体を動かす遊びが適している，と判断を行っていた。この判断の根拠は，その子どもが「女の子であるか男の子であるか」，あるいはメディア情報などによっていた。ただし，子どもたちの選択は，実際の活動状況に比べ「ジェンダー化」されていた。「二分法的なジェンダー」にとらわれない子どもたちも一部にはいたが，筆者との語りを通して途中で自らの考えを修正する子どももいた。子どもたちは，インタビューのなかで，筆者とともに，ジェンダー構築実践を行っていた。

　第8章では，保育者が子どものジェンダー構築をどのようにとらえているか，そしてそれに対する知見を保育実践にどのようにとりいれているか，について検討した。保育者たちは，子どもたちはある程度性別によって異なる，という認識をもつ一方で，周りの環境によってもそれは変わりうることについて認識していた。同時に，子どもたちは，自ら仲間を互いに社会化しあっていることにも言及していた。かれらは，自らが子どもの性別にもとづく処遇を行っているとはとらえていなかった。また，かれらによる整列などのジ

ェンダー・カテゴリーの使用は，子どもの統制や記録上の便宜上など，必ずしもセクシズムを意図しないものであった。一方，養成教育での経験，保育実践，社会とのかかわりを通して，「ジェンダー」の問題に気づく経験をもつ保育者たちは，それまで自明とされていた保育実践における「ジェンダー知」を問い直し，それについて再定義を行っていた。

第2節　考察

　上記の要約を踏まえ，子どもたちによる「主体的」なジェンダー構築，子どものジェンダー構築の社会的文脈，社会におけるジェンダー秩序の維持および再生産，そしてジェンダーの「ゆらぎ」の意味，の3点について，考察を行う。

1. 子どもたちによる「主体的」なジェンダー構築

　これまでの「ジェンダーと教育」研究において，ジェンダーは，ほかのさまざまなアイデンティティと同様，固定的にとらえられてきた。幼児期のジェンダー形成については，「社会化」および「発達」という概念にもとづき，子どもの受動性が強調されてきた。したがって，子どもたちは，あらかじめ前提とされる「二分法的なジェンダー」を，大人からの教え込みによって内面化する，と考えられてきた。

　本研究では，幼稚園・保育園での子どもたちの生活世界の分析を通して，「子どもたちは，幼児期においても，ときとして『ゆらぎ』を経験しつつ，主体的にジェンダーを構築している。そして，かれらはしばしば，ジェンダーを戦略的に利用することもある。」と結論づける。以下，詳細に論じる。

　子どもたちは，幼稚園・保育園のなかで，他者との相互行為により「主体的」にジェンダーを構築していた。かれらは，仲間，保育者，ほかの園職員，そして筆者との相互作用のなかで，「女」または／および「男」の意味を構築する能力を有していた。かれらは，日常世界で出会う人々を，それらの意味に即して解釈する能力を有していた。かれらは，単なる「社会化の客体

(socializee)」として大人からのジェンダーに関する価値や規範を受け入れるのみにとどまらず，自らもまたそれらの価値や規範にアクセスし，大人から提示された価値を修正することすらできたのである。

　子どもたちが構築するジェンダーは，強固な「二分法的なジェンダー」をなぞりつつも，ある程度の「ゆらぎ」をも含んでいた。かれらは，ジェンダーをめぐる実践のなかで，「女」と「男」は異なる存在であり，それらは「異性愛」というかたちでの対である，という常識を，日々の園生活のなかで構築していた。その一方，かれらのなかには，たとえば「旅隊長」を演じた女の子のように，自らが属するとみなされるジェンダーとは異なる身体・言語表現を用いる者がいた。

　子どもたちは，戦略的に，〈いま-ここ〉における自らの利益のために，自らも構築に加担したジェンダーを利用することができた。かれらは，保育時間，遊び時間など，園生活のさまざまな局面で，自らにとって居心地のよい場を確保するため，ジェンダーを利用することができた。とりわけ，遊び時間は，子どもたちそれぞれが，自らにとって居心地のよい場をつくりだすために繰り広げる，権力をめぐるせめぎあいの場でもあった。

2. ジェンダー構築の社会的文脈

　3回にわたる調査を通して，子どもたちのジェンダー構築には社会状況の変化と関連していることがうかがえた。ひとつは，住宅や衣服など生活様式の変化，もうひとつは保育をめぐる状況の変化である。

　住宅や衣服などの物質的変化は，園におけるジェンダーに関する変化と関連していた。たとえば，トイレのしつけの変化は，住宅でのトイレの洋式化と関連していた（第8章第4節2．）。また，A園で男女共通デザインのハーフパンツを体操服とした背景には，小学校の体操服が男女共通デザインになったことと関連していた（第3章第2節1．）。

　子どもにとっては園生活のなかでもっともかかわりをもつ機会が多い，保育者たちをとりまく状況の変化は見逃せない。1998年調査，2000年調査に比べ，2005年調査の時点では，保育者たちは性による区別をことさら意識しない扱いを，より意識するようになっていた（第3章第3節）。保育者を対

象にしたインタビューのなかで、ジェンダー問題への意識化経験は、年長の保育者では社会生活が、若年の保育者では学校教育が大きなきっかけであることが明らかになった（第8章第4節）。

保育者たちの意識の変化の背景には、1990年代後半より2000年頃にかけての、ジェンダーに関する政策の策定や社会における関心の高まりがあると考えられる。「男女共同参画社会基本法」制定（1999年）の前後には、ジェンダーに関する啓蒙の機運が高まった。また、同じ頃、保育の現場でも「ジェンダー・フリー保育」がうたわれ、その実践が行われるようになった。そして、学校教育や社会教育におけるジェンダー学習のひろがりがみられた。これらの動向は、幼稚園・保育園での保育実践のありようと一定の関連を有すると考えられる[1]。

3. 社会におけるジェンダー秩序の維持および再生産

本研究は、幼稚園・保育園での子どもたちが構築する「二分法的なジェンダー」を明らかにする試みであった。その結果、子どもたちが「女」と「男」を異なる存在であると理解し、日々の生活において出会う事物を解釈し、「女」「男」とは何であるか、自らも構築していることが示された。

たとえば、子どもばかりでなく大人も、典型的な「女」「男」とみなされない者は、「逸脱者」のラベルを付与された。とりわけ、男の子が典型的な「男」としてふるまわない（ふるまえない）ことは困難であった。そして、かれらは、「ケッコン」などの異性愛を示すことばに象徴されるように、しばしば「対」としての「女」または「男」としてふるまい、そのような存在として他者を定義した。

これらは、私たちの社会における「異性愛主義」および「二分法的なジェンダー」のシステムが、子どもたちの生活世界にも埋め込まれていることのあらわれであると考えられる。子どもたちは、そこで受動的に価値を内面化するのではなく、幼稚園・保育園における日々のふるまいを通して、たえず「異性愛主義」「二分法的なジェンダー」を構築し続けている。

子どもたちの「二分法的なジェンダー」に関するさまざまな実践は、しばしば「遊び」のなかで行われているものである。そのため、それらは、大人

の生活世界における「性別役割分業」や「異性愛主義」にかかわる政治実践と比較して，他愛のないものに見える。

しかし，「性別役割分業」にせよ「異性愛主義」にせよ，それらはディスコース実践を通して「自明」のものとしてつくられていき，それがあたかも「生物学的な本質」に根ざして内面化されるかのように装われる (Butler 訳書 1999，江原 2001, Blaise 2005)。その現象は，子どもたちの「遊び」においても生起しているのではないか。

子どもたちもまた，一見他愛ない「遊び (play)」のなかで，大人の生活世界における「常識知」としての「ジェンダー知」をうまくとりこみ，それを「当たり前」のものとして，自らの〈いま−ここ〉の利益のために利用していた。子どもたちは，そうしてジェンダーを「演じる (play)」[2] ことができる。そうすることにより，意図するしないにかかわらず，子どもたちもまた「常識」としてのジェンダーを構築する実践に寄与してしまっている可能性がある。

4．ジェンダーの「ゆらぎ」の意味

一方で，子どもたちの園生活では「多様」なジェンダー実践がみられた。遊びのなかでは，女の子が「男」を演じる場面，男の子が母親の世話を受ける「赤ちゃん」を演じる場面がみられた。大人たちからみると，それらは，ジェンダーの「ゆらぎ」であると解釈されうる。

ジェンダーの「ゆらぎ」をめぐっては，ふたつの解釈が可能だろう。ひとつは，「多様化」しつつある大人の生活世界におけるジェンダーへのアクセスによる主体的選択および構築の結果である，という解釈である。もうひとつは，それは単なる「発達」の途上に過ぎず，「女らしさ」「男らしさ」の獲得の前の段階である，という解釈である。

ジェンダーの「ゆらぎ」の意味については，先行研究においても議論が分かれている。ソーンは，小学校時代に多様なジェンダー構築を示していても思春期になると「異性愛」にとりこまれていく，と論じている (Thorne 1993)。一方，デイヴィーズは，80年代に実施した幼稚園での調査 (Davies 2003) から数年後のフォローアップ研究において，幼児期を過ぎても，子どもたちは，多元的なアイデンティティ，そしてジェンダーを生きることができる，と論

じている (Davies and Banks 1992)。

　本研究の知見からは，子どもたちによる多様なジェンダー実践は，多様なアイデンティティ，多元的なジェンダー価値に開かれる可能性を有する，と考えられる。すなわち，保育者をはじめとする大人たちが，子どもたちや自分自身による多様なジェンダー実践にいかに向き合うかによっては，将来にわたり，子どもたちをして，既存のジェンダー秩序を参照しつつも，それ以外のジェンダー実践を排除しない「多元性への寛容」を可能にするのではないだろうか。

　この10年ほどの間に，ジェンダーまたはセクシュアリティをめぐる価値や実践は，多様化の様相を呈している。一方で，1990年代後半からの「ジェンダー」への意識の高まりに伴う「ジェンダー・フリー」への対抗として，今世紀に入り「バックラッシュ」が顕在化することにより，「ジェンダー論」は力を失ったように思われる[3]。

　そのような現代社会にあって，「ジェンダー／セクシュアリティにかかわる『常識』の押しつけ」に対する問題意識に根ざした，「多元性への寛容」が求められる。この原理は，ジェンダーに限らず，多様な主体のありよう，および多様なアイデンティティに対する寛容をもたらし，子どもたちに，多様な価値観が交錯する現代社会にあって有用な，「生きる力」を培うことにつながるだろう。

第3節　意義および課題

1．本研究の意義

　本研究の意義は，次の4点である。

　第1に，筆者が可能な限り幼稚園・保育園での生活に参与し，園のなかで繰り広げられる子どもたちのジェンダー構築実践の，多角的に詳細な記述を試みた点である。各園において，〈いま－ここ〉で起こっていることを，ノート記録，音声記録，映像記録を活用しつつ，その場にいた「観察者」としての解釈を重視した記述を心がけることは，膨大な労力を伴う作業であった。

終章　結論および考察

しかし，この作業を通して得られた記述は，それ自体が構成された社会的現実であり，特定の地域の，特定の園における「ジェンダー構築」のありようを示す，エスノグラフィックな記述であった。このエスノグラフィ自体，教育社会学的に意義があると考えられる。

第2に，教育社会学研究における，および幼稚園・保育園のエスノグラフィにおける，調査者と子どもの相互作用を考慮に入れた，子どもの生活世界の記述可能性を示した点である。教育社会学における，幼児教育を研究の場とした従来のエスノグラフィでは，「対象」である幼稚園における教育実践を抽出することが中心であった。本研究で，「アクティヴ・インタビュー」の視点を導入し，調査者と子どもの相互作用をも視野に入れた観察調査結果の分析を行ったことは，研究上，十分意義を有するものと考えられる。

第3に，幼稚園と保育園での観察調査を通して，子ども自身による戦略的・主体的なジェンダー構築があることを明らかにした点である。この知見は，教育社会学の「ジェンダーと教育」研究において「客体」としてとらえられがちであった子どもに対するまなざしの転換に寄与するのではないかと考えられる。また，子どもたちがしばしばジェンダーを「演じ」「遊ぶ」様子を示したことは，「アイデンティティ」と同様に固定的であった，「ジェンダー」形成モデルの再考にも寄与するのではないだろうか。

第4に，本研究で得られた結果の意義である。本研究は，教育社会学における「ジェンダーと教育」研究をはじめとする「ジェンダー」問題の諸議論に，有用な知見を提供するものと考える。本研究では，子どもたちのジェンダー構築実践，および保育者による解釈実践を示すことにより，「常識」としての「二分法的なジェンダー」の根深さを明らかにした。このことは，ジェンダー形成にとどまらず，ジェンダー問題に関する議論の手がかりを提供するものと考える。

2．残された課題

本研究を締めくくるにあたり，残された課題を提示する。

本研究では，子どもたちによるジェンダー構築実践のありようを明らかにすることに力点を置いた。このため，保育者をはじめとするさまざまな他者

の働きかけが，子どもたちのジェンダー実践にいかなる影響をもたらしているか，については明らかにしなかった。

　また，本研究では，研究の場を幼稚園と保育園に限定した。そのため，それ以外のさまざまな場でのジェンダー構築については，メディア情報とのかかわりなど一部を除き，考察の対象外とした。さらに，保護者やきょうだい，あるいは園外における子ども集団内での相互作用については，観察調査の対象外とした[4]。

　今後は，幼稚園・保育園以外での多様な場に目を向け，子どもたちのジェンダー構築を明らかにすることが必要であると考える。具体的には，家庭，地域など，子どもたちのさまざまな生活の場にまなざしを転じ，保護者やきょうだい，近隣の子ども集団との相互作用を含むかれらの生活世界の観察，あるいは関係者へのインタビューなどが必要である。そうすることにより，社会におけるジェンダー秩序と子どものジェンダー構築の関連を，ダイナミックかつ重層的にとらえることが可能になるのではないだろうか。

　なお，教育実践へのインプリケーションについては，本研究では考察の対象外とした[5]。本研究で得られた子どものジェンダー構築実践という知見は幼稚園・保育園での保育実践にいかなる示唆を与え，具体的にはどのように活用されうるのか。この問題については，教育学，および教育実践の立場からのさらなる議論が求められるだろう。

注
1　もちろん，2002年以降の「バックラッシュ」のインパクトは，日本各地でのジェンダーに関する教育活動に大きな影響を及ぼした。今後は，2009年10月に出た，日本に対する女子差別撤廃委員会の最終見解を踏まえた政策論議も，保育実践に影響を及ぼす可能性がある。
2　ソーンの著書『ジェンダー・プレイ (Gender Play)』の「プレイ (play)」は，「遊び」と「演技」のふたつの意味で用いられている (Thorne 1993)。
3　ここで，「バックラッシュ」は，「異性愛主義」にもとづく「性別役割分業」を正当の価値であるとみなし，それ以外のあらゆるジェンダー実践について，社会秩序を脅かすものであるとみなす。その矛先は，「ジェンダー・フリー」教育にとどまらず，「ジェンダー」という語そのものにも向けられた。その結果，地方自治体による「男女共同参画条例」の修正，「男女共同参画基本計画」改正（2005年）における「ジェ

ンダー」という表現の「『社会的性別』(ジェンダー)」への変更など,さまざまな行政文書から「ジェンダー」という語が姿を消した。
4 本研究の観察調査でも,きょうだい児がいる場合には,そのきょうだい児との相互作用は時々観察された。
5 ブレイズは,多様なパースペクティヴの余地,カテゴリカルな思考への挑戦,対人的知性・批判的意識の促進など,ジェンダーに関する教育・研究に対するインプリケーションを提示している (Blaise 2005)。

引用・参考文献一覧

1．洋文献・訳書

Adler, Patricia A., Steven J. Kless, and Peter Adler, 1992, "Socialization to Gender Roles: Popularity among Elementary School Boys and Girls," *Sociology of Education*, 65, pp.169–187.

Ariès, Philippe, 1960, *L'Enfant et la vie familiale sous l'Ancien Régime*, Seuil. (＝ 1980, 杉山光信・杉山恵美子訳『〈子供〉の誕生――アンシャン・レジーム期の子供と家族生活――』みすず書房。)

Arnot, Madeleine, 2002, *Reproducing Gender?: Essays on Educational Theory and Feminist Politics*, RoutledgeFalmer.

Ben-Ari, Eyal, 1997a, *Body Projects in Japanese Childcare: Culture, Organization and Emotion in a Preschool*, Curzon Press.

Ben-Ari, Eyal, 1997b, *Japanese Childcare: An Interpretive Study of Culture and Organization*, Kegan Paul International.

Berger, Peter L. and Thomas Luckmann, 1966, *The Social Construction of Reality: A Treatise in the Sociology of Knowledge*, New York. (＝ 2003, 山口節郎訳『現実の社会的構成――知識社会学論考――』新曜社。)

Blaise, Mindy, 2005, *Playing It Straight: Uncovering Gender Discourses in the Early Childhood Classroom*, Routledge.

Butler, Judith, 1990, *Gender Trouble: Feminism and the Subversion of Identity*, Routledge. (＝ 1999, 竹村和子訳『ジェンダー・トラブル――フェミニズムとアイデンティティの攪乱――』青土社。)

Caillois, Roger, 1958, *Les Jeux et les Hommes,* Gallimard. (＝ 1990, 多田道太郎・塚崎幹夫訳『遊びと人間』講談社学術文庫。)

Cameron, Ellen, Nancy Eisenberg and Kelly Tyron, 1985, "The Relations between Sex-Typed Play and Preschoolers' Social Behavior," *Sex Roles*, 12(5/6), pp. 601–615.

Carr, Peggy G. and Martha T. Mednick, 1988, "Sex Role Socialization and the Development of Achievement Motivation in Black Preschool Children," *Sex Roles*, 18(3/4), pp. 169–180.

Christian-Smith, Linda K., 1988, "Romancing the Girl: Adolescent Romance Novels and Construction of Femininity," in Roman, Leslie G. et al. (eds.), *Becoming Feminine: The Politics of Popular Culture*, The Falmer Press, pp.76-101.

Coates, Jenifer, 1986, *Women, Men, and Language: A Sociolinguistic Account of Sex Differences in Language*, Longman. (＝ 1990, 吉田正治訳『女と男とことば――女性語の社会言語学的研究法――』研究社出版。)

Colapinto, John, 2000, *As Nature Made Him*, Harper Collins Publishers. (＝ 2005, 村井智之訳『ブレンダと呼ばれた少年――性が歪められた時，何が起きたのか――』扶桑社。)

Connell, R. W., 1987, *Gender and Power: Society, the Person and Sexual Politics,* Polity Press. (＝ 1993，森重雄・菊地栄治・加藤隆雄・越智康詞訳『ジェンダーと権力——セクシュアリティの社会学——』三交社。)

Corsaro, William A., 1992, "Interpretive Reproduction in Children's Peer Cultures", *Social Psychology Quarterly*, 55 (2), pp.160–177.

Corsaro, William A., 2005, *The Sociology of Childhood, Second Edition*, Pine Forge.

Danby, Susan, 1998, "The Serious and Playful Work of Gender: Talk and Social Order in a Preschool Classroom", in Yelland, N. (ed.), *Gender in Early Childhood*, Routledge, pp.175–205.

Davidson, Emily S., Amy Yasuna and Alan Tower, 1979, "The Effects of Television Cartoons on Sex-Role Stereotyping in Young Girls", *Child Development*, 50, pp. 597–600.

Davies, Bronwyn, 1997, "Constructing and Deconstructing Masculinities through Critical Literacy", *Gender and Education*, 9(1), pp.9–30.

Davies, Bronwyn, 2003, *Frogs and Snails and Feminist Tales: Preschool Children and Gender (Revised Edition)*, Hampton Press.

Davies, Bronwyn and Chas Banks, 1992, "The Gender Trap: A Feminist Poststructuralist Analysis of Primary School Children's Talk about Gender", *Journal of Curriculum Studies*, 24 (1), pp.1–25.

Davies, Bronwyn, Suzy Dormer, Sue Gannon, Cath Laws et al., 2001, "Becoming Schoolgirls: The Ambivalent Project or Subjectification", *Gender and Education*, 13 (2), pp.167–182.

Davies, Bronwyn and Hiroyuki Kasama, 2004, *Gender in Japanese Preschools: Frogs and Snails and Feminist Tales in Japan*, Hampton Press.

Davis, John D., 1978, "When Boy Meets Girl: Sex Roles and the Negotiation of Intimacy in an Acquaintance Exercise", *Journal of Personality and Social Psychology*, 36(7), pp. 684–692.

Durkin, Kevin, 1985, Television, *Sex-Roles and Children: A Developmental Social Psychological Account*, Open University Press.

Eder, Donna, 1985, "The Cycle of Popularity: Interpersonal Relations among Female Adolescents", *Sociology of Education*, 58, pp.154–165.

Eder, Donna. and Stephen Parker, 1987, "The Cultural Production and Reproduction of Gender: The Effect of Extracurricular Activities on Peer-Group Culture", *Sociology of Education*, 60, pp.200–213.

Emerson, Robert M., Rachel I. Fretz, and Linda L. Shaw, 1995, *Writing Ethnographic Fieldnotes*, The University of Chicago Press. (＝ 1998, 佐藤郁哉・好井裕明・山田富秋訳『方法としてのフィールドノート——現地取材から物語作成まで——』新曜社。)

Erikson, Erik H., 1963, *Childhood and Society*, W. W. Norton & Company, New York. (＝ 1977, 1980, 仁科弥生訳『幼児期と社会』1，2，みすず書房。)

Fagot, Beverly I., 1978, "The Influence of Sex of Child on Parental Reactions to Toddler Children," *Child Development*, 49, pp.459–465.

Francis, Becky, 1998, *Power Plays: Primary School Children's Constructions of Gender, Power and Adult Work*, Trentham Books.

Francis, Becky and Christine Skelton (eds.), 2001, *Investigating Gender: Contemporary Perspectives in Education*, Open University Press.

Foucault, Michel, 1969, *L'Archéologie du savoir*, Éditions Gallimard. (= 2006, 中村雄二郎訳『知の考古学（新装新版）』河出書房新社。)

Foucault, Michel, 1976, *La volonté de savoir (Volume 1 de Histoire de la sexualité)*, Éditions Gallimard. (= 1986, 渡辺守章訳『性の歴史Ⅰ　知への意志』新潮社。)

Friedan, Betty, 1973, *The Feminine Mistique*. (= 1977, 三浦冨美子訳『増補　新しい女性の創造』大和書房。)

Garfinkel, Harold et al. 山田富秋・好井裕明・山崎敬一編訳, 1987,『エスノメソドロジー——社会学的思考の解体——』せりか書房。

Hatch, J. Amos (ed.), 1995, *Qualitative Research in Early Childhood Settings*, Praeger.

Hatch, J. Amos (ed.), 2007, *Early Childhood Qualitative Research*, Routledge.

Hendry, Joy, 1986, *Becoming Japanese: The World of the Pre-School Child*, Manchester University Press.

Holstein, James A. and Jaber F. Gubrium, 1995, *The Active Interview*, Sage Publications. (= 2004, 山田富秋・兼子一・倉石一郎・矢原隆行訳『アクティヴ・インタビュー——相互行為としての社会調査——』せりか書房。)

Hubbard, Rita C., 1985, "Relationship Styles in Popular Romance Novels, 1950 to 1983", *Communication Quarterly*, 33(2), pp. 113–125.

Jacklin, Angela and Collin Lacey, 1997, "Gender Integration in the Infant Classroom: A Case Study", *British Educational Research Journal*, 23(5), pp.623–639.

Jordan, Ellen, 1995, "Fighting Boys and Fantasy Play: The Construction of Masculinity in the Early Years of School", *Gender and Education*, 7(1), pp.69–86.

Keddie, Amanda, 2004, "Research With Young Children: The Use of an Affinity Group Approach to Explore the Social Dynamics of Peer Culture." *British Journal of Sociology of Education*, 25(1), pp.36–51.

Kessler, S., D. J. Ashenden, R. W. Connell, and G. W. Dowsett, 1985, "Gender Relations in Secondary Schooling", *Sociology of Education*, 58, pp.34–48.

Killen, Melanie, Kerry Pisacane, Jennie Lee-Kim and Alicia Ardila-Rey, 2001, "Fairness or Stereotypes? Young Children's Priorities When Evaluating Group Exclusion and Inclusion", *Developmental Psychology*, 37(5), pp.587–596.

King, Ronald, 1978, *All Things Bright and Beautiful?: A Sociological Study of Infants' Classrooms*, John Wiley & Sons. (= 1984, 森楙・大塚忠剛監訳『幼児教育の理想と現実——学級社会の"新"教育社会学——』北大路書房。)

Kitsuse, John I. and Malcolm B. Spector, 1977, *Constructing Social Problems*, Cummings Publishing Company.（＝ 1992, 村上直之・中河伸俊・鮎川潤・森俊太訳『社会問題の構築——ラベリング理論をこえて——』マルジュ社。）

Kyratzis, A., 2001, "Children's Gender Indexing in Language: From the Separate Worlds Hypothesis to Considerations of Culture, Context, and Power", *Research on Language and Social Interaction*, 34 (1), pp.1–13.

Lakoff, Robin, 1975, *Language and Woman's Place*, Harper & Row.（＝ 1990, かつえ・あきば・れいのるず訳『言語と性——英語における女の地位——』有信堂。）

Laslett, Barbara and Barrie Thorne, (eds.), 1997, *Feminist Sociology: Life Histories of a Movement*, Rutgers University Press.

Lever, Janet, 1978, "Sex Differences in the Complexity of Children's Play and Games", *American Sociological Review*, 43, pp. 471–483.

Lindsey, Eric W. and Jacquelyn Mize, 2001, "Contexual Differences in Parent-Child Play: Implications for Children's Gender Role Development", *Sex Roles*, 44(3/4), pp.155–176.

Luecke-Aleksa, Diane, Daniel R. Anderson, Patricia A. Collins, and Kelly L. Schmitt, 1995, "Gender Constancy and Television Viewing," *Developmental Psychology*, 31(5), pp. 773–780.

Maccoby, Eleanore E. and Calol N. Jacklin, 1974, *The Psychology of Sex Differences*, Stanford University Press.

McMurray, Paula, 1998, "Gender Behaviors in an Early Childhood Classroom through an Ethnographic Lens", *Qualitative Studies in Education*, 11(2), pp.271–290.

Money, John and Patricia Tucker, 1975, *Sexual Signatures: On Being a Man or a Woman*, Little Brown.（＝ 1979, 朝山新一・朝山春江・朝山耿吉訳『性の署名——問い直される男と女の意味——』人文書院。）

Pease, Allan and Barbara Pease, 2001, *Why Men Don't Listen and Women Can't Read Maps*, Orion Books.（＝ 2002, 藤井留美訳『話を聞かない男，地図が読めない女——男脳・女脳が「謎」を解く——』主婦の友社。）

Ruble, Diane N., Terry Balaban, and Joel Cooper, 1981, "Gender Constancy and the Effects of Sex-typed Televised Toy Commercials," *Child Development*, 52(2), pp.667–673.

Sadker, Myra and David Sadker, 1985, "Sexism in the Schoolroom of '80s", *Psychology Today*, 19(3), pp.54–57.

Sawyer, R. Keith, 1996, "Role Voicing, Gender, and Age in Preschool Play Discourse", *Discourse Processes*, 22, pp.289–307.

Sawyer, R. Keith, 1997, *Pretend Plays as Improvisation: Conversation in the Preschool Classroom*, Lawrence Erlbaum Associates.

Sen, Amartya, 2006, *Identity and Violence: The Illusion of Destiny*, W. W. Norton.（＝ 2011, 大門毅監訳，東郷えりか訳『アイデンティティと暴力——運命は幻想である——』勁草書房。）

Sheldon, Amy, 1990, "Pickle Fights: Gendered Talk in Preschool Disputes." *Discourse*

Processes, 13, pp.5–31.
Sim, Stuart (ed.), 1998, *The Routledge Critical Dictionary of Postmodern Thought*, Routledge. (＝2001，杉野健太郎・下楠昌哉（監訳）『ポストモダン事典』松柏社。)
Slaby, Ronald G. and Karin S. Frey, 1975, "Development of Gender Constancy and Selective Attention to Same-Sex Models," *Child Development*, 46, pp.849–856.
Sluss, Dorothy J., 2002, "Block Play Complexity in Same-Sex Dyads of Preschool Children," in Roopnarine, Jaipaul L. (ed.) *Conceptual, Social-Cognitive and Contexual Issues in the Fields of Play*, Volume 4, Ablex Publishing, pp. 77-91.
Streitmatter, Janice, 1994, *Toward Gender Equity in the Classroom: Everyday Teachers' Beliefs and Practices*, State University of New York Press.
Thorne, Barrie, 1993, *Gender Play: Girls and Boys in School*, Rutgers University Press.
Tobin, J. J. et al., 1989, Preschool in Three Cultures: Japan, China, and the United States, Yale University Press.
Turner, Bryan S., 1984, *The Body and Society: Explorations in Social Theory*, Basil Blackwell. (＝1999，小口信吉・藤田弘人・泉田渡・小口孝司訳『身体と文化——身体社会学試論——』文化書房博文社。)
Vygotsky, L. S., 1935, Умственное развитие ребенка в процессе обучения, Государственное учебно-педагогическое издательство, М.-Л. (＝2003，土井捷三・神谷栄司訳『「発達の最近接領域」の理論——教授・学習過程における子どもの発達——』三学出版。)
Walkerdine, Valerie, 1989, "Femininity as Performance", *Oxford Review of Education*, 15(3), pp. 267–279.
Wallon, H.，浜田寿美男訳編，1983,『身体・自我・社会——子どものうけとる世界と子どもの働きかける世界——』ミネルヴァ書房。

２．和文献

天野正子，1988,「『性（ジェンダー）と教育』研究の現代的課題——かくされた『領域』の持続——」,『社会学評論』第39巻3号，pp.266-283。
新井祥，2005,『性別が、ない！——両性具有の物語——』ぶんか社。
浅野千恵，1996,『女はなぜやせようとするのか—摂食障害とジェンダー—』勁草書房。
東清和・小倉千加子，1984,『性役割の心理』大日本図書。
江原由美子，2001,『ジェンダー秩序』勁草書房。
藤本浩之輔編，1996,『子どものコスモロジー——教育人類学と子ども文化——』人文書院。
藤田由美子，1992,「学校放送番組の研究——性差形成に関する言語分析を中心に——」,『カリキュラム研究』(日本カリキュラム学会編) 創刊号，pp.39-49。
藤田由美子，1996,「テレビ・アニメ番組にあらわれた女性像・男性像の分析——ステレオタイプ的な描写の検討を中心に——」,『子ども社会研究』2号，pp.33-

引用・参考文献一覧

46。
藤田由美子，1999,「子ども研究におけるジェンダーの問題――方法論の検討を中心に――」,中国四国教育学会編『教育学研究紀要』第44巻第1部，pp.207-212。
藤田由美子，2002a,「幼児保護者のジェンダー観の分析」,中国四国教育学会編『教育学研究紀要』第47巻第1部，pp.153-158。
藤田由美子，2002b,「子どものジェンダー形成におけるメディアと保護者の役割――幼児の保護者を対象とした調査結果の分析より――」,『九州保健福祉大学研究紀要』第3号，pp.267-275。
藤田由美子，2002c,『幼児期における「ジェンダーへの社会化」に関する実証的研究』平成12年度~13年度科学研究費補助金基盤研究(C)(2) 研究成果報告書。
藤田由美子，2003,「子ども向けマス・メディアに描かれたジェンダー――テレビおよび絵本の分析――」,『九州保健福祉大学研究紀要』第4号，pp.259-268。
藤田由美子，2004a,「『ジェンダー形成』の質的実証研究に向けて――幼児期における『子ども文化』アプローチの有効性――」,『九州保健福祉大学研究紀要』第5号，pp.103-113。
藤田由美子，2004b,「幼児期における『ジェンダー形成』再考――相互作用場面にみる権力関係の分析より――」『教育社会学研究』第74集，pp.329-348。
藤田由美子，2005a,「子どもの社会学におけるフェミニスト研究の概観―― ポスト構造主義アプローチを中心に――」,『九州保健福祉大学研究紀要』第6号，pp.153-162。
藤田由美子，2005b,「幼児期におけるジェンダー形成と子ども文化」,望月重信・近藤弘・森繁男・春日清孝編著『教育とジェンダー形成――葛藤・錯綜／主体性――』ハーベスト社，pp.47-71。
藤田由美子，2006,「子ども期における「身体」のジェンダー化に関する予備的考察――幼児期を中心に――」,中国四国教育学会編『教育学研究紀要（CD-ROM版）』第51巻，pp.386-391。
藤田由美子，2007,「子どもの『ジェンダーと身体』をめぐる意識構造――幼児保護者への質問紙調査を手がかりに――」,『九州保健福祉大学研究紀要』第8号，pp.61-70。
藤田由美子，2008a,「幼児期の身体形成に関する保育者の解釈――ジェンダーに注目して――」,中国四国教育学会編『教育学研究紀要（CD-ROM版）』第53巻，pp.470-475。
藤田由美子，2008b,『子ども期における「身体」のジェンダー化に関する実証的研究』平成17年度~平成19年度科学研究費補助金（若手研究(B)）研究成果報告書。
藤田由美子，2008c,「子どもの遊びにおけるジェンダー・ディスコースの錯綜――幼児の『家族ごっこ』の分析より――」,『広島大学大学院教育学研究科紀要　第三部（教育人間科学関連領域）』第57号，pp.115-124。
藤田由美子，2009,「子どもにとっての『ジェンダーの二分法』――幼児を対象にした

241

インタビューの分析——」,『九州保健福祉大学研究紀要』第10号, pp.79-88。
藤原直子, 1997,「人間形成におけるジェンダー概念分析——ジェンダー・アイデンティティをめぐるジェンダーの二元性——」,『名古屋大学教育学部紀要（教育学科）』第43巻第2号, pp.67-76。
橋本秀雄, 2000,『性のグラデーション——半陰陽児を語る——』青弓社。
羽田野慶子, 2004,「〈身体的な男性優位〉神話はなぜ維持されるのか——スポーツ実践とジェンダーの再生産——」,『教育社会学研究』第75集, pp.105-125。
伊田広行, 1998,『シングル単位の社会論——ジェンダー・フリーな社会へ——』世界思想社。
井出祥子, 1982,「言語と性差」,『言語』第11巻10号, pp.40-48。
井上輝子, 1990,「メディアの性役割情報と子どもの自我形成——大学生の自己回想記分析——」,『女性学研究』第1号, pp.42-62。
井上輝子・女性雑誌研究会, 1989,『女性雑誌を解読する—COMPAREPOLITAN——日・米・メキシコ比較研究——』垣内出版。
井上輝子・上野千鶴子・江原由美子・大沢真理・加納実紀代編, 2002,『岩波　女性学事典』岩波書店。
神田道子ほか, 1985,「『女性と教育』研究の動向」,『教育社会学研究』第40集, pp.87-107。
金子省子・青野篤子, 2004,「保育所・幼稚園におけるジェンダーをめぐる課題」,『愛媛大学教育学部紀要　教育科学』第50巻第2号, pp.131-139。
片田孫朝日, 2003,「社会的スキルとしての男性性——学童保育所の男子集団の遊びにおける相互行為の分析から——」,『ソシオロジ』第48巻2号, pp.23-38。
片田孫朝日, 2006,「ジェンダー化された主体の位置—— 子どものジェンダーへのポスト構造主義的なアプローチの展開——」,『ソシオロジ』第50巻3号, pp.109-125。
河出三枝子, 1992,「ジェンダーフェイズからの幼児教育試論——基本的考察と問題設定——」,『岡崎女子短期大学研究紀要』第25号, pp.1-12。
河出三枝子, 1993,「ジェンダーフェイズからの幼児教育試論—— 保育現場におけるジェンダー・プラクティス——」,『岡崎女子短期大学研究紀要』第26号, pp.11-35。
河口和也, 2003,『思考のフロンティア　クイア・スタディーズ』岩波書店。
川成美香, 1985,「要求表現にみられる丁寧度の男女差」, F. C. パン・秋山高二・浜田盛男編『社会の中の言語——記号・人間・環境の相互作用——』文化評論出版, pp.72-91。
菊地栄治・加藤隆雄・越智康詞・吉原惠子, 1993,『女子学生文化にみるジェンダーの現代的位相』。
木村涼子, 1993,「少女から女へ——ジェンダーをめぐる大衆文化状況——」, アップル, マイケル・W. ／長尾彰夫／池田寛編『学校文化への挑戦——批判的教育

研究の最前線——』東信堂, pp.101-131。
木村涼子, 1997,「教室におけるジェンダー形成」,『教育社会学研究』第61集, pp.39-54。
栗原泰子・野尻裕子・内海崎貴子, 2003a,「幼児教育におけるジェンダー研究の現状と課題(1)」,『日本教育学会第62回大会発表要項』pp.250-251。
栗原泰子・野尻裕子・内海崎貴子, 2003b,「幼児教育におけるジェンダー研究の現状と課題(2)」,『日本教育学会第62回大会発表要項』pp.252-253。
宮崎あゆみ, 1991,「学校における『性役割の社会化』再考——教師による性別カテゴリー使用をてがかりとして——」,『教育社会学研究』第48集, pp.105-123。
宮崎あゆみ, 1993,「ジェンダー・サブカルチャーのダイナミクス——女子高におけるエスノグラフィーをもとに——」,『教育社会学研究』第52集, pp.157-177。
森繁男, 1989,「性役割の学習としつけ行為」, 柴野昌山編『しつけの社会学』世界思想社, pp.155-171。
森繁男, 1992,「『ジェンダーと教育』研究の推移と現況——『女性』から『ジェンダー』へ——」,『教育社会学研究』第50集, pp.164-183。
森繁男, 1995,「幼児教育とジェンダー構成」, 竹内洋・徳岡秀雄編『教育現象の社会学』世界思想社, pp.132-149。
森楙, 1992,『遊びの原理に立つ教育』黎明書房。
中村桃子, 1995,『ことばとフェミニズム』勁草書房。
中村桃子, 2001,『ことばとジェンダー』勁草書房。
中村桃子, 2007,『〈性〉と日本語——ことばがつくる女と男——』日本放送出版協会。
中西祐子, 1998,『ジェンダー・トラック——青年期女性の進路形成と教育組織の社会学——』東洋館出版社。
中西祐子・堀健志, 1997,「『ジェンダーと教育』研究の動向と課題——教育社会学・ジェンダー・フェミニズム——」,『教育社会学研究』第61集, pp.77-100。
西舘容子, 1998,「『ジェンダーと学校教育』研究の視覚転換——ポスト構造主義的展開へ——」,『教育社会学研究』第62集, pp.5-22。
荻野美穂, 2002,『ジェンダー化される身体』勁草書房。
大原由美子, 2002,「メディアにおけるジェンダーイデオロギーの再構築と維持」,『日本語科学』第11号, pp.145-158。
笹原恵, 1999,「ジェンダーの『社会化』——『適応』と『葛藤』のはざまから——」鎌田とし子・矢澤澄子・木本喜美子編『講座社会学14 ジェンダー』東京大学出版会, pp.179-212。
佐藤洋子, 1977,『女の子はつくられる——教育現場からのレポート——』白石書店。
多賀太, 1996,「青年期の男性性形成に関する一考察——アイデンティティ危機を体験した大学生の事例から——」,『教育社会学研究』第58集, pp.47-64。
多賀太, 2001,『男性のジェンダー形成——〈男らしさ〉の揺らぎのなかで——』東洋館出版社。

多賀太・春日清孝・池田隆英・藤田由美子・氏原陽子，2000,「『ジェンダーと教育』研究における《方法意識》の検討」,『久留米大学文学部紀要　人間科学科編』第16号，pp.41-80。

平英美・中河伸俊編，2006,『新版　構築主義の社会学――実在論争を超えて――』世界思想社。

高橋一郎・萩原美代子・谷口雅子・掛水通子・角田聡美，2005,『ブルマーの社会史――女子体育へのまなざし――』青弓社。

高橋正人，1983,「三世代の女性における性役割に対する態度」,『社会老年学』第18号，pp.37-45。

高橋たまき・中沢和子・森上史朗共編，1996a,『遊びの発達学　基礎編』培風館。

高橋たまき・中沢和子・森上史朗共編，1996b,『遊びの発達学　展開編』培風館。

竹村和子編，2003,『思想読本（10）"ポスト"フェミニズム』作品社。

田中東子，1999,「ジェンダーポリティクスの中のメディアと女性――ジェンダー構築主義とアクティブオーディエンス論を媒介として――」,『早稲田政治公法研究』第61号，pp.335-366。

谷本奈穂，2008,『美容整形と化粧の社会学――プラスティックな身体――』新曜社。

戸田和子・堅田弥生，1987,「性役割受容の意識構造と，その習得過程に関わる父母・他人の効果」,『心理学研究』第58巻5号，pp.309-317。

上野千鶴子，1995,「差異の政治学」, 井上俊ほか（編集委員），『ジェンダーの社会学』（岩波講座　現代社会学11）岩波書店，pp.1-26。

上野千鶴子編，2001,『構築主義とは何か』勁草書房。

上野千鶴子編，2005,『脱アイデンティティ』勁草書房。

氏原陽子，1996,「中学校における男女平等と性差別の錯綜――二つの『隠れたカリキュラム』レベルから――」,『教育社会学研究』第58集，pp.29-45。

臼井博・松本聡美，1998,「2～3歳児の保育園生活の構成と社会的発達――ethnographicalな分析――」,『北海道教育大学紀要（教育科学編）』第49巻1号，pp.49-62。

山下大厚，2001,「近代的身体の構築とジェンダー――近代日本の女子体操言説における身体のセックス化――」,『ソシオロゴス』第25号，pp.102-122。

吉原惠子，1995,「女子大学生における職業選択のメカニズム――女性内分化の要因としての女性性――」,『教育社会学研究』第57集，pp.107-124。

好井裕明・山田富秋編，2002,『実践のフィールドワーク』せりか書房。

湯川純幸，1997,「言語とジェンダー研究の新たな地平――ジェンダー化された自己と権力関係の構築の実践を見る――」,『富山大学人文学部紀要』第26号，pp.1-30。

結城恵，1998,『幼稚園で子どもはどう育つか――集団教育のエスノグラフィ――』有信堂高文社。

あとがき

　本書は，2009年3月に広島大学大学院教育学研究科より博士（教育学）の学位を授与された学位請求論文『幼稚園・保育園における子どものジェンダー構築に関する教育社会学的研究』に，全面的に加筆修正を加えたものである。

　本書の一部は，私の既発表論文をもとに，内容をさらに発展させ，大幅に加筆修正を行ったものである。以下に初出論文を示す。

「『ジェンダー形成』の質的実証研究に向けて ── 幼児期における「子ども文化」アプローチの有効性 ──」，『九州保健福祉大学研究紀要』第5号，2004年3月，pp. 103-113（第2章，第5章）

「幼児期における『ジェンダー形成』再考 ── 相互作用場面にみる権力関係の分析より ──」，『教育社会学研究』（日本教育社会学会編）第74集，2004年5月，pp. 329-348（第4章，第5章）

「子どもの社会学におけるフェミニスト研究の概観 ── ポスト構造主義アプローチを中心に ──」，『九州保健福祉大学研究紀要』第6号，2005年3月，pp. 153-162（第2章）

「幼児期の身体形成に関する保育者の解釈 ── ジェンダーに注目して ──」，『教育学研究紀要（CD-ROM版）』（中国四国教育学会編）第53巻，2008年3月，pp. 470-475（第3章，第8章）

「子どもの遊びにおけるジェンダー・ディスコースの錯綜 ── 幼児の『家族ごっこ』の分析より ──」，『広島大学大学院教育学研究科紀要　第三部（教育人間科学関連領域）』第57号，2008年12月，pp. 115-124（第6章）

「子どもにとっての『ジェンダーの二分法』── 幼児を対象にしたインタビューの分析 ──」，『九州保健福祉大学研究紀要』第10号，2009年3月，pp. 79-88（第7章）

　筆者が教育におけるジェンダー問題にはじめて関心をもったのは，広島大学教育学部3年在籍時であった。しかし，今にして思えば，研究の原点は，幼少の頃の「なぜ学校では，女の子と男の子が『分けられる』のか？」「子どもたちや大人たちは，なぜ互いに『女（の子）だから』『男（の子）だから』とラベルづけしあうのか？」という素朴な問題意識である。たとえば，ピンク色の服でなく青い色の服，スカートではなくパンツを好んで着用していた私は，

しばしばそのことについて周囲より指摘を受けてきたからである。

　学部生の頃は,「ジェンダー」ということばが一般的でなかったこともあり, 私は, 卒業論文で, 学校放送番組にあらわれた「性差」に関する内容分析を行った。その後, 広島大学大学院教育学研究科に進学した私は, 研究の方向性を模索するうち, 教育社会学における「ジェンダーと教育」研究の存在を知った。当時は子ども文化とジェンダー形成の問題に関心をもっていたため, メディアの内容分析を行いつつ, メディアが子どもに及ぼす影響に関する議論について, 検討を試みようとした。

　本書を構成する幼稚園・保育園のエスノグラフィ研究は, 筆者が専門学校の非常勤講師をしていた頃, ある幼稚園で一日中観察をさせていただいたことに始まる。将来が見えないなか, 試行錯誤で行った観察調査であったが, いわゆる異質な存在である筆者が園内に入ることについて, 園長先生をはじめとする教職員・その他関係者に一定の理解を得られたことは幸いであった。子どもたちを追いかけたりかれらに引っ張り回されたりしながら観察をしているうち, 当時高価であった自前のデジタルビデオカメラが壊れてしまい, 高額な修理費を払う羽目になったことも, 今では楽しい思い出である。

　この調査の過程で, 筆者は, 本研究の主要概念である「ジェンダー構築」ということばに出合った。子どもたち同士の世界をのぞき見る生活のなかで, 子どもたち同士の力関係らしきものに気づきはじめ, 観察調査の合間に思索するなかで, コルサロ, デイヴィーズ, ソーン, ブレイズの著作と出合った。このなかで出合った「ジェンダー構築」概念により, 筆者自身の問題意識の根底にある思いの秘密も, 解明することができるように思われた。

　九州の大学に職を得てからは, ふたつの保育園で観察の機会を得ることができた。さらに幸運なことに, 研究の遂行に際して, 2度にわたり科学研究費の補助を得ることができた (平成12年度〜13年度科学研究費補助金 (基盤研究(C)(2))「幼児期における『ジェンダーへの社会化』に関する実証的研究」(課題番号12610296), 平成17年度〜平成19年度科学研究費補助金 (若手研究 (B))「子ども期における『身体』のジェンダー化に関する実証的研究」(課題番号17710212))。本研究のように地味で成果がなかなか出にくい質的調査研究にとって, このような公的な研究助成はありがたいものであった。

あとがき

　以上の経緯に示したように，まさしく牛歩の歩みではあったものの，数多くの幸運な出会いにより，ようやく研究成果をまとめることができた。本書が，教育社会学における「ジェンダーと教育」研究についてはもちろんのこと，「ジェンダーの視点にもとづく子どもの社会学」における質的調査研究の発展に，些少でも貢献できるのであれば，幸いである。

　本書を執筆するにあたり，多くの方々のあたたかいご指導・ご支援をいただいた。この場を借りて，感謝の意を表したい。

　広島大学大学院教育学研究科教育学講座教育社会学研究室の山﨑博敏先生には，学位論文審査の主査としてたいへんお世話になった。同教育学研究科の河野和清先生，七木田敦先生には，学位論文審査の副査として，論文作成の過程で重要なご意見をいただいた。教育社会学研究室の山田浩之先生は，ふたたび大学院博士課程後期に入学した筆者の主任指導教員を快くお引き受け下さり，論文作成に悩む私に方向づけを与えて下さった。広島大学名誉教授・片岡德雄先生は，学部3年時，教育社会学研究室の門をたたいた筆者に大学院進学を勧め，研究の世界に入るきっかけを与えて下さった。広島大学名誉教授・原田彰先生には，博士課程後期の大学院生だった頃，本研究の基礎をかたちづくるご指導をいただき，博士論文作成への励ましをいただいた。そして，教育学講座の諸先生には，学部在学時より，しばしばあたたかいご指導をいただいた。学生生活を通して劣等生であった筆者にとって，本書の刊行をもっても，これまでのご指導に十分に応えられたとは言い難い。今後もいっそう学問研究に精進することにより，これまでのご恩に報いる所存である。

　また，学会内外での「ジェンダーと教育」に関する研究交流の機会は，本研究の遂行にあたって非常に有意義であった。とりわけ，「『ジェンダーと教育』研究会」(後に「『ジェンダーと教育』フォーラム」と改称)では，「ジェンダーと教育」研究に関心をもつ者同士が自由に集い，研究に関する情報交換や議論を行い，時として励まし合った。たびたび開催された研究会は，筆者にとって，まさに研究の構想を練る錬成場であり，研究遂行の原動力であった。世話人を務められた明治学院大学（現・名誉教授）の望月重信先生，立教大学（現・名誉教授）の近藤弘先生，京都女子大学の森繁男先生には，研究会の末

247

席を汚しつつ研究の方向性を模索しつづけていた筆者に，幾度となくあたたかい励ましのおことばをいただいた。心より御礼申し上げる次第である。

　そして何よりも，ふたつの地域の幼稚園・保育園で数度にわたる観察・インタビュー調査の機会を得られたことに対し，感謝の気持ちでいっぱいである。プライバシー保護の観点よりご尊名を掲げることはできないが，ご多忙のところ調査の場を提供して下さったA園，B園，C園の園長先生をはじめ教職員の皆様，保護者の皆様，そして一緒に時間を過ごしてくれた子どもたち。皆様のご協力なくして本書は存在しなかったであろう。心より御礼申し上げる次第である。

　本書の出版にあたっては，ハーベスト社の小林達也社長に，たいへんお世話になった。学術出版への厚い壁に絶望していた時，かつてお世話になった（望月・近藤・森・春日編著（2005）『教育とジェンダー形成――葛藤・錯綜／主体性――』の共同執筆者として）小林社長のことを思い出し，勇気を出して相談したところ，ありがたいことに快く引き受けて下さった。当方の仕事があまりに遅いため，たいへんご迷惑をかけてしまったことをお詫び申し上げるとともに，心より感謝申し上げる次第である。

　本書および初出論文の執筆にあたっては，筆者の拙い原稿を辛抱強く読み，専門とは異なる視点から忌憚のない意見を述べてくれた友人，仲間，同僚の存在も欠かせないものであった。ここにすべてご尊名を掲げることはできないが，心より御礼申し上げる。そして，かけがえのない家族であり，私の論文の一読者でもある妹に，この場を借りて感謝の意を伝えたい。

　私たちきょうだいを大切に育ててくれ，おそらく内心は心配でたまらなかったであろうが大学院進学に一定の理解を示し，黙って見守ってくれた両親は，すでにこの世にいない。さんざん苦労をかけた上にろくに親孝行もできなかったと，未だ悔恨の情でいっぱいである。せめて，心からの感謝の気持ちを込めて，本書を捧げる。

　　　　　2015年4月

　　　　　　　　　　　　　　　　　　　　　　　　　藤田　由美子

索引（50音順）

あ行

アイデンティティ………………………23, 24
　　──の政治…………………………… 22
アクティヴ・インタビュー…… 21, 44, 45, 233
アクティヴなアプローチ………………44-45
アクティヴな観察調査…………………46-47
遊び ……………………………………231
　　──集団の性別構成………………113
　　──集団の性別分離………………112
　　──の集団構成……………………111
　　──の主導権 119, 122, 127, 133, 149
　　──の進行権…………………126, 131
異性愛関係……………………………107
異性愛主義……………32, 33, 37, 38, 230, 231
異性愛的な対………………… 88, 107, 226
異性愛の維持……………………105, 106
異性愛のマトリクス………………32, 35, 38
逸脱……………………………… 98, 107
　　──の解釈・操作…………………… 99
〈いま-ここ〉… 21, 25, 38, 57, 156, 225, 229, 232
意味付与………………………………… 91
上野千鶴子……………………………21-22
エイジェンシー………………………… 3, 30
エージェント…………………………… 5, 58
エスノグラフィ……………36, 41, 42, 47, 225
　　幼稚園の──…………………………11
エスノメソドロジー……………………21, 45
江原由美子……………………………21-22
エリクソン，E. ………………………… 7, 24
「男」-「女」関係…………………… 27-28, 34
「大人」-「子ども」関係……………… 13, 26-27
大人の「女」イメージ／「大人の女性」イメージ 98, 99
「女」／「男」の線引き………………… 92
「女」／「男」の定義………………83, 91, 108
「女ことば」研究………………………… 23

か行

解釈…………………… 38, 46, 57, 59, 83, 108
カイヨワ，R. ……………………………136
かくれたカリキュラム………………… 62
かくれたレベル………………………… 81

家族ごっこ……135, 137, 138, 140, 141, 147, 226
「家族」の物語……………………………148
片田孫朝日……………………………… 7
学校教育での経験………………………212
葛藤……………………………………127
活動性……………………………………171
家庭性…………………………… 92, 176
カテゴリーの政治……………………… 21
「カレシ」／「カノジョ」……………… 89-90
河出三枝子…………………………7, 11, 43
玩具の好み………………………………164
関係性の非対称性………………………108
キツセ，J. とM. スペクター………… 21
客体……………………………………… 27
キャラクター………………… 73, 88, 93, 95
　　──の選好……………………………167
強制的異性愛…………………………… 32
共同解釈者…………………… 58, 59, 224
共同実践者………………………………59
キング，R. ……………………………… 10
クィア…………………………………… 31
　　──研究……………………………31, 33
　　──理論……………………31, 35, 36, 38
ケア……………………………………149
　　──役割………………140, 141, 148, 150
「ケッコン」……………………………89-91
言語…………………………………… 29
　　──によるジェンダー構築…………22-23
言説実践………………………… 18, 25, 99
権力……………………………… 30, 229
　　──関係……… 25, 26, 27, 28, 43, 126
　　──ゲーム…………………………151
　　──と知……………………………… 30
交渉……………………………………… 91
構築主義……………………………7, 20, 23
　　──的アプローチ 2, 16, 23, 25, 29, 36, 41, 42, 195, 225
個人差…………………………………221
個性への意識化…………………………211
誇張された女性性／誇張的な女性性 31, 32, 33, 35, 98
異なるジェンダー・モデル………………102
異なる身体……………………………… 84
異なる文化……………………………… 87

子どもたちの語り……………………155
子どもの生活世界……………………233
コルサロ, W. ………………………8, 42
コンネル, R. …………………………31

さ行

参与観察…………………………………47
シェルドン, A. …………………………9
ジェンダー……………………………31, 36
　　――にもとづく処遇……………221
　　――による差異…………………201
　　――による分化………………79, 80
　　――の越境…………104, 105-107, 109
　　――の演技………………………152
　　――の視点…………………………44
　　――(の)問題…………215, 220, 228
　　――をめぐる「遊び／役割演技」………34
　　――をめぐる交渉…………………93
　　常識知としての――……………190
　　対関係としての――………………36
　　複合的な――………106, 107, 109, 226
ジェンダー・アイデンティティ…19, 20, 36, 37
ジェンダー化…………80, 134, 156, 157, 196, 226
　　――された解釈…………………180
　　――された会話構造………………9
　　――された活動…………………171
　　――された主体……………………3
　　――された身体観…………………7
ジェンダー概念…………………………16
ジェンダー・カテゴリー…43, 75, 76, 81, 83, 100,
　　151, 191, 212, 227
ジェンダー規範…………………………33
ジェンダー形成…………………………18
ジェンダー構築……………1, 7, 8, 12, 13, 16, 20,
　　22-23, 36, 37, 47, 58, 135, 152, 190, 191,
　　192, 195, 196, 233, 234
　　――実践……………59, 155, 156, 194, 227, 233
　　――の解釈…………………………13
　　子どもの――………………33, 41, 137
　　主体的な――……………………228
　　戦略的・主体的な――…………233
ジェンダー実践10, 12, 13, 58, 100, 134, 135, 154,
　　195, 223, 232, 234
ジェンダー集団……………………76, 77, 80
ジェンダー・ステレオタイプ…………133, 180
ジェンダー知…56, 150, 195, 196, 216, 223, 228,
　　231
ジェンダー秩序………6, 13, 33, 36, 62, 137, 234
ジェンダー・ディスコース34, 35, 103, 135, 148,
　　151, 227
　　複合的な――……………………151
「ジェンダーと教育」研究 ………1, 3, 36
ジェンダー特性………………………183
ジェンダー二元論的な社会……………37
ジェンダー・ブラインド……………221
ジェンダー・フリー……………………80
　　――保育……………………219, 230
『ジェンダー・プレイ』………………34
ジェンダー・ポリティクス……127, 134, 226
ジェンダー本質主義……………………20
ジェンダー役割………………………211
色彩の好み………………………164, 201
刺激絵………………………53, 155, 183, 191
しつけ…………………………………209
質的調査研究……………………………9, 42
質的分析…………………………117, 172
社会化エージェント……………………20
社会化の客体……………………………20
社会化論…………………………………19
主体……………………………7, 8, 27, 28, 37, 43
　　――としての子ども／幼児………13, 42
主体性……………………………………30
常識知…………………………………209
　　――としてのジェンダー………190
女性イメージ……………………………96
身体………………………………………84, 86
　　――イメージ………………18, 106
　　――加工……………………………18
　　――技法…………………………219
筋書き…………………………………147
　　複合的な――……………………141
スラッス, D. ……………………………8
性自認………………………………16-17
性支配……………………………………21, 22
生物学的決定論…………………………19
性別カテゴリー………………………4, 11
性別役割分業…………………………231
「性」変数………………………………16
セン, A. ………………………………24
選好…………………………53, 198, 203
相互交渉………………………………108
相互作用…………………………………83
相互補完的な関係性……………………28

250

索　引

ソーヤー，R．K．······················ 8
ソーン，B．················· 6, 34, 43

た行

高橋たまき························ 136
多元性への寛容···················· 232
妥当性の確保······················ 47
「多様性」への拡張·················· 223
男女別整列···················· 76, 206
男性優位性························ 23
ダンビー，S．···················· 35, 43
知······························ 130
デイヴィーズ，B．················ 33, 34
抵抗····························· 131
ディスコース·················· 29, 102
トイレ指導··················· 218-219
トービン，J．ほか·················· 10
特性論···························· 17

な行

内面化··························· 2, 5
中村桃子························· 23
西躰容子······················ 2, 4, 44
二分法的なジェンダー／ジェンダーの二分法
　　　　1, 4, 5, 12, 13, 25, 27, 35, 43, 44, 76, 81,
　　　　83, 99, 102, 104, 107, 108, 109, 134, 150,
　　　　163, 176, 183, 187, 190, 191, 192, 206,
　　　　209, 212, 217, 223, 226, 227, 230, 233
二分法的なジェンダーの不可視性······ 204
「二分法」への「修正」·················· 187
「二分法」への収斂·················· 223

は行

バーガー，P．とT．ルックマン··· 20-21, 45
羽田野慶子······················· 2, 7
バックラッシュ················ 20, 232
発達····························· 26
バトラー，J．············· 5, 19, 28, 32
半構造化面接法／半構造化されたインタ
　　　　ビュー 52, 56
ピアジェ，J．··················· 7, 136
ヒーロー························· 149
　　──の物語····················· 148
非対称な関係性················· 26-27

フーコー，M．···················· 30, 43
フェミニスト言語研究············ 22-23
フェミニストポスト構造主義············
　　　　2, 4, 28, 29, 33, 35, 36
フェミニスト物語·················· 33
フェミニスト・リサーチ·········· 45-46
フェミニズム······················ 17
　　ポスト構造主義──·············· 44
　　ポストモダン・──·············· 17
服装の好み······················ 156
負のサンクション······ 100, 104, 108, 133, 175
ブレイズ，M．············· 19, 29, 35-36
並列遊び························ 112
ヘゲモニー···················· 31-32, 46
ヘゲモニックな男性性··· 31-32, 33, 35, 43, 122,
　　　　126, 127, 133, 134, 226
ヘンドリー，J．··················· 10
保育実践················ 196, 217, 223, 227
保育者による解釈実践·············· 233
保育者の解釈····················· 195
ポスト構造主義···················· 31
　　──フェミニズム················ 44
ポストモダン・フェミニズム·········· 17
堀健志···························· 43
ホルスタイン，J．A．とJ．F．グブリア
　　　　ム······················ 44-45
本質論的還元··················· 6, 21

ま行

マネー，J．とP．タッカー··········· 17
宮崎あゆみ························ 4
メディア情報················ 189, 202-203
森繁男·························· 4, 11

や行

役割···························· 138
　　──決定··················· 138, 139
　　──構造··················· 140, 149
　　──の流動性··················· 141
結城恵························· 6, 11
湯川純幸························ 155
（ジェンダーの）ゆらぎ········ 228, 229, 231
幼児観···························· 6
幼児期におけるジェンダー形成········ 7
幼児の生活世界···················· 9

251

幼稚園のエスノグラフィ……………… 11

ら行

ライフ・ヒストリー研究……………… 46
ラベル付与……………………………… 98
流動的な関係性………………………… 127
量的分析………………………………… 117
ルソー，J．J．………………………… 136
レイコフ，R．………………………… 22
レズビアン／ゲイ・スタディーズ…… 31

著者略歴
藤田由美子（ふじた　ゆみこ）
　広島大学大学院教育学研究科博士課程後期修了，博士（教育学）
　現在，北海道教育大学教育学部旭川校准教授
　専門：教育社会学，子どもの社会学，「ジェンダーと教育」研究
　主要研究業績：『教育社会とジェンダー』(河野銀子との共編著，学文社，2014)，『幼児学用語集』(分担執筆，北大路書房，2013)，『教育社会学概論』(分担執筆，ミネルヴァ書房，2010)，「幼児期における『ジェンダー形成』再考―相互作用場面にみる権力関係の分析より」(『教育社会学研究』第74集，2004)，など

質的社会研究シリーズ8
子どものジェンダー構築────────────────
幼稚園・保育園のエスノグラフィ

発　行──2015年9月28日　第1刷発行
　　　　──定価はカバーに表示
著　者──藤田由美子
発行者──小林達也
発行所──ハーベスト社
　　　　〒188-0013　東京都西東京市向台町2-11-5
　　　　電話　042-467-6441
　　　　振替　00170-6-68127
　　　　http://www.harvest-sha.co.jp
印刷・製本　（株）平河工業社
落丁・乱丁本はお取りかえいたします。
Printed in Japan
ISBN978-4-86339-067-6 C3036
© FUJITA Yumiko, 2015

本書の内容を無断で複写・複製・転訳載することは，著作者および出版社の権利を侵害することがございます。その場合には，あらかじめ小社に許諾を求めてください。
視覚障害などで活字のまま本書を活用できない人のために，非営利の場合にのみ「録音図書」「点字図書」「拡大複写」などの製作を認めます。その場合には，小社までご連絡ください。

質的社会研究新時代へ向けて
質的社会研究シリーズ　江原由美子・木下康仁・山崎敬一シリーズ編集

美貌の陥穽　第2版
セクシュアリティーのエスノメソドロジー　　　質的社会研究シリーズ1
山崎敬一著　A5判　本体2300円　978-486339-012-6　09/10
会話分析の名著、待望の復刊。「行為の複数文脈性」、プリズムのように複数の規範を照らしだす「沈黙」、複数規範に感受的に行為を組みたてる「慣行的行為」、そのような慣行的行為として読みとかれる「沈黙」と「うなずき」と「割り込み」などを、膨大なデータの中から読み解く。

セルフヘルプ・グループの自己物語論
アルコホリズムと死別体験を例に　　　質的社会研究シリーズ2
伊藤智樹著　A5判　本体2600円　978-486339-013-3　09/10
本書の目的は、セルフヘルプ・グループを自己物語構成の場としてとらえることにある。こうした根本的な問いに答えてゆくための鍵は、参加者たちの自己物語が握っている。

質的調査データの2次分析
イギリスの格差拡大プロセスの分析視角　　　質的社会研究シリーズ3
武田尚子著　A5判　本体2700円　978-486339-014-0　09/10
英国社会学の泰斗パール教授を中心に、サッチャー政権下貧困が深刻化し格差が拡大した1980年代英国で行われたシェピー・スタディーズのデータセットを読み込み、ある家族の物語から貧困のスパイラル過程を明らかにする。

性同一性障害のエスノグラフィ
性現象の社会学　　　質的社会研究シリーズ4
鶴田幸恵著　A5判　本体2700円　978-486339-015-7　09/10
性同一性障害である人びとが「女／男らしさ」を追求するためにおこなっている二つの実践を記述し、その記述をとおして、性別それ自体や、性別現象のあり方について考察する。

性・メディア・風俗
週刊誌『アサヒ芸能』からみる風俗としての性　　　質的社会研究シリーズ5
景山佳代子著　A5判228頁　本体2400円　9784863390249　10/08
週刊誌『アサヒ芸能』を創刊号からの読み込み、当事者たちへの聞き取り調査に加え使われる単語を量的手法をで分析。質的調査に量的手法を加味するという独特の手法で『アサヒ芸能』に描かれた戦後の性風俗を徹底的に解剖してゆく。

軽度障害の社会学
「異化&統合」をめざして　　　質的社会研究シリーズ6
秋風千恵著　A5判　本体2200円　978-4863390409　13/03
本書は、従来の障害者研究とは異なり、可視的ではない障害者自身を重度障害者と認識していない人びとといったいわゆる軽度障害者および障害者の括りには入らないが社会的不利の大きい人びとについての希な研究といえる。

路の上の仲間たち
野宿者支援・運動の社会誌　　　質的社会研究シリーズ7
山北輝裕著　A5判　本体2300円　978-4863390591　14/11
本書は、名古屋市・大阪市における野宿者支援（運動）団体への参与観察をもとに、現代日本における野宿者と支援者をめぐる関係性を記述し、社会学的に分析することを目的とする。被対象者に寄り添いながら野宿者／支援者を緻密に記述分析した本書は、まさに傑作エスノグラフィの誕生といえるだろう。

ハーベスト社